ADOBE® ACROBAT® X

Standard und Pro

D1718188

CLASSROOM IN A BOOK®

Das offizielle Trainingsbuch von Adobe Systems

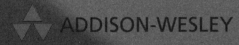

Die Deutsche Nationalbibliothek verzeichnet diese Publikation in der Deutschen Nationalbibliografie; detaillierte bibliografische Daten sind im Internet über http://dnb.d-nb.de abrufbar.

10 9 8 7 6 5 4 3 2 1

13 12 11

ISBN 978-3-8273-3056-7

© 2011 by Addison-Wesley Verlag,
ein Imprint der Pearson Education Deutschland GmbH
Martin-Kollar-Str. 10-12, 81829 München/Germany
Alle Rechte vorbehalten
Einbandgestaltung: Adobe Press
Fachlektorat: Maik-Felix Gomm, Sehestedt
Korrektorat: Sabine Müthing, Recklinghausen
Lektorat: Kristine Kamm, kkamm@pearson.de
Herstellung: Philipp Burkart, pburkart@pearson.de
Übersetzung und Satz: Frank Baeseler, Güby
Druck: Print Consult GmbH
Dieses Buch wurde mit Adobe InDesign CS5,
Adobe Photoshop CS5 und Adobe Illustrator CS5 auf dem Macintosh erstellt.
Printed in Slovak Republic

INHALT

9 ACROBAT IN DER DOKUMENTÜBERPRÜFUNG

10 PDF-FORMULARE ERSTELLEN

11 AKTIONEN

12 ACROBAT IN RECHTSWESEN UND VERWALTUNG

13 ACROBAT IN DER DRUCKPRODUKTION

AUF DER CD

Lektionsdateien und vieles mehr

Die *Adobe Acrobat X Classroom in a Book*-CD enthält Verzeichnisse mit allen Dateien für die Lektionen dieses Buches, Video-Trainings über Adobe Acrobat X sowie die 30 Tage uneingeschränkt gültige Testversion von Adobe Acrobat X Pro für Windows. Das folgende Diagramm zeigt Ihnen Inhalt und Struktur der Buch-CD.

Lektionsdateien

Jede Lektion besitzt einen eigenen Ordner, den Sie auf Ihre Festplatte kopieren müssen, bevor Sie beginnen.

30-Tage-Tryout

Dieser Ordner enthält die 30 Tage uneingeschränkt gültige Testversion von Adobe Acrobat X Pro für Windows.

Video-Training

Video-Trainingsfilme von der Acrobat-Expertin Kirsten Knippschild finden Sie im Ordner *Video-Training*. Die Filme laufen ohne Installation unter Mac OS und Windows, öffnen Sie dazu die HTML-Datei *start.html* in Ihrem Standardbrowser.

EINFÜHRUNG

Adobe Acrobat X ist ein unentbehrliches Werkzeug im heutigen elektronischen Arbeitsablauf. Wie bereits mit früheren Versionen können Sie mit Acrobat Standard und Acrobat Pro praktisch jedes Dokument ins Adobe Portable Document Format (PDF) konvertieren und behalten dabei das genaue Aussehen und den Inhalt der Originale einschließlich aller Schriften und Grafiken bei. Außerdem unterstützt Acrobat Adobe Flash, damit Multimedia-Elemente in einer PDF-Datei reibungslos abgespielt werden.

Adobe hat die Benutzeroberfläche von Acrobat vollständig überarbeitet, um sie intuitiver zu gestalten. Wenn Sie zum ersten Mal mit Acrobat arbeiten, werden Sie die gewünschten Ergebnisse schneller erzielen. Haben Sie bereits vorherige Versionen verwendet, müssen Sie sich vielleicht zunächst kurz umgewöhnen. Allerdings werden Sie den aufgeräumten Arbeitsbereich und die geradlinige Anordnung begrüßen. Die Werkzeugleisten für Schnellwerkzeuge und Allgemeine Werkzeuge können Sie anpassen, um schnellen Zugriff auf die am häufigsten verwendeten Werkzeuge zu ermöglichen.

Mit Acrobat Standard und Acrobat Pro verteilen Sie PDF-Dokumente sicher und zuverlässig per E-Mail oder stellen sie im Internet, in einem Intranet, auf einem Dateiaustauschsystem, einer CD-ROM oder einem Webserver wie *Acrobat.com* zur Verfügung. Mithilfe der Dokumentüberprüfungen arbeiten Sie und Ihre Kollegen mühelos an der Perfektionierung von Dokumenten zusammen. Andere Anwender können Ihre Dokumente dann unabhängig vom jeweiligen Betriebssystem betrachten und bearbeiten. Mit Acrobat sammeln und verwalten Sie außerdem problemlos Daten aus Dokumentüberprüfungen und Formularen. Sie können interaktive Formulare erzeugen und Anwendern mit dem kostenlos erhältlichen Adobe Reader X das Speichern des ausgefüllten Formulars ermöglichen.

Wenn Sie mit Acrobat Pro arbeiten, können Sie Abläufe automatisieren und mit dem neuen Aktionsassistenten vereinheitlichen. Acrobat enthält mehrere Aktionen für allgemeine Aufgaben wie beispielsweise

Dokumente verbessern. Und Sie können benutzerdefinierte Aktionen, etwa Anweisungskommentare, für Aufgaben erstellen, die Sie ausführen.

Mit Acrobat Pro können Sie außerdem Dokumente, Tabellenkalkulationsblätter, Präsentationen, E-Mails, Mediadateien und viele weitere Dateien zu einem einzelnen, zusammenhängenden PDF-Portfolio zusammenführen. Darüber hinaus können Sie vertrauliche Informationen schwärzen, Dokumentversionen vergleichen und verbesserte Werkzeuge für einen schnelleren und zuverlässigeren Arbeitsablauf beim Druck verwenden.

Über dieses Buch

Adobe Acrobat X Classroom in a Book® gehört zu den offiziellen Trainingsbüchern für Adobe-Grafik- und Satzprogramme und wurde gemeinsam mit Adobe-Produktexperten entwickelt. Die Lektionen sind so angelegt, dass Sie Ihren Lernrhythmus selbst bestimmen. Wenn Sie mit Adobe Acrobat noch nicht vertraut sind, lernen Sie alle wichtigen Grundlagen und Funktionen kennen, die Sie für die Arbeit mit dem Programm benötigen. Arbeiten Sie bereits mit Acrobat, finden Sie in *Classroom in a Book* viele wichtige weitergehende Funktionen, Hilfen für den Umgang mit der neuen Benutzeroberfläche und Lektionen, die sich insbesondere an Fachleute aus der Justiz und dem Druckwesen richten.

Die Lektionen in dieser Ausgabe bieten Informationen zu zahlreichen Funktionen in Adobe Acrobat:

- Aktionen erstellen und verwenden
- PDF-Portfolios erzeugen
- Adobe PDF-Dateien mit einem einzigen Klick erstellen
- Websites und den Inhalt der Zwischenablage als PDF-Datei sichern
- Den Inhalt von Adobe PDF-Dateien in anderen Anwendungen verwenden (wenn vom PDF-Autor erlaubt)
- PDF-Dokumente bearbeiten
- Multimedia-Präsentationen erzeugen
- Überprüfung und Kommentierung von PDF-Dokumenten mit der Möglichkeit, Dokumente auch für Live-Überprüfungen freizugeben

- Formularerstellung und -verteilung sowie Datenerfassung
- Schwärzen von Informationen und Bates-Nummerierung für Anwender im Rechtswesen
- Erweiterte Dokumentensicherheit

Obwohl in jeder Lektion Schritt-für-Schritt-Anweisungen für das Erstellen eines bestimmten Projekts gegeben werden, gibt es viele Möglichkeiten für eigene Experimente. Sie können das Buch von Anfang bis Ende durcharbeiten oder sich in beliebiger Reihenfolge nur die Lektionen vornehmen, für die Sie sich interessieren.

Acrobat Pro und Acrobat Standard

Dieses Buch beschreibt sowohl Acrobat Pro als auch Acrobat Standard. Wo ein Werkzeug oder eine Funktion nur in Acrobat Pro zur Verfügung steht, ist der Absatz entsprechend gekennzeichnet. Die folgenden Funktionen stehen ausschließlich in Acrobat Pro zur Verfügung:

- Preflight von Dokumenten und andere Aufgaben der Druckproduktion
- PDF-Portfolios erstellen
- Umflussreihenfolge von Objekten auf einer Seite, um die Verfügbarkeit von Dateien zu optimieren
- Bates-Nummerierung und Schwärzung zuweisen
- Dokumentversionen vergleichen
- Aktionen verwenden und erstellen

Voraussetzungen

Bevor Sie mit *Adobe Acrobat X Classroom in a Book* beginnen, sollten Sie mit der Arbeitsweise und dem Betriebssystem Ihres Computers vertraut sein. Sie sollten mit der Maus sowie den standardmäßigen Menüs und Befehlen umgehen können und Ihnen sollte außerdem bekannt sein, wie Sie Dateien öffnen, speichern und schließen. Um diese Techniken noch einmal aufzufrischen, informieren Sie sich in den Dokumentationen, die mit Microsoft Windows oder Apple Mac OS X ausgeliefert wurden.

Hinweis: Wenn sich die Anweisungen für die verschiedenen Betriebssysteme unterscheiden, erscheinen zuerst die Befehle für Windows

und dann die für Mac OS, wobei das jeweilige Betriebssystem in
Klammern genannt wird. Die Strg-Taste unter Windows entspricht der
Befehlstaste (auch Apfel-Taste genannt) unter Mac OS. Beispiel: »Drü-
cken Sie die Strg- (Windows) bzw. Befehlstaste (Mac OS).« Allgemein
gebräuchliche Befehle werden noch weiter abgekürzt, wobei der Win-
dows-Befehl zuerst genannt wird, gefolgt von einem Schrägstrich und
dem Befehl für Mac OS, ohne dabei die Betriebssysteme in Klammern
zu nennen. Beispiel: »Klicken Sie mit gedrückter Strg-/Befehlstaste.«
Die Alt-Taste gibt es sowohl unter Windows als auch unter Mac OS,
wo sie auch Wahl- oder Optionstaste heißt. Mit der rechten Maustaste
lässt sich zu zahlreichen Funktionen ein Kontextmenü einblenden.
Falls Sie unter Mac OS noch mit einer Eintastenmaus arbeiten, rufen
Sie das Kontextmenü mit gedrückter Ctrl-Taste und Mausklick auf.

Adobe Acrobat installieren

Bevor Sie mit *Adobe Acrobat X Classroom in a Book* beginnen,
muss Ihr System korrekt eingerichtet und die notwendige Soft- und
Hardware installiert sein. Sie müssen das Programm Adobe Acrobat
X gesondert erwerben. Die vollständigen Hinweise zu den Systemvo-
raussetzungen finden Sie unter *http://www.adobe.com/de/products/
acrobatpro/tech-specs.html.*

Sie müssen das Programm von der *Adobe Acrobat X*-CD auf Ihre
Festplatte installieren – die Anwendung kann nicht direkt von der
CD gestartet werden. Befolgen Sie dazu die Installationsanweisungen auf dem Bildschirm und halten Sie die Seriennummer bereit; Sie
finden sie auf der CD-Hülle oder der Registrierungskarte.

Adobe Acrobat starten

Sie starten Acrobat wie jedes andere Programm.

- **Windows:** Wählen Sie **Start: Programme:** (oder **Alle
  Programme:**) **Adobe Acrobat X Standard** oder **Adobe Acrobat
  X Pro**.

- **Mac OS:** Öffnen Sie den Ordner *Adobe Acrobat X Standard* oder
  Adobe Acrobat X Pro und doppelklicken Sie auf das entsprechende
  Programmsymbol.

Die *Classroom in a Book*-Dateien kopieren

Die CD-ROM *Adobe Acrobat X Classroom in a Book* enthält für jede Lektion dieses Buches einen eigenen Ordner mit allen Dateien; die entsprechenden Ordner müssen Sie auf Ihre Festplatte kopieren. Sie können die Ordner für die jeweilige Lektion auch erst bei Bedarf einrichten und den Ordner wieder löschen, sobald Sie die Lektion beendet haben.

Die *Classroom in a Book*-Dateien installieren:

1   Legen Sie die CD *Adobe Acrobat X Classroom in a Book* in Ihr Laufwerk.

2   Legen Sie einen Ordner namens **AcrobatX_CIB** auf Ihrer Festplatte an.

3   Kopieren Sie alle (oder nur die von Ihnen benötigten) Lektionen auf Ihre Festplatte:

- Um alle Lektionen zu kopieren, ziehen Sie den Ordner *Lektionen* von der CD in den Ordner *AcrobatX_CIB*.

- Um eine einzelne Lektion zu kopieren, ziehen Sie den entsprechenden Lektionsordner von der CD in den Ordner *AcrobatX_CIB*.

> ● **Hinweis:** Sie werden während der Arbeit in den einzelnen Lektionen die Ausgangs- bzw. Startdateien überschreiben. Um die ursprünglichen Dateien wiederherzustellen, kopieren Sie einfach den jeweiligen Lektionsordner erneut von der *Classroom in a Book*-CD in den Ordner *AcrobatX_CIB* auf Ihrer Festplatte.

Zusätzliche Quellen

Adobe Acrobat X Classroom in a Book ist nicht als Ersatz für die mit dem Programm Adobe Acrobat X gelieferte Dokumentation gedacht, da im vorliegenden Buch nur die jeweils verwendeten Befehle und Optionen erklärt werden. Ausführliche Informationen über die Programmfunktionen finden Sie in folgenden Quellen:

Hilfe und Support zu Adobe Acrobat: Unter *www.adobe.com/de/support/acrobat* können Sie die Hilfe- und Support-Seiten auf *Adobe.de* durchsuchen.

Adobe TV: Die Online-Video-Quelle *http://tv.adobe.com/de/* bietet von Einführungen bis hin zu fachkundigen Anleitungen und Inspirationen alles zu Adobe-Produkten.

AcrobatUsers.com: Die offizielle Webseite für die Acrobat-Anwendergemeinschaft; hier finden Sie Übungen, Videos, Interviews, Foreneinträge und vieles mehr (in englischer Sprache).

Adobe Foren: Die Online-Foren von Adobe unter *http://forums. adobe.com* bieten Mitgliedern der Adobe-Community Gelegenheit, ihre Erfahrungen mit den Produkten von Adobe in Diskussions- gruppen sowie Fragen und Antworten zu Adobe Produkten auszu- tauschen (in englischer Sprache).

Quellen für Ausbilder: *www.adobe.com/de/education* umfasst zahl- reiche Quellen für Ausbilder und Lernende.

Adobe Acrobat X-Produkt-Homepage: *www.adobe.com/de/ products/acrobat*

Adobe Labs: *http://labs.adobe.com* bietet Zugang zu neuen Techno- logien und Produkten, Vorabversionen sowie Foren, Wiki-basierte In- halte und andere Teamworkressourcen für die Interaktion mit gleich- gesinnten Entwicklern (in englischer Sprache).

Adobe-Zertifizierung

Das Adobe-Trainings- und Zertifizierungsprogramm bietet Anwen- dern die Möglichkeit, ihre Professionalität im Umgang mit dem Programm zu verbessern und darzustellen. Wählen Sie dazu aus den folgenden vier Zertifizierungsprogrammen:

- Adobe Certified Associate (ACA)

- Adobe Certified Expert (ACE)

- Adobe Certified Instructor (ACI)

- Adobe Authorized Training Center (AATC)

Adobe Certified Associate (ACA) ist eine Einstiegszertifizierung über Grundkenntnisse im Umgang mit Adobe-Software für digitale Kommunikation.

Mit dem *Adobe Certified Expert*-Programm erweitern Sie Ihre Referenzen. Nutzen Sie die Adobe-Zertifizierung als Katalysator für eine Gehaltserhöhung, als Pluspunkt für die Arbeitssuche oder zur Erweiterung Ihrer Fachkenntnisse.

Als ACE können Sie Ihre Kenntnisse und Fähigkeiten mit dem *Adobe Certified Instructor*-Programm vertiefen und erhalten außerdem Zugang zu weiteren Adobe-Quellen.

Adobe Authorized Training Centers sind Schulungseinrichtungen, in der Kursleiter (ausschließlich Adobe Certified Instructors) die Teil- nehmer im Umgang mit Adobe-Produkten unterrichten.

Schneller arbeiten mit Adobe CS Live

Adobe® CS Live ist eine Zusammenstellung verschiedener Online-Services für die Adobe Creative Suite 5 zur Beurteilung kreativer Prozesse sowie zum Überprüfen von Websites. Adobe CS Live stellt wichtige Funktionen für das Feedback von Webbesuchern bereit und anderes mehr – Adobe vereinfacht so Ihren Gestaltungsprozess. CS Live ist für einen bestimmten Zeitraum* kostenlos und lässt sich online direkt aus den Creative Suite 5-Programmen heraus aufrufen.

Adobe BrowserLab dient Webdesignern und Entwicklern zur Vorschau und zum Testen ihrer Websites für mehrere Browser und unterschiedliche Betriebssysteme. Im Gegensatz zu anderen Lösungen für Browser-Kompatibilität, liefert BrowserLab nach Bedarf Screenshots mit mehreren Ansichten sowie Diagnose-Werzeuge und lässt sich mit Dreamweaver CS5 für die Vorschau lokaler Inhalte und unterschiedlicher Zustände interaktiver Seiten einsetzen. Als Online-Service verfügt BrowserLab über schnellere Entwicklungszyklen mit größerer Flexibilität bei der erweiterten Browser-Unterstützung und ist stets auf aktuellem Stand.

Adobe CS Review ist für professionelle Designer gedacht, die ihren Gestaltungsprozess effektiver ausrichten möchten. Im Gegensatz zu anderen Services können Sie nur mit CS Review eine Online-Abstimmung direkt in InDesign, Photoshop, Photoshop Extended und Illustrator veröffentlichen und die Kommentierung im jeweiligen Erstellungsprogramm ansehen.

Acrobat.com ist für Kreativprofis gedacht, die mit Kollegen und Kunden vom Briefing bis zur abschließenden Präsentation gemeinsam an einem kreativen Projekt arbeiten. Acrobat. com umfasst mehrere Online-Services wie Webkonferenzen, Dokumentfreigabe und -speicherung sowie Arbeitsbereiche. Statt per E-Mail oder zeitaufwändiger persönlicher Besprechungen lässt Acrobat.com Ihre Kunden oder Kollegen direkt an Ihrer Arbeit teilnehmen. Das Versenden von Dateien entfällt, was den kreativen Prozess beschleunigt – gemeinsam und an jedem Ort.

Adobe Story eignet sich für Kreativprofis, Produzenten und Texter, die an oder mit Drehbüchern arbeiten. Sie verfassen mit Adobe Story gemeinsam Skripte als Metadaten, die sich mit Adobe CS5 Production Premium für einen effektiveren Arbeitsablauf und zum Erzeugen von Video-Assets verwenden lassen.

SiteCatalyst NetAverages ist ideal für Profis, um Inhalte für das Web und mobile Endgeräte auf Basis aktueller Trends aufzubereiten. NetAverages liefert Informationen darüber, wie Anwender auf das Web zugreifen, wodurch sich der kreative Prozess schon in einem frühen Stadium vereinfacht. Sie greifen auf Anwenderdaten wie Browsertyp, Betriebssystem, Profil des mobilen Endgeräts, Bildschirmauflösung und weitere Information zu. Die entsprechenden Daten stammen aus Besucheraktivitäten auf den teilnehmenden Omniture SiteCatalyst. NetAverages zeigt die Daten mit Flash an – also problemlos und einfach nachzuvollziehen.

Drei Möglichkeiten für den Zugriff auf CS Live:

1 Richten Sie den Zugriff beim Registrieren Ihrer Creative Suite 5-Programme ein, um einen freien Zugang zu den Online-Diensten Adobe CS Live mit CS5 zu erhalten.

2 Melden Sie sich online an, um für einen beschränkten Zeitraum einen kostenlosen Zugriff auf CS Live zu erhalten. Diese Option ermöglicht keinen Zugriff aus den jeweiligen CS5-Programmen heraus.

3 Bei CS5-Testversionen können Sie während der Testdauer (30 Tage) auch CS Live nutzen.

CS Live ist nur für einen bestimmten Zeitraum kostenlos. Informationen finden Sie auf der Adobe-Website unter www.adobe.com/de/products/creativesuite/cslive/.

1 EINFÜHRUNG IN ADOBE ACROBAT X

Überblick

In dieser Lektion lernen Sie Folgendes:

- Das Adobe-PDF-Dokumentformat, Acrobat X und Adobe Reader erkunden

- Einen ersten Blick auf den Acrobat-Arbeitsbereich werfen

- Beispiele für PDF-Dokumente untersuchen, die jeweils für die Druckausgabe und die Betrachtung am Bildschirm optimiert wurden

- Entscheidungen prüfen, die Sie beim Erzeugen von elektronischen Publikationen hinsichtlich Formatierung und Design treffen müssen

- Eine PDF-Datei im Vollbildmodus betrachten

- Mit der Adobe Acrobat X-Hilfe arbeiten

 Für diese Lektion benötigen Sie ungefähr 45 Minuten. Falls nötig, kopieren Sie jetzt den Ordner *Lektion01* auf Ihre Festplatte.

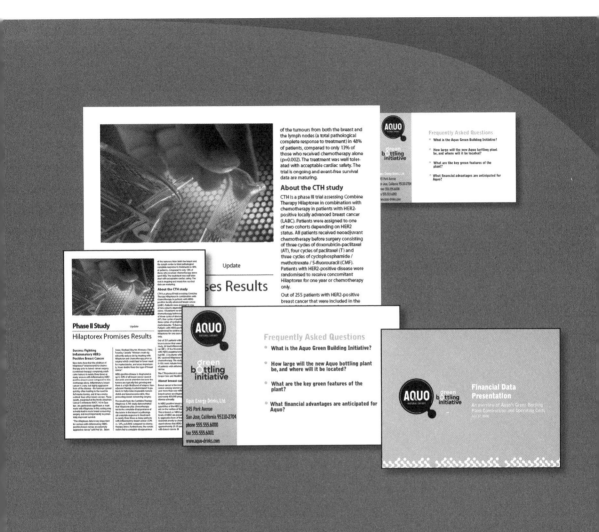

Mit Adobe Acrobat X können Sie Adobe PDF-Dokumente betrachten, erstellen, bearbeiten und verbessern – und dabei die Formatierung der Originaldatei beibehalten.

Adobe PDF

Das *Adobe Portable Document Format* (PDF) ist ein universelles Dateiformat, das unabhängig vom Erstellungsprogramm bzw. Betriebssystem sämtliche Schriften, Formatierungen, Farben und Grafiken des jeweiligen Quelldokuments beibehält. Adobe PDF-Dateien sind kompakt und sicher und lassen sich mit dem kostenlos verfügbaren Adobe Reader betrachten, navigieren, kommentieren und drucken. Sie können weitere Funktionen für Adobe Reader-Anwender freischalten, um diesen das Ausfüllen und Speichern von PDF-Formularen zu ermöglichen und sie an PDF-Überprüfungen und -Kommentierungen teilhaben zu lassen. Mit Acrobat Pro können Sie Reader-Anwender PDF-Dokumente auch digital signieren lassen.

* Adobe PDF behält das Layout, die Schriften und die Textformatierung der elektronischen Dokumente genau bei, unabhängig vom Computersystem bzw. Betriebssystem, das zum Betrachten dieser Dokumente benutzt wird.

* PDF-Dokumente können auf einer Seite mehrere Sprachen wie z. B. Japanisch und Deutsch enthalten.

* PDF-Dokumente lassen sich kontrolliert und vorhersehbar mit den richtigen Seitenrändern und Seitenumbrüchen drucken.

* PDF-Dateien lassen sich mit Kennwörtern vor unerwünschten Änderungen und Ausdrucken schützen; außerdem kann der Zugriff auf vertrauliche Dokumente eingeschränkt werden.

* Die Ansicht einer PDF-Seite lässt sich in Acrobat oder im Adobe Reader verkleinern bzw. vergrößern. Letzteres ist besonders bei Grafiken oder Diagrammen mit vielen Details von Vorteil.

Adobe Acrobat

Mit Acrobat erzeugen, bearbeiten, betrachten und drucken Sie PDF-Dokumente.

Adobe PDF-Dateien erzeugen

Nahezu jedes Dokument – ob Text- oder Layout-Datei, ein gescanntes Dokument, eine Webseite oder ein Digitalfoto – lässt sich mit Adobe Acrobat oder einer vergleichbaren Drittanbieteranwendung in Adobe PDF konvertieren. Ihr Workflow (Arbeitsablauf) und die Art der verwendeten Dokumente bestimmen, wie Sie eine PDF-Datei erzeugen.

- Benutzen Sie die Befehle im Menü **Datei: Erstellen** in der Acrobat Menüleiste, um unterschiedliche Dateiformate schnell in Adobe PDF zu konvertieren und in Acrobat zu öffnen. Sie erreichen diese »PDF erstellen«-Befehle auch über die Schaltfläche »Erstellen« in der Werkzeugleiste für Schnellwerkzeuge. Dabei können Sie Dateien nacheinander oder mehrere unterschiedliche Dateitypen auf einmal konvertieren und zu einer kompakten PDF-Datei zusammensetzen oder mit Acrobat Pro in einem PDF-Portfolio mit eigenen Navigationselementen gruppieren. Mit dem »Leere Seite einfügen«-Werkzeug können Sie zudem eine leere PDF-Seite erzeugen.

- Mit dem Befehl »Drucken« konvertieren Sie bequem aus jedem Programm nahezu jede Datei in Adobe PDF. In den meisten Anwendungen können Sie die Einstellungen zum Erstellen von PDF-Dateien im Dialogfeld »Drucken« anpassen.

- Aus Microsoft Office und anderen beliebten Programmen für Windows nutzen Sie Acrobat PDFMaker. Bei der Installation von Acrobat wird Acrobat PDFMaker automatisch in die entsprechenden vorhandenen Anwendungen auf Ihrem Computer eingefügt. Klicken Sie dazu einfach in der Acrobat-Symbolleiste auf die Schaltfläche »PDF erzeugen« (🖨) (Office 2007 oder 2010) bzw. in der Menüleiste der Anwendung auf die Schaltfläche »In Adobe PDF konvertieren« (📄). In den Einstellungen können Sie festlegen, ob Lesezeichen, Hyperlinks oder Barrierefreiheitsfunktionen mit eingebunden werden.

- Scannen Sie Papierdokumente und konvertieren Sie sie in durchsuchbare Adobe PDF-Dokumente.

- Mit dem Befehl »Erstellen: PDF von Webseite« laden Sie Webseiten herunter, konvertieren sie in Adobe PDF und behalten die enthaltenen Verknüpfungen bei. Oder speichern Sie Webseiten schnell mit Acrobat PDFMaker in Mozilla Firefox oder Microsoft Internet Explorer.

- Konvertieren Sie E-Mail-Nachrichten in Microsoft Outlook oder Lotus Notes unter Windows in Adobe PDF. Dabei können Sie eine einzelne E-Mail in PDF konvertieren oder einen Ordner mit Nachrichten in einem PDF-Dokument zusammenführen oder zu einem PDF-Portfolio gruppieren.

Lektion 3, »Adobe PDF-Dateien erstellen«, Lektion 5, »Microsoft Office-Dateien konvertieren (Windows)«, und Lektion 13, »Acrobat in der Druckproduktion« bieten Schritt-für-Schritt-Anleitungen zum Erstellen von Adobe PDF-Dateien mit diesen Methoden.

Mit PDF-Dateien arbeiten

In Acrobat können Sie PDF-Dateien verwalten, bearbeiten, zusammenführen und durchsuchen. Außerdem können Sie Formulare erstellen, Dokumentüberprüfungen veranlassen und sogar rechtswirksame Funktionen verwenden.

- Passen Sie den Acrobat-Arbeitsbereich nach Ihren Vorstellungen an. Die Benutzeroberfläche in Acrobat X umfasst anpassbare Werkzeugleisten, Aufgaben- und ein Navigationsfenster. (Lektion 2, »Der Arbeitsbereich«)

- Führen Sie in Acrobat Pro mehrere Dokumente in einem PDF-Portfolio zusammen, in dem die Dateien als einzelne PDF-Dokumente beibehalten werden und sich unabhängig voneinander lesen, bearbeiten und drucken lassen. (Lektion 7, »Dateien in PDF-Portfolios zusammenführen«)

- Suchen Sie mit der integrierten Werkzeugleiste nach einfachen Wörtern oder verwenden Sie die erweiterte Suchfunktion mit dem Dialogfenster »Suchen«. (Lektion 4, »PDF-Dateien lesen und bearbeiten«)

- Drehen und beschneiden Sie PDF-Seiten, fügen Sie PDF-Dateien und -Seiten in ein Dokument ein, passen Sie Lesezeichen an und nummerieren Sie Seiten neu. (Lektion 6, »PDF-Dokumente modifizieren«)

- Bearbeiten Sie PDF-Text und (in Acrobat Pro) PDF-Objekte. Nutzen Sie den Inhalt einer PDF-Datei in anderen Anwendungen (wenn vom Autor des Dokuments erlaubt), indem Sie den Inhalt in andere Dateiformate konvertieren, Bilder entnehmen und PDF-Seiten in Bildformate konvertieren. (Lektion 6, »PDF-Dokumente modifizieren«)

- Erzeugen Sie raffinierte Multimedia-Präsentationen. Eingebettete Video-, Animations- oder Sound-Dateien benötigen keine zusätzliche Software, die PDF-Datei enthält alles, was der Anwender zum Betrachten in Acrobat oder dem kostenlos zu ladenden Adobe Reader X benötigt. (Lektion 6, »PDF-Dokumente modifizieren«)

- Mit einer digitalen Signatur bestätigen Sie den Inhalt oder die Gültigkeit eines Dokuments. Schützen Sie außerdem vertrauliche PDF-Dateien wirksam und verhindern Sie so, dass Unbefugte

Text- oder Grafikelemente kopieren, Dokumente drucken oder sogar öffnen. (Lektion 8, »Digitale Unterschriften und Sicherheit«)

- Fügen Sie im Rahmen einer vollständig elektronischen Dokumentüberprüfung Kommentare und Markup-Text hinzu. Mit Acrobat lassen sich Überprüfungen per E-Mail, webbasiert oder mit einem zentralen Server durchführen und Sie können »live« mithilfe der Funktionen des Dienstes Acrobat.com zusammenarbeiten. Mit Acrobat Pro können Sie auch Anwender von Adobe Reader an Überprüfungen teilnehmen lassen. (Lektion 9, »Acrobat in der Dokumentüberprüfung«)

- Erzeugen Sie interaktive PDF-Formulare aus beliebigen elektronischen Dokumenten oder aus gescannten Papierformularen, die Sie auch für Anwender von Adobe Reader freischalten können, damit diese sie ausfüllen und speichern können. Werkzeuge in Acrobat helfen Ihnen bei der Verteilung von Formularen, dem Verfolgen von Antworten und der Analyse der Formulardaten. (Lektion 10, »PDF-Formulare erstellen«)

- In Acrobat Pro können Sie Arbeitsabläufe mit benutzerdefinierten Aktionen automatisieren, mit denen Sie Aufgaben nach Ihren Anforderungen zusammenfassen. (Lektion 11, »Aktionen«)

- Verarbeiten und liefern Sie rechtswirksame Dokumente auf elektronischem Weg. Um den Vorgaben von Gerichten und Rechtsanwaltskanzleien zu entsprechen, verfügt Acrobat Pro über Funktionen zum endgültigen und irreversiblen Schwärzen vertraulicher Inhalte in einem PDF-Dokument sowie die Bates-Nummerierung zur Kennzeichnung von Dokumenten. (Lektion 12, »Acrobat in Rechtswesen und Verwaltung«)

- Erzeugen Sie qualitativ hochwertige PDF-Dateien. Mit den Spezialwerkzeugen für die Druckproduktion in Acrobat Pro prüfen Sie Farbseparationen, passen die Darstellung transparenter Objekte an und farbseparieren PDF-Dateien. Das Dialogfenster »Standard« erkennt PDF/X-, PDF/A- und PDF/E-Dateien, und die verbesserte Preflight-Funktion vereinfacht die Prüfungen Ihrer PDF-Datei für die Druckproduktion. (Lektion 13, »Acrobat in der Druckproduktion«)

PDF-Dateien lesen

PDF-Dokumente können mit dem Adobe Reader, Acrobat Standard und Acrobat Pro gelesen werden. Publizieren können Sie Ihre

PDF-Dateien im Netzwerk, auf Webservern, CDs, DVDs und anderen Wechselmedien sowie über den Webservice *Acrobat.com*.

Adobe Reader

● **Hinweis:** Zugänglichkeitsfunktionen, wie z. B. die Sprachausgabe-Funktion, stehen in Adobe Reader unter Windows XP im geschützten Modus möglicherweise nicht zur Verfügung. Unter Windows Vista und Windows 7 funktionieren diese Funktionen auch im geschützten Modus wie erwartet.

Der kostenlos herunterladbare Adobe Reader ist der weltweite Standard zur Betrachtung von PDF-Dateien. Nur mit ihm können Sie alle PDF-Dokumente öffnen und mit ihnen arbeiten. Der Adobe Reader ermöglicht das Betrachten, Durchsuchen, digitales Signieren, Überprüfen, Drucken und Zusammenarbeiten mit PDF-Dateien, ohne dazu Acrobat installieren zu müssen.

Adobe Reader zeigt Multimedia-Inhalt wie Video- und Audiodateien an. Auch PDF-Portfolios lassen sich mit dem Reader betrachten. Mit den neuen »Notiz hinzufügen«- und »Text hervorheben«-Werkzeugen in Adobe Reader kann jeder PDF-Dateien mit Kommentaren versehen. Außerdem können Sie Adobe Reader-Anwendern zusätzliche Rechte für das Ausfüllen von PDF-Formularen und die Teilnahme an gemeinsamen Dokumentüberprüfungen zuweisen.

● **Hinweis:** Adobe empfiehlt dringend, Adobe Reader im geschützten Modus einzusetzen. Falls Sie ihn dennoch deaktivieren müssen, wählen Sie **Bearbeiten: Voreinstellungen** und links in der Kategorieliste den Eintrag »Allgemein«. Schalten Sie dann rechts unten im Bereich »Programmstart« die Option »Nur zertifizierte Zusatzmodule verwenden« aus. Sie müssen Adobe Reader anschließend neu starten, um die Änderung auszuführen.

Adobe Reader für Windows öffnet PDF-Dateien standardmäßig im geschützten Modus (im IT-Bereich als »Sandbox« bekannt). Im geschützten Modus beschränkt Adobe Reader alle Vorgänge auf das Programm selbst, so dass schädliche PDF-Dokumente weder beliebige Anwendungsdateien ausführen noch in Systemverzeichnisse oder in die Windows-Registrierung schreiben können. Um den Status des geschützten Modus zu prüfen, wählen Sie **Datei: Eigenschaften**, dann das Register »Erweitert« und finden rechts unten den Bereich »Geschützter Modus«.

Adobe PDF im World Wide Web

Das World Wide Web hat die Möglichkeiten, elektronische Dokumente einer breiten Öffentlichkeit zugänglich zu machen, erheblich erweitert. Da in einem Webbrowserfenster mehrere unterschiedliche Programme ablaufen können, lassen sich auch PDF-Dateien in Websites integrieren. Besucher laden dann diese Dateien herunter oder betrachten sie mit Adobe Reader im Browserfenster.

Wenn Sie eine PDF-Datei in Ihre Webseite integrieren, sollten Sie auch einen Link auf die Adobe-Website anbieten, damit die Besucher sich dort den Adobe Reader kostenlos herunterladen können, sofern sie das erste Mal mit PDF konfrontiert werden und noch nicht über einen PDF-Reader verfügen.

PDF-Dokumente lassen sich im Web seitenweise betrachten und drucken; der seitenweise Download verkürzt die Lade- und Downloadzeit erheblich. Außerdem kann der Anwender einzelne oder alle Seiten eines Dokuments drucken. PDF ist das ideale Format für die Veröffentlichung umfangreicher elektronischer Dokumente im Web, denn PDF-Dokumente werden vorhersehbar mit den richtigen Seitenrändern und Seitenumbrüchen ausgegeben.

Webseiten lassen sich außerdem herunterladen, in Adobe PDF konvertieren und anschließend einfach speichern, verteilen und drucken. (Weitere Informationen finden Sie in Lektion 3, »Adobe PDF-Dateien erstellen«.)

Adobe Reader-Installationsprogramme zur Verfügung stellen

Adobe Reader darf kostenlos mit Ihren Dokumenten verteilt werden, damit Ihr Publikum Ihre PDF-Dokumente problemlos betrachten kann. Dazu können Sie Ihr Publikum auf die kostenlosen Downloads auf der Adobe-Website unter *http://www.adobe.de* hinweisen. Falls Sie Ihre Dokumente auf einer CD oder DVD veröffentlichen, können Sie eine Kopie des Reader-Installationsprogramms auf dem Datenträger anbieten.

Wenn Sie Installationsprogramme für Adobe Reader auf einer CD-ROM zur Verfügung stellen, sollten Sie auch eine entsprechende Liesmich-Textdatei mit auf die oberste Ebene der CD kopieren, in der Sie den Installationsvorgang beschreiben und aktuelle Informationen anbieten können.

Sie dürfen den Adobe Reader beliebig oft kopieren und weitergeben, auch zur kommerziellen Nutzung. Für einen umfassenden Überblick und vollständige Informationen zur Verteilung von Adobe Reader besuchen Sie bitte die Adobe-Website unter *http://get.adobe.com/de/reader/enterprise/*.

Zur Verteilung des Adobe Reader ist bei Adobe außerdem ein besonderes Logo erhältlich.

Ein Blick auf den Arbeitsbereich

Sie sehen sich zunächst einige PDF-Dateien in Acrobat an, um sich mit der Acrobat X-Oberfläche vertraut zu machen und ein Gefühl für die Layoutüberlegungen bei elektronischen Dokumenten zu bekommen.

1   Starten Sie Acrobat und klicken Sie im Begrüßungsbildschirm auf »Öffnen«.

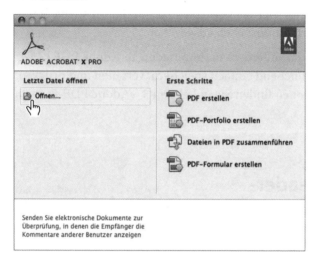

Mit dem Acrobat-Begrüßungsbildschirm gelangen Sie schnell zu kürzlich geladenen Dateien und zu PDF-Erstellungswerkzeugen.

2   Navigieren Sie zum Ordner *Lektion01* auf Ihrer Festplatte, wählen Sie die Datei *Hilaptorex.pdf* und klicken Sie auf »Öffnen«.

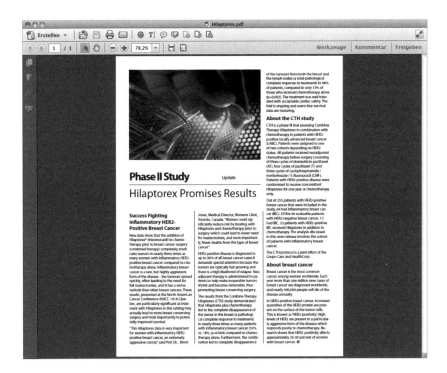

Es handelt sich um einen einseitigen Artikel, der zur bequemen elektronischen Verbreitung in Adobe PDF konvertiert wurde.

3 Sehen Sie sich den Arbeitsbereich an. Dazu gehört zunächst eine Menüleiste am oberen Bildschirmrand. Durch Klicken auf die Menüeinträge blenden Sie weitere Menüs mit Befehlen ein. Wir haben auf »Anzeige« geklickt.

Die Menüleiste sollte beim Arbeiten mit Acrobat geöffnet bleiben. Falls Sie die Menüleiste mit dem Menübefehl **Anzeige: Ein-/ Ausblenden: Menüleiste** ausblenden, können Sie nicht mehr auf die Menübefehle zugreifen, mit denen Sie sie wieder einblenden könnten. Drücken Sie dann F9 (Windows) bzw. den Tastaturbefehl Umschalt+Befehl+M (Mac OS).

4 Rechts im Aufgabenfenster befinden
  sich drei Schaltflächen: »Werkzeuge«,
  »Kommentar« und »Freigeben«.
  Klicken Sie auf »Werkzeuge«.

Das Werkzeuge-Fenster fasst die Acro-
bat-Werkzeuge zu aufgabenbezogenen
Gruppen zusammen.

5 Mit den Schaltflächen in den Werk-
  zeugleisten direkt unter der Menüleiste erreichen Sie schnell
  bestimmte Funktionen.

Sie können die Werkzeugleiste für Schnellwerkzeuge anpassen,
indem Sie für jedes der im Aufgabenfenster aufgeführten Werkzeuge
Schaltflächen hinzufügen. Mehr über das Anpassen der Werkzeugleiste erfahren Sie in Lektion 2, »Der Arbeitsbereich«.

6 Klicken Sie in der
  Werkzeugleiste für
  Schnellwerkzeuge
  auf die Schaltfläche
  »Erstellen«. Mit
  den aufgeführten
  Befehlen starten Sie
  Arbeitsschritte zum
  Erstellen einer PDF-
  Datei. Klicken Sie außerhalb des Menüs, um es wieder zu schlie-
  ßen, ohne einen Befehl zu wählen.

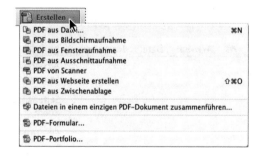

7 Bewegen Sie Ihren Mauszeiger an den unteren linken Dokumentfensterrand, um dort die Seitenmaße einzublenden. (Das Dokumentfenster ist der Teil des Arbeitsbereichs, der ein geöffnetes
  Dokument zeigt.) Acrobat blendet die Seitenmaße aus, sobald Sie
  den Mauszeiger wieder von dort wegbewegen.

Die Seitenmaße betragen
215,9 mm x 279,4 mm, um die
Seite sowohl auf einem Drucker
ausgeben als auch bequem auf dem
Bildschirm betrachten zu können.

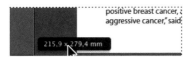

8 Wählen Sie **Datei: Öffnen** und öffnen Sie die Datei *Application.
   pdf* im Ordner *Lektion01*. Acrobat öffnet die Datei in einem
   eigenen Arbeitsbereich mit eigenen Werkzeugleisten. Mit dem
   Fenster-Menü können Sie zwischen den beiden geöffneten Dokumenten, *Hilaptorex.pdf* und *Application.pdf*, umschalten.

9 Wählen Sie im Fenster-Menü (in der Liste mit geöffneten Dateien
   unten im Menü) die Datei *Application.pdf*. Später erfahren Sie
   noch, wie Sie Fensteransichten teilen, um mehrere Dateien
   zugleich betrachten zu können.

10 Klicken Sie links im Arbeitsbereich im Navigationsfenster auf
   die Schaltfläche »Lesezeichen« (🔖) und klicken Sie dann in der
   Lesezeichenleiste auf das Lesezeichen »Harry Tanaka CV«, um
   unmittelbar auf die Zielseite dieses Lesezeichens im Dokument zu
   gelangen.

Das Navigationsfenster zeigt die Standardnavigationsleisten mit der
Lesezeichenleiste an. Um weitere Navigationsfenster einzublenden, wählen Sie **Anzeige: Ein-/Ausblenden: Navigationsfenster:**

[**Fenstername**]. Weitere Informationen über das Navigationsfenster und seine Elemente erhalten Sie in Lektion 2, »Der Arbeitsbereich«.

11 Die Datei *Application.pdf* ist aktiv, das heißt, sie befindet sich im Vordergrund; wählen Sie **Datei: Schließen**, um sie ohne Speichern der Änderungen zu schließen. Schließen Sie die Datei *Hilaptorex.pdf* auf die gleiche Art.

Damit ist der kurze Blick auf die Hauptbestandteile des Acrobat X-Arbeitsbereichs beendet und Sie haben dabei die Menüleiste, die Werkzeugleisten, die Aufgabenfenster, das Dokumentfenster und das Navigationsfenster kennen gelernt. Mehr über diese Elemente erfahren Sie, wenn Sie dieses Buch durcharbeiten.

PDF-Präsentationen im Vollbildmodus

Im Vollbildmodus blendet Acrobat die Menüleiste und die Werkzeugleisten aus.

1 Wählen Sie **Datei: Öffnen** und doppelklicken Sie auf die Datei *Aquo_Financial.pdf* im Ordner *Lektion01*.

2 Klicken Sie im Dialogfeld »Vollbild« auf »Ja«, um das Dokument im Vollbildmodus zu öffnen.

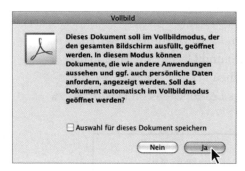 

Im Vollbildmodus stellt Acrobat dem Dokument den Bildschirm vollständig zur Verfügung und blendet alle Acrobat-Werkzeugleisten, Menüs und Fenster aus.

Dieses Dokument – eine Bilanzpräsentation – wurde ausschließlich für die Bildschirmwiedergabe entworfen. Dabei wurde bewusst auf Grafiken, einen großen Schriftgrad und das querformatige Seitenlayout für die bestmögliche Darstellung auf einem Bildschirm geachtet.

Um eine Datei im Vollbildmodus öffnen zu lassen, wählen Sie **Datei: Eigenschaften**, klicken im Dialogfenster »Dokumenteigenschaften« auf das Register »Ansicht beim Öffnen«, schalten im Bereich

»Fensteroptionen« die Option »Im Vollbildmodus öffnen« ein und klicken Sie auf OK. Speichern Sie anschließend das Dokument. Weitere Informationen erhalten Sie in Lektion 6, »PDF-Dokumente modifizieren«.

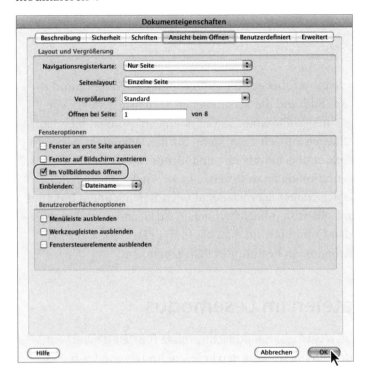

Sie können sich jede PDF-Datei im Vollbildmodus ansehen, indem Sie sie in Acrobat öffnen und dann **Anzeige: Vollbildmodus** wählen.

3   Drücken Sie die Eingabetaste, um seitenweise durch die Präsentation zu blättern.

4   Drücken Sie die Esc-Taste, um den Vollbildmodus zu verlassen.

5   Um auch im Vollbildmodus stets über Navigationsschaltflächen zu verfügen, wählen Sie **Bearbeiten: Voreinstellungen** (Windows) bzw. **Acrobat: Voreinstellungen** (Mac OS) und dann links im Dialogfenster »Voreinstellungen« den Eintrag »Vollbild«. Schalten Sie im Bereich »Vollbild-Navigation« die Option »Navigationsleiste anzeigen« ein und klicken Sie auf OK, um Ihre Änderungen zu übernehmen.

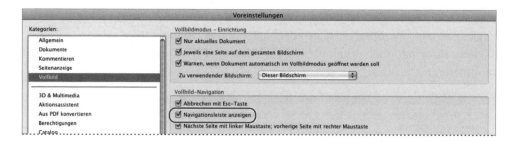

Von nun an zeigt Acrobat auf Ihrem Computer im Vollbildmodus unten links am Bildrand die Schaltflächen »Nächste Seite«, »Vorherige Seite« und »Vollbildmodus verlassen« an. Acrobat blendet diese Schaltflächen zunächst ein, wenn Sie das Dokument das erste Mal im Vollbildmodus betrachten, und blendet sie dann wieder aus, um die Präsentation nicht zu stören. Um sie wieder einzublenden, bewegen Sie den Mauszeiger wieder auf den Bereich unten links auf dem Bildrand. Allerdings beziehen sich diese Grundeinstellungen immer auf den Computer, auf dem die PDF-Präsentation gezeigt wird, und nicht auf ein bestimmtes PDF-Dokument.

PDF-Dateien im Lesemodus

Sie können den verfügbaren Bildschirmplatz für PDF-Dokumente auch ohne den Vollbildmodus maximieren. Im Lesemodus blendet Acrobat alle Elemente des Arbeitsbereichs bis auf das Dokumentfenster und die Menüleiste aus.

1 Wählen Sie **Anzeige: Lesemodus**.

2 Bewegen Sie den Mauszeiger an den unteren Dokumentfensterrand. Acrobat blendet eine halbtransparente Werkzeugleiste mit Navigationswerkzeugen zum Vergrößern und Verkleinern und zum Blättern ein.

3 Um den Arbeitsbereich wieder herzustellen, klicken Sie in der schwebenden Werkzeugleiste auf die Schaltfläche »Hauptwerkzeugleiste einblenden« oder wählen Sie wieder **Anzeige: Lesemodus**.

4 Wählen Sie **Datei: Schließen** und schließen Sie die Datei, ohne die Änderungen zu speichern.

Dokumente für die Bildschirmdarstellung entwickeln

Wenn Sie Ihre Dokumente online verfügbar machen möchten, sollten Sie sich Gedanken darüber machen, wie Sie die Publikation attraktiv und einfach in der Handhabung gestalten können. Wenn Sie lediglich ein Papierdokument in das elektronische Format konvertieren, müssen Sie abwägen, ob die Vorteile, die Sie durch eine Überarbeitung des Dokuments erzielen, den Zeit- und Kostenaufwand wert sind. Soll Ihre Publikation sowohl am Bildschirm als auch auf Papier betrachtet werden, müssen Sie das Layout diesen unterschiedlichen Anforderungen anpassen.

Dazu sehen Sie sich zunächst eine PDF-Datei an, die unverändert aus einem für den Druck vorgesehenen Dokument erzeugt wurde. Durch die Konvertierung in PDF kann ein Dokument günstiger und einfacher verbreitet werden. Außerdem lassen sich Funktionen wie Verknüpfungen und Lesezeichen verwenden, die das Navigieren in längeren Dokumenten, z. B. in Firmen-FAQs, sowohl leichter als auch intuitiver machen. Mit OCR (*Optical Character Regocnition*, also Texterkennung) können Sie Text im Dokument außerdem durchsuchbar machen.

1   Wählen Sie **Datei: Öffnen** und öffnen Sie die Datei *Aquo_FAQs_Print.pdf* im Ordner *Lektion01*.

Das lange, schmale Seitenformat lässt sich auf dem Bildschirm schlecht lesen, Sie müssen nach unten scrollen, um die Seite vollständig lesen zu können.

2   Um die komplette Seite im Dokumentfenster anzuzeigen, wählen Sie **Anzeige: Zoom: Auf Seitenebene zoomen**, oder klicken Sie in der Werkzeugleiste für allgemeine Werkzeuge auf die Schaltfläche »Vollständige Seite an Fenstergröße anpassen« (⊞).

Auch wenn Acrobat die Seiten nun in Bildschirmgröße anzeigt, wird deutlich, dass dieses Dokument nicht für das Lesen am Monitor entwickelt wurde. Die langen, schmalen Seiten sind für die Bildschirmdarstellung ungünstig geformt und die kleinen Bilder und Schriften machen das Lesen am Bildschirm zur Qual.

Sehen Sie sich nun das gleiche Dokument in einer für die Bildschirmdarstellung überarbeiteten und optimierten Fassung an.

3 Wählen Sie **Datei:**
   Öffnen und doppel-
   klicken Sie auf die
   Datei *Aquo_FAQs_*
   Web.pdf, die sich
   auch im Ordner
   Lektion01 befindet.

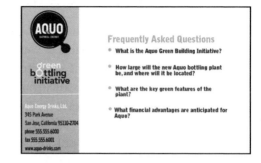

Die horizontale Seiten-
ausrichtung ist für die
Bildschirmdarstellung viel besser geeignet als die vertikale Ausrichtung im vorigen Dokument.

4 Klicken Sie im Navigationsfenster auf die Schaltfläche »Lesezeichen« ( ), um die Lesezeichenleiste einzublenden.

5 Klicken Sie auf das Lesezeichen »Size und location of the plant«.

Acrobat blendet Frage und Antwort zu Größe und Lage der Pflanze
ein. Die größere Schrift und die angepasste Seitengröße erleichtern
die Lesbarkeit dieses Dokuments im Vergleich zu dem Dokument,
das für den Druck bestimmt ist.

6 Klicken Sie auf das Lesezeichen »FAQs«.

7 Klicken Sie auf eine der Fragen, um auf die zugehörige Seite zu
   springen.

Jede Frage auf der ersten Seite des Dokuments ist eine Verknüpfung, die den Betrachter zur entsprechenden Antwort führt. Das Originaldokument wurde überarbeitet, um eine Navigationsstruktur zu unterstützen, die auf eigenständigen, an den Bildschirm angepassten Einheiten basiert.

Die Vorüberlegungen zu Formatierungen von Online-Publikationen – Zeichensätze, Seitengröße, Layout, Farbe und Auflösung – sind die gleichen wie bei anderen Publikationen; allerdings muss jedes dieser Elemente im Hinblick auf die Betrachtung am Bildschirm überprüft werden. Entscheidungen über Farbe und Auflösung, die in traditionellen Publikationen häufig Kompromisse zwischen Qualität und Kosten sind, erfordern bei der digitalen Veröffentlichung vergleichbare Kompromisse zwischen Qualität und Dateigröße. Sobald Sie die für Sie wichtigen Seitenelemente ermittelt haben, wählen Sie die Publishing-Werkzeuge und das Format, das die gewünschten Elemente am besten erhält.

8 Wählen Sie **Datei: Schließen**, um alle geöffneten PDF-Dateien zu schließen.

In diesem Teil der Lektion haben Sie vielfältige digitale Dokumente untersucht, die in unterschiedlichen Dateiformaten für unterschiedliche Zwecke entworfen wurden, und haben dabei den Acrobat X-Arbeitsbereich kennen gelernt. In den nächsten Lektionen in diesem Buch erlangen Sie weitere praktische Kenntnisse beim Erzeugen und Anpassen elektronischer Dokumente.

Acrobat-Hilfe

Acrobat bietet Ihnen eine umfangreiche Hilfe, die Ihnen den Umgang mit dem Programm erleichtert und Ihnen seine Funktionen näherbringt:

- Die Adobe Acrobat X-Hilfe umfasst detaillierte Informationen zu allen Acrobat-Befehlen und -Funktionen.

- Sie können direkt aus Acrobat heraus auf aktuelle Online-Unterstützungsseiten auf der Adobe-Website zugreifen (vorausgesetzt, Sie verfügen über einen Internet-Zugang).

Die Adobe Acrobat X-Hilfe

Die Lektionen in diesem *Classroom in a Book* konzentrieren sich auf häufig verwendete Werkzeuge und Funktionen von Acrobat X. In der *Adobe Acrobat X-Hilfe* bzw. *Adobe Acrobat X Pro-Hilfe* erhalten Sie umfassende Informationen zu allen Werkzeugen, Befehlen und Funktionen in Acrobat für Windows- und Mac OS-Systeme. Sie ist mühelos bedienbar, da Sie ihren Inhalt unterschiedlich erforschen können:

- Durchsuchen Sie das Inhaltsverzeichnis

- Suchen Sie nach Schlüsselwörtern

- Springen Sie mithilfe der Links zu verwandten Informationen von Thema zu Thema

Sie verwenden die Acrobat X-Hilfe nun zum Suchen von Informationen über die Anwendung.

1 Wählen Sie **Hilfe: Adobe Acrobat X-Hilfe** bzw. **Adobe Acrobat X Pro-Hilfe**, um die jeweilige Hilfe in Ihrem Standardwebbrowser aufzurufen.

Acrobat öffnet die Adobe Acrobat X-Hilfe bzw. Adobe Acrobat XPro-
Hilfe online und zeigt das Inhaltsverzeichnis mit Verknüpfungen zu
jedem Thema an.

Bei fehlender Internetverbindung fordert Acrobat Sie in einem Infor-
mationsfeld zur Überprüfung Ihrer Internetverbindung auf. Falls
Sie ohne eine Internetverbindung mit Acrobat arbeiten möchten,
können Sie die Acrobat-Hilfethemen als PDF-Dokument über das
Hilfe-Fenster von Adobe Acrobat X herunterladen und anschließend
wie jede andere PDF-Datei öffnen und durchsuchen.

2   Klicken Sie links neben den Überschriften auf die Plus-Symbole,
    um weitere Unterüberschriften einzublenden.

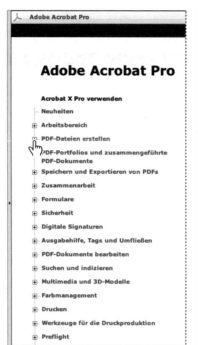
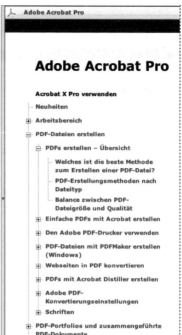

3   Klicken Sie auf eine beliebige Überschrift oder Unterüberschrift, um den Informationstext zum jeweiligen Thema einzublenden.

4   Blättern Sie mithilfe der Verknüpfungen im jeweiligen Thema durch weitere verwandte Informationen. Oder klicken Sie oben im Fenster auf die Navigationsschaltflächen, um zurück zum Inhaltsverzeichnis oder zu einer übergeordneten Überschrift zu gelangen.

5   Wählen Sie **Ansicht: Suchbedienfeld einblenden**, geben Sie oben im Fenster in das Suchfeld **PDF-Portfolio** ein und drücken Sie die Eingabetaste.

Ist für die Suche die Option »Nur als Adobe-Referenz« eingeschaltet, zeigt Acrobat nur Acrobat-Hilfethemen an.

Ist »Nur als Adobe-Referenz« ausgeschaltet, zeigt Acrobat zusätzlich passende Adobe Community-Beiträge an.

Acrobat zeigt die Suchergebnisse im Fenster an, wo sie sich lesen und drucken lassen.

6 Um ein Hilfethema zu drucken, wählen Sie **Datei: Drucken** oder klicken Sie auf die Drucken-Schaltfläche in der Werkzeugleiste Ihres Webbrowsers.

7 Schließen Sie den Webbrowser, um die Adobe Acrobat X-Hilfe bzw. Adobe Acrobat X Pro-Hilfe zu schließen.

8 Beenden Sie Acrobat mit **Datei: Beenden** (Windows) bzw. **Acrobat: Acrobat beenden** (Mac OS).

Damit endet die Einführung in Adobe Acrobat; nun können Sie die Lektionen in diesem *Classroom in a Book* durcharbeiten und lernen, wie Sie Adobe PDF-Dateien erstellen und mit ihnen arbeiten.

Fragen

1 Nennen Sie eine Möglichkeit, um ein PDF-Dokument zu erzeugen.

2 Nennen Sie zwei Vorteile von PDF-Dokumenten.

3 Wie gelangen Sie vom Vollbildmodus zurück zu Ihrem Arbeitsbereich?

Antworten

1 Sie können den Befehl »Erstellen« in Acrobat verwenden, den Adobe PDF-Drucker aus jeder Anwendung heraus im jeweiligen Drucken-Dialog aufrufen, Acrobat PDFMaker aus Microsoft Office unter Windows oder einer anderen unterstützten Anwendung wählen, ein Dokument scannen und in PDF konvertieren oder eine PDF-Datei mit dem Befehl »PDF von Webseite« in Acrobat erzeugen.

2 Adobe PDF bietet zahlreiche Vorteile, beispielsweise:

- Adobe PDF behält das exakte Layout, die Schriften und die Textformatierungen elektronischer Dokumente unabhängig vom Betriebssystem oder der Plattform zur Betrachtung dieser Dokumente bei.

- PDF-Dokumente können mehrere Sprachen auf derselben Seite enthalten, z. B. Japanisch und Deutsch.

- PDF-Dokumente lassen sich vorhersehbar mit den richtigen Seitenrändern und Seitenumbrüchen drucken.

- Sie können PDF-Dateien schützen, um zu verhindern, dass Unbefugte sie ändern oder ausdrucken, oder um den Zugriff auf vertrauliche Dokumente mit einem Passwort einzuschränken.

- Sie können die Vergrößerung einer PDF-Seite in Acrobat oder Adobe Reader anpassen, um beispielsweise Grafiken oder Diagramme mit komplexen Inhalten besser lesen zu können.

3 Um den Vollbildmodus zu verlassen und wieder zu Ihrem normalen Arbeitsbereich zurückzukehren, drücken Sie die Esc-Taste.

2 DER ARBEITSBEREICH

Überblick

In dieser Lektion lernen Sie Folgendes:

- Werkzeuge in den Standardwerkzeugleisten für Schnell-werkzeuge und für allgemeine Werkzeuge wählen

- Werkzeuge im Werkzeuge- und im Kommentar-Fenster wählen

- Werkzeuge in die Werkzeugleiste für Schnellwerkzeuge einfügen

- Mit der Werkzeugleiste für allgemeine Werkzeuge und mit Menübefehlen, Seitenminiaturen und Lesezeichen in einem PDF-Dokument navigieren

- Die Dokumentansicht im Dokumentfenster ändern

 Für diese Lektion benötigen Sie ungefähr 45 Minuten. Falls nötig, kopieren Sie jetzt den Ordner *Lektion02* auf Ihre Festplatte.

Der Acrobat X-Arbeitsbereich stellt alle benötigten Werkzeuge bereit, ohne dabei den Bildschirm zu überfrachten. Für den schnellen Zugriff auf häufig benötigte Werkzeuge können Sie die Werkzeugleisten nach Ihren Wünschen anpassen.

Eine PDF-Datei öffnen

Der Standardarbeitsbereich von Acrobat X ist für den einfachen Zugriff auf die von Ihnen beim Arbeiten mit PDF-Dateien am häufigsten verwendeten Werkzeuge fortschrittlich gestaltet.

1 Starten Sie Acrobat.

2 Klicken Sie im Begrüßungsbildschirm auf »Öffnen«.

3 Navigieren Sie zum Ordner *Lektion02* auf Ihrer Festplatte und wählen Sie die Datei *Conference Guide.pdf*.

4 Klicken Sie auf »Öffnen«.

▶ **Tipp:** Unter Windows können Sie durch Klicken auf das entsprechende Dateisymbol in der Windows-Aufgabenleiste zwischen geöffneten PDF-Dokumenten wechseln.

Oben im Arbeitsbereich befinden sich die Menüleiste und zwei Werkzeugleisten. In Acrobat X verfügt jedes geöffnete Dokument über einen eigenen Arbeitsbereich und eigene Werkzeugleisten. Allgemeine Befehle erreichen Sie über die Menüleiste.

Acrobat lässt sich auf zwei unterschiedliche Arten öffnen – als eigenständiges Programm oder in einem Webbrowser. Die zugehörigen Arbeitsbereiche unterscheiden sich zwar nur geringfügig voneinander, aber in wichtigen Punkten. Dieses *Classroom in a Book* geht davon aus, dass Sie Acrobat als eigenständige Anwendung verwenden.

Die Werkzeugleisten

Die Acrobat-Werkzeugleisten, die Werkzeugleiste für Schnellwerkzeuge und die Werkzeugleiste für allgemeine Werkzeuge, enthalten häufig benötigte Werkzeuge und Befehle für den Umgang mit PDF-Dateien. Die meisten der in Acrobat verfügbaren Werkzeuge befinden sich im Werkzeuge-Fenster am rechten Fensterrand. Außerdem können Sie Werkzeuge, auf die Sie schneller zugreifen möchten, der Werkzeugleiste für Schnellwerkzeuge hinzufügen.

Werkzeugleisten verwenden

Die Werkzeugleiste für Schnellwerkzeuge umfasst standardmäßig die Erstellen-Schaltfläche mit zahlreichen Befehlen zum Erstellen von PDF-Dateien, Ausgabe-Schaltflächen, einfache Kommentieren-Werkzeuge und allgemeine Werkzeuge für die Seitenbearbeitung. Außerdem finden Sie dort sie eine Schaltfläche zum Anpassen der Werkzeugleiste für Schnellwerkzeuge.

Werkzeugleiste für Schnellwerkzeuge

Die Werkzeugleiste für allgemeine Werkzeuge enthält Schaltflächen für die Seitennavigation.

Werkzeugleiste für allgemeine Werkzeuge

Um den Namen oder die Beschreibung eines Werkzeugs in einer Werkzeugleiste einzublenden, bewegen Sie den Mauszeiger auf das entsprechende Werkzeugsymbol.

Werkzeuge wählen

Das Standardwerkzeug in Acrobat ist das Auswahlwerkzeug für Text und Bilder (⇱). Um ein Werkzeug in einer Werkzeugleiste zu wählen, klicken Sie in der Werkzeugleiste auf die entsprechende Schaltfläche. Ein gewähltes Werkzeug bleibt normalerweise so lange aktiv, bis Sie ein anderes Werkzeug wählen.

1 Klicken Sie in der Werkzeugleiste für allgemeine Werkzeuge drei-
mal schnell nacheinander auf die Schaltfläche »Vergrößern« (⊕) .

Acrobat vergrößert die Ansicht, so dass das Dokument nur noch zum
Teil im Anwendungsfenster zu sehen ist.

2 Klicken Sie in der Werkzeugleiste für allgemeine Werkzeuge auf
das Hand-Werkzeug (🖑).

Mit dem Hand-Werkzeug schwenken Sie das Dokument.

3 Das Hand-Werkzeug ist gewählt; ziehen Sie das Dokument im
Anwendungsfenster, um einen anderen Bildteil zu sehen.

4 Klicken Sie einmal auf die Schaltfläche »Verkleinern« (⊖), um
mehr von der Seite zu sehen.

Die Zoom-Werkzeuge ändern nicht die tatsächliche Größe eines
Dokuments, sondern lediglich die Bildschirmdarstellung.

▶ **Tipp:** Ein kleiner
schwarzer Pfeil rechts
von einem Werkzeug
weist auf ein zu diesem
Werkzeug gehörendes
Menü hin; klicken Sie
auf diesen Pfeil, blendet
Acrobat dieses Menü ein.

5 Klicken Sie rechts vom
Texteingabefeld »Zoom-
Wert« auf den kleinen
schwarzen Pfeil, und
wählen Sie im Menü
den Eintrag »100%«,
um die Dokumentan-
zeige wieder auf 100%
einzustellen.

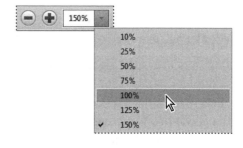

Dieselben Werkzeuge, unterschiedliche Positionen

Wenn Sie bisher mit Adobe Acrobat 9 oder früheren Versionen gearbeitet haben, müssen Sie den Acrobat X-Arbeitsbereich eventuell etwas anpassen. Aber keine Sorge – Ihre bevorzugten Werkzeuge sind noch vorhanden, sie befinden sich nun in entsprechenden Paletten in den Fenstern »Werkzeuge«, »Kommentar« oder »Freigeben« und nicht mehr in Menüs.

Befand sich ein Werkzeug in Acrobat 9 in der Aufgaben-Werkzeugleiste, finden Sie es in Acrobat X wahrscheinlich in den Aufgaben-Paletten. Die meisten Menübefehle und Werkzeuge aus Acrobat 9 finden sich in den Paletten der Aufgabenfenster von Acrobat X wieder. Die Kommentar-Leiste entspricht natürlich dem Kommentar-Fenster und die Zusammenarbeiten-Leiste entspricht dem Freigeben-Fenster. Außerdem befinden sich jetzt viele Menübefehle im Acrobat X Werkzeuge-Fenster.

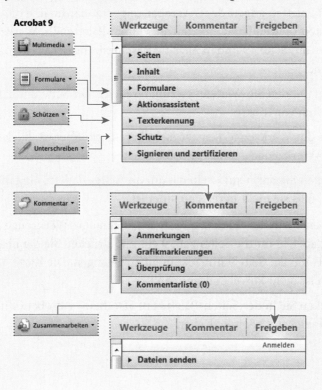

Mit den Aufgabenfenstern arbeiten

Mit den in den Aufgabenfenstern rechts im Anwendungsfenster enthaltenen Werkzeugen können Sie zahlreiche Aufgaben in Acrobat ausführen. Das Werkzeuge-Fenster enthält Werkzeuge für verschiedene Aufgaben von der Seitenbearbeitung bis zum Erstellen von Formularen und optischer Texterkennung. Das Kommentar-Fenster bietet Ihnen Zugang zu Kommentar- und Überprüfungswerkzeugen. Mit dem Freigeben-Fenster verteilen Sie mühelos Dateien auf Acrobat.com, einem Online-Datentauschdienst, oder senden sie als Anhänge. Um den Inhalt eines Fensters anzuzeigen, klicken Sie auf seinen Namen.

Werkzeuge im Werkzeuge-Fenster wählen

Die Werkzeuge im Werkzeuge-Fenster sind nach Aufgaben gruppiert in Paletten angeordnet. Acrobat zeigt standardmäßig die am häufigsten verwendeten Paletten an. Unter »Paletten im Werkzeuge-Fenster« auf Seite 49 finden Sie eine Beschreibung der verfügbaren Paletten.

Jetzt verwenden Sie Werkzeuge zum Drehen einer Seite und zum Bearbeiten von Text.

1 Falls das Werkzeuge-Fenster nicht bereits geöffnet ist, klicken Sie auf »Werkzeuge«, um es einzublenden.

2 Klicken Sie darin auf »Seiten«, um die Seiten-Palette einzublenden, falls sie nicht bereits geöffnet ist.

3 Geben Sie in der Werkzeugleiste für allgemeine Werkzeuge in das Eingabefeld für die Seitenzahl **9** ein und drücken Sie die Eingabetaste, um auf Seite 9 im Dokument zu gelangen. Die Karte Meridien ist nicht korrekt ausgerichtet.

4 Klicken Sie in der Seiten-Palette auf »Drehen«. Acrobat öffnet das Dialogfenster »Seiten drehen«.

5 Wählen Sie im Einblendmenü »Richtung« den Wert »90 Grad im UZS«. Wählen Sie dann im Bereich »Seitenbereich« die Option »Seiten« und achten Sie darauf, die Seiten 9 bis 9 von 12 zu drehen.

6 Klicken Sie auf OK, um das Dialogfenster »Seiten drehen« zu schließen und die Seite zu drehen.

7 Gehen Sie auf Seite 12.

8 Klicken Sie im Werkzeuge-Fenster auf »Inhalt«.

Acrobat blendet die Inhalt-Palette ein. Standardmäßig zeigt Acrobat nur jeweils eine Palette an; sobald Sie eine Palette einblenden, schließt Acrobat die zuvor geöffnete Palette.

Hinweis: Wenn Sie das Dokumenttext-bearbeiten-Werkzeug zum ersten Mal verwenden, kann es zu einer kurzen Verzögerung kommen, während Acrobat die Systemschriften lädt.

9 Wählen Sie das Dokumenttext-bearbeiten-Werkzeug im Bereich »Text und Objekte bearbeiten« der Inhalt-Palette.

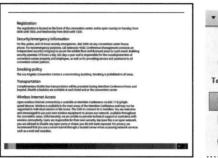 

Der Mauszeiger ändert sich in eine Einfügemarke, sobald Sie ihn auf Text bewegen.

10 Markieren Sie auf Seite 12 im zweiten Satz nach der Überschrift *Wireless Internet Access* das Wort *and*.

11 Geben Sie **but** ein, um das Wort *and* zu ersetzen.

12 Falls Acrobat Sie in einem Dialogfenster darüber informiert, dass es die Schrift ersetzen muss, klicken Sie auf OK.

13 Wählen Sie **Datei: Speichern unter: PDF**.

14 Geben Sie der Datei den Namen **Conference Guide_final.pdf** und klicken Sie auf »Speichern«. Lassen Sie die Datei geöffnet.

Paletten im Werkzeuge-Fenster

Das Werkzeuge-Fenster zeigt die am häufigsten verwendeten Paletten an. Um Paletten hinzuzufügen oder zu entfernen, wählen Sie sie oben rechts im Menü des Werkzeuge-Fensters. Acrobat verwendet in allen PDF-Dokumenten, die Sie öffnen, die aktuelle Konfiguration des zuvor eingestellten Werkzeuge-Fensters, bis Sie die Konfiguration wieder ändern. (Einige Werkzeuge – und manche Paletten – stehen nur in Acrobat Pro zur Verfügung.)

- Die Seiten-Palette enthält Werkzeuge für die Seitenbearbeitung und Seitenentwürfe.

- Die Inhalt-Palette bietet Werkzeuge zur Bearbeitung von Dokumentinhalt und Text.

- Die Formulare-Palette enthält Werkzeuge zum Erstellen und Bearbeiten von PDF-Formularen.

- Die Schutz-Palette bietet Werkzeuge für die Dateiverschlüsselung, zum Schwärzen und für weitere Sicherheitsfunktionen.

- Die Signieren-und-zertifizieren-Palette enthält Werkzeuge für die Arbeit mit digitalen Unterschriften.

- Die Texterkennung-Palette bietet Werkzeuge zum Konvertieren von eingescanntem Text in bearbeitbaren Text.

- Die Aktionsassistent-Palette enthält vorgegebene Aktionen und Werkzeuge zum Erstellen von Aktionen.

- Die Dokumentverarbeitung-Palette bietet Werkzeuge zur Vorbereitung von Dokumenten für die Freigabe.

- Die Druckproduktion-Palette enthält Werkzeuge zur Vorbereitung von Dokumenten für den professionellen Druck.

- Die JavaScript-Palette bietet Werkzeuge für das Erstellen und Bearbeiten von Skripten in Acrobat.

- Die Ein-/Ausgabehilfe-Palette enthält Werkzeuge, mit denen Sie dafür sorgen können, dass Ihre PDF-Dokumente auch für Menschen mit Beeinträchtigungen lesbar und verwendbar sind.

- Die Analysieren-Palette bietet Werkzeuge für das Arbeiten mit Daten in Ihren Dokumenten.

Das Kommentar-Fenster

Acrobat bietet Ihnen viele Möglichkeiten, einem Dokument Kommentare hinzuzufügen oder es auf andere Weise zu markieren. Das Kommentar-Fenster umfasst die Kommentieren-und-markieren-Werkzeuge und führt die im Dokument enthaltenen Kommentare auf.

Sie sehen sich nun Kommentare in einem Dokument an und fügen einen eigenen Kommentar ein. In Lektion 9, »Acrobat in der Dokumentüberprüfung«, werden Sie noch eingehender mit dem Kommentar-Fenster arbeiten.

1 Wählen Sie **Datei: Öffnen**.

2 Navigieren Sie im Dialogfenster »Öffnen« zum *Ordner Lektion02*, wählen Sie die Datei *Meridien Rev.pdf* und klicken Sie auf »Öffnen«.

Das Dokument ist ein Bildschirmfoto einer Webseite für die Konferenz. Der Designer bittet um Überprüfungskommentare.

3 Klicken Sie in der Werkzeugleiste für allgemeine Werkzeuge auf den Pfeil neben der Zoomstufe und wählen Sie im Einblendmenü die Option »Auf Seitenebene zoomen«, um die ganze Seite sehen zu können.

4 Klicken Sie oben rechts im Anwendungsfenster auf »Kommentar«, um das Kommentar-Fenster einzublenden.

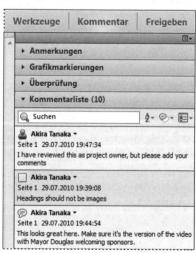

Acrobat zeigt die Kommentare im Dokument im Bereich »Kommentarliste« an.

5 Wählen Sie einen Kommentar. Acrobat hebt seine Markierung auf der Seite hervor, damit Sie den Kommentar im Kontext sehen.

6 Klicken Sie auf »Anmerkungen«, um die Anmerkungen-Palette einzublenden (falls sie nicht bereits eingeblendet ist).

7 Wählen Sie das Notizzettel-Werkzeug (💬).

8 Klicken Sie irgendwo in die Seite. Acrobat zeigt ein Notizzettel-symbol und öffnet ein Nachrichtenfeld. Geben Sie dort **This is much better than the last version!** ein.

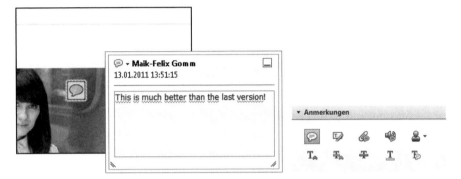

9 Klicken Sie irgendwo in die Seite, um die Auswahl Ihres Kommentars aufzuheben. Ihr Kommentar erscheint in der Kommentarliste.

10 Klicken Sie oben auf »Kommentar«, um das Kommentar-Fenster zu schließen.

Die Werkzeugleiste für Schnellwerkzeuge anpassen

Hinweis: Sie können in der Werkzeugleiste für Schnellwerkzeuge rechts von der Schaltfläche »Schnellwerkzeuge anpassen« Werkzeuge hinzufügen und löschen, aber keine Werkzeuge links von der Schaltfläche, etwa die Speichern- und die Drucken-Schaltflächen.

Die Aufgabenfenster halten eine Vielzahl von Werkzeugen im Verborgenen bereit. Trotzdem lassen sich die Werkzeuge schneller in der Werkzeugleiste für Schnellwerkzeuge erreichen als zunächst ein Fenster zu öffnen, dann eine Palette und schließlich ein Werkzeug zu wählen. Werkzeuge, die Sie häufig benutzen, können Sie der Werkzeugleiste für Schnellwerkzeuge hinzufügen, nicht benötigte Werkzeuge entfernen und die Reihenfolge der Werkzeuge in der Werkzeugleiste ändern. Änderungen an der Werkzeugleiste für Schnellwerkzeuge gelten programmweit, so dass die Werkzeugleiste unabhängig von der geöffneten PDF-Datei immer gleich aussieht.

1   Klicken Sie in der Werkzeugleiste für Schnellwerkzeuge auf die Schaltfläche »Schnellwerkzeuge anpassen«.

Acrobat öffnet das Dialogfenster »Schnellwerkzeuge anpassen« und zeigt auf der rechten Seite die derzeit in der Werkzeugleiste enthaltenen Werkzeuge an. Auf der linken Seite führt Acrobat die Werkzeuge auf, die Sie hinzufügen können.

2   Blenden Sie links in der Liste die Werkzeuge für »Inhalt« ein und wählen Sie dort »Dokumenttext bearbeiten«.

3   Klicken Sie auf die Schaltfläche mit dem Pfeil nach rechts, um das Werkzeug in die Liste auf der rechten Seite zu kopieren.

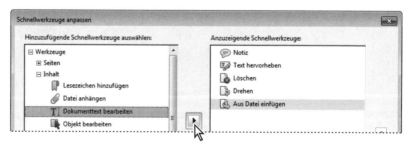

4   Klicken Sie rechts neben dem Bereich »Anzuzeigende Schnellwerkzeuge« mehrmals auf die Schaltfläche mit dem Pfeil nach
    oben, um das Dokumenttext-bearbeiten-Werkzeug in der Liste
    ganz nach oben zu bringen, damit es in der Werkzeugleiste für
    Schnellwerkzeuge an der ersten Stelle erscheint.

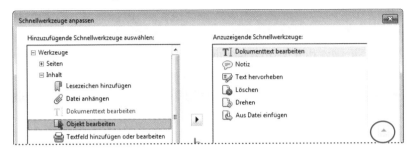

5   Klicken Sie auf OK, um Ihre Änderungen zu sichern.

Acrobat hat das Dokumenttext-
bearbeiten-Werkzeug in die Werkzeugleiste für Schnellwerkzeuge
eingefügt und zeigt es unmittelbar neben der Schnellwerkzeuge-
anpassen-Schaltfläche an.

Werkzeuge mit Tastaturkürzeln auswählen

Sie können in den Acrobat-Voreinstellungen Tastaturkürzel für die
Auswahl von Werkzeugen bestimmen.

● **Hinweis:** Nicht alle Werkzeuge verfügen über zugewiesene Tastaturkürzel.

1   Wählen Sie **Bearbeiten: Voreinstellungen** (Windows) bzw.
    Acrobat: Voreinstellungen (Mac OS) und klicken Sie links in der
    Kategorienliste auf »Allgemein«.

2   Wählen Sie rechts im Bereich »Basiswerkzeuge« die Option
    »Zugriffstasten zum Zugreifen auf Werkzeuge verwenden«. Acrobat zeigt ein Häkchen im Kontrollkästchen an, wenn die Option
    gewählt ist.

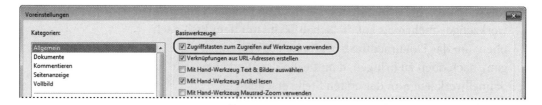

3 Klicken Sie auf OK, um die Änderung zuzuweisen.

Wenn Sie jetzt den Mauszeiger auf die Werkzeuge bewegen, zeigt Acrobat einen Buchstaben oder mehrere Zeichen in Klammern nach dem Werkzeugnamen an – das Tastaturkürzel für das jeweilige Werkzeug.

4 Bewegen Sie den Mauszeiger auf das Notiz-hinzufügen-Werkzeug in der Werkzeugleiste für Schnell-werkzeuge und achten Sie auf das Tastaturkürzel für das Werkzeug im QuickInfo.

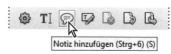

5 Bewegen Sie den Mauszeiger in das Dokumentfenster und drü-cken Sie Strg+6 bzw. Befehl+6. Der Mauszeiger verwandelt sich in das Notiz-hinzufügen-Werkzeug und Acrobat fügt eine Notiz in die Seite ein.

6 Klicken Sie irgendwo in die Seite, um die Auswahl der Notiz aufzuheben.

In PDF-Dokumenten navigieren

■ Video: Das Video »PDF für den Adobe Reader freischalten« zeigt mehr zu diesem Themenbereich. Weitere Informationen finden Sie unter »Video-Training« auf Seite 8.

Sie können die Dokumentansicht vergrößern und verkleinern, auf unterschiedliche Seiten springen, mehrere Seiten zugleich anzeigen, mehrere Dokumente zugleich betrachten und die Dokumentansicht sogar in unterschiedliche Betrachtungsbereiche desselben Doku-ments aufteilen. Viele Navigationswerkzeuge sind an verschiedenen Stellen im Programm verfügbar, so dass Acrobat sich nahtlos in Ihren Arbeitsablauf einfügt.

Vergrößerung ändern

Sie haben in dieser Lektion bereits die Vergrößern- und Verklei-
nern-Werkzeuge sowie das Einblendmenü mit den Vergrößerungs-
voreinstellungen in der Werkzeugleiste für allgemeine Werkzeuge
verwendet. Sie können die Vergrößerung auch mit den Befehlen im
Anzeige-Menü ändern.

1 Falls die Datei *Meridien Rev.pdf* nicht bereits geöffnet ist, öffnen
   Sie sie jetzt.

2 Wählen Sie **Anzeige: Zoom: Fensterbreite**.

Das PDF-Dokument füllt die gesamte Breite des
Anwendungsfensters.

3 Wählen Sie **Anzeige: Zoom: Zoom-
   faktor.**

4 Rollen Sie im Dialogfenster »Zoomfak-
   tor« im Einblendmenü »Vergrößerung«
   nach unten, wählen Sie »125%« und
   klicken Sie auf OK.

Zu einer bestimmten Seite springen

Bisher sind Sie mit dem Seitenzahl-Feld in der Werkzeugleiste für
allgemeine Werkzeuge auf eine bestimmte Seite gesprungen. Sie können auch mit den Befehlen aus dem Anzeige-Menü oder der Seitenminiaturen-Palette im Navigationsfenster schnell auf eine andere
Seite im Dokument gelangen.

1 Wählen Sie **Fenster: Conference Guide_final.pdf**, um die Datei
   einzublenden, mit der Sie zuvor gearbeitet haben. Falls die Datei
   Conference Guide_final.pdf nicht geöffnet ist, öffnen Sie sie jetzt.

2 Wählen Sie **Anzeige: Seitennavigation: Seite**.

3 Geben Sie im Dialogfenster »Gehe zu Seite« 7 ein und klicken Sie
   auf OK.

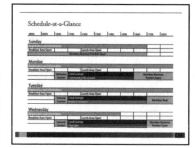

Acrobat zeigt die Seite 7 des Dokuments.

4 Wählen Sie **Anzeige: Seitennavigation: Vorherige Seite**.

Acrobat zeigt die Seite 6 des Dokuments. Die Befehle »Vorherige Seite« und »Nächste Seite« funktionieren genauso wie die Schaltflächen »Vorherige Seite« und »Nächste Seite« in der Werkzeugleiste für allgemeine Werkzeuge.

5 Klicken Sie links im Anwendungsfenster im Navigationsfenster auf die Schaltfläche »Seitenminiaturen« (◻).

Acrobat zeigt Seitenminiaturen (auch als Miniaturseiten, Miniaturbilder oder Seitenpiktogramme bezeichnet) aller Seiten im Dokument an. Acrobat erzeugt beim Öffnen eines PDF-Dokuments automatisch Seitenminiaturen für die enthaltenen Seiten, wenn im Dokument noch keine Seitenminiaturen vorhanden sind.

6 Wählen Sie die Seitenminiatur der Seite 3.

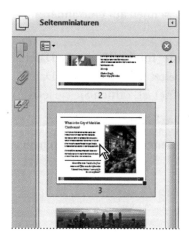

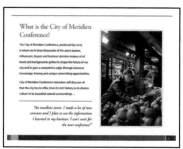

Acrobat zeigt die Seite 3 des Dokuments.

7 Vergrößern Sie auf 200%. Die Seitenminiatur hebt den Seitenbereich hervor, der bei dieser Vergrößerung sichtbar ist.

● **Hinweis:** Das Navigationsfenster enthält auch die Anlagen- und Unterschriften-Paletten; mit diesen Paletten arbeiten Sie in späteren Lektionen.

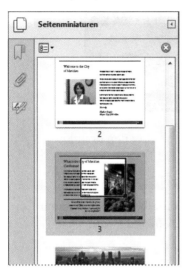

8 Wählen Sie das Hand-Werkzeug in der Werkzeugleiste für allgemeine Werkzeuge.

9 Ziehen Sie mit gedrücktem Hand-Werkzeug im Dokumentfenster, um einen anderen Bereich der Seite zu sehen. Der hervorgehobene Bereich in der Seitenminiatur bewegt sich entsprechend mit.

Mit Lesezeichen in Dokumenten navigieren

Sie können Lesezeichen erstellen, um den Betrachtern die Navigation in Ihren PDF-Dokumenten zu erleichtern. Lesezeichen dienen als elektronisches Inhaltsverzeichnis und stellen Verknüpfungen auf die Inhalte bereit, die sie beschreiben.

▶ **Tipp:** Sie können Lesezeichen für ein PDF-Dokument in Acrobat erstellen oder sie automatisch mit PDFMaker erzeugen lassen oder ein Inhaltsverzeichnis in InDesign anlegen und festlegen, dass beim Erzeugen einer PDF-Datei Lesezeichen mit angelegt werden sollen.

1 Klicken Sie auf die Lesezeichen-Schaltfläche (🔖) unmittelbar unterhalb der Seitenminiaturen-Schaltfläche im Navigationsfenster.

Acrobat zeigt die für dieses PDF-Dokument erstellten Lesezeichen an.

2 Klicken Sie auf das Lesezeichen *Meridien Wi-Fi.*

Acrobat zeigt die Seite 4 mit Informationen über den drahtlosen Zugang zu Meridien.

3 Klicken Sie auf das Lesezeichen *General Sessions*.

Acrobat zeigt die Seite 8, auf der die Beschreibung der Konferenzen beginnt. Sie brauchen nicht für jede Seite ein Lesezeichen zu erstellen.

4 Klicken Sie auf das Lesezeichen *General Information*.

Acrobat zeigt die Seite 10, auf der die allgemeinen Informationen beginnen. Sie erzeugen nun ein weiteres Lesezeichen, um Konferenzteilnehmern den schnellen Zugriff auf Informationen zur Ersten Hilfe zu ermöglichen.

5 Klicken Sie auf die Schaltfläche »Nächste Seite« (⊕) in der Werkzeugleiste für allgemeine Werkzeuge, um auf Seite 11 zu gelangen.

6 Wählen Sie in der Werkzeugleiste für allgemeine Werkzeuge das Auswahlwerkzeug für Text und Bilder (I↖) und dann die Überschrift *First aid information* auf der Seite.

7 Klicken Sie oben in der Lesezeichen-Palette auf die Schaltfläche »Neues Lesezeichen« (⏷) .

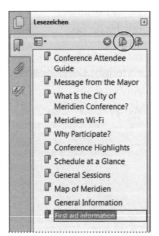
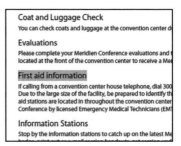

Acrobat fügt unter dem Lesezeichen *General Information* ein neues Lesezeichen mit dem gewählten Text ein.

8 Ziehen Sie das neue Lesezeichen unter das Lesezeichen *General Information* (direkt unter die Wörter »General Information«), bis Acrobat dort ein kleines eingerücktes nach rechts weisendes Dreieck anzeigt, und lassen Sie dann die Maustaste los.

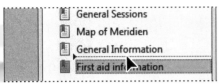 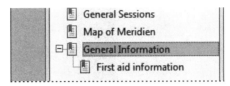

Acrobat rückt das neue Lesezeichen ein und verschachtelt es im Lesezeichen *General Information*.

Mehrere Dokumente zugleich betrachten

Sie können mit mehr als einer PDF-Datei gleichzeitig arbeiten und die Dokumente dafür nebeneinander oder untereinander anzeigen.

1 Wählen Sie **Fenster: Anordnen: Nebeneinander**.

Acrobat zeigt alle geöffneten PDF-Dateien nebeneinander an. Jedes Dokument verfügt über ein eigenes Anwendungsfenster mit eigenen Werkzeugleisten und Paletten.

2 Wählen Sie **Fenster: Anordnen: Untereinander**.

Acrobat zeigt die PDF-Dokumente wieder in ihren eigenen Fenstern an, diesmal jedoch übereinander angeordnet.

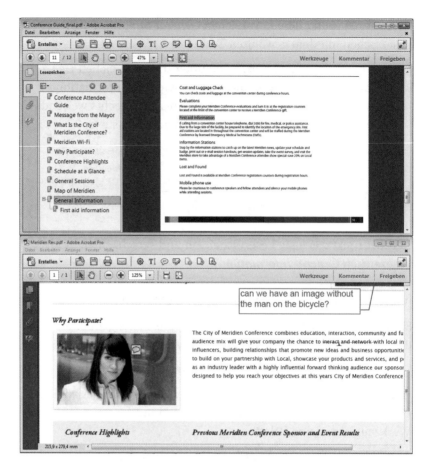

3 Wählen Sie **Fenster: Überlappend**.

Acrobat zeigt das aktive Dokument vor allen anderen so an, dass Sie die Titelleisten der übrigen geöffneten Dokumente sehen können.

Die Dokumentansicht teilen

Manchmal müssen bestimmte Teile eines Dokuments zugleich bearbeitet werden, etwa um zu prüfen, ob einheitliche Formulierungen verwendet wurden oder um Unterschiede in Abbildungen zu begutachten. Dafür können Sie ein Dokument in zwei Ansichten teilen und in jeder individuell navigieren.

1 Wählen Sie **Fenster: Teilung**.

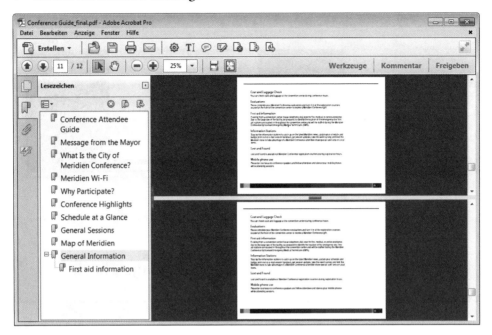

Acrobat zeigt dasselbe Dokument zweimal an, jedes mit eigenen Rollbalken. Beide Dokumentkopien verwenden dieselben Werkzeugleisten und Paletten.

2 Klicken Sie irgendwo in die obere Dokumentversion. Das ist nun die aktive Ansicht.

3 Klicken Sie auf die Schaltfläche »Vorherige Seite«, um in der oberen Ansicht auf die vorherige Seite zu gelangen. Acrobat ändert nur die obere Ansicht.

4 Klicken Sie irgendwo in die untere Ansicht, um sie zu aktivieren.

5 Vergrößern Sie auf 150%. Acrobat ändert nur die untere Ansicht.

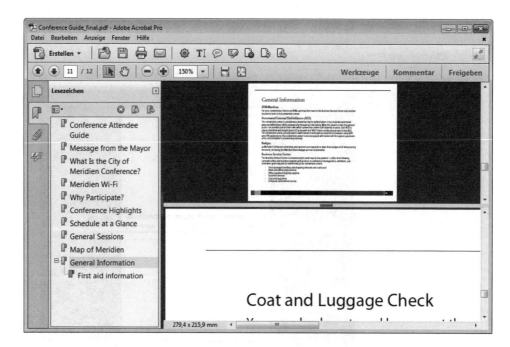

6 Wählen Sie **Fenster: Teilung entfernen**.

Acrobat zeigt das Dokument wieder in der Einzelansicht mit der aktiven Ansicht beim Wählen des Befehls »Teilung entfernen« .

7 Schließen Sie alle geöffneten Dokumente ohne die Änderungen zu speichern.

Fragen

1 Wie navigieren Sie auf eine andere Seite?

2 Wie können Sie weitere Paletten im Werkzeuge-Fenster anzeigen?

3 Wie fügen Sie der Werkzeugleiste für Schnellwerkzeuge ein Werkzeug hinzu?

4 Wie erreichen Sie die Kommentar-Werkzeuge?

Antworten

1 Um auf eine andere Seite zu gelangen, führen Sie eine der folgenden Anweisungen aus:

- Klicken Sie auf die Schaltfläche »Nächste Seite« oder »Vorherige Seite« in der Werkzeugleiste für allgemeine Werkzeuge.

- Geben Sie eine Seitenzahl in das Eingabefeld in der Werkzeugleiste für allgemeine Werkzeuge ein.

- Wählen Sie einen Menübefehl unter **Anzeige: Seitennavigation**.

- Wählen Sie eine Seitenminiatur in der Seitenminiaturen-Palette im Navigationsfenster.

- Wählen Sie ein Lesezeichen in der Lesezeichen-Palette im Navigationsfenster.

2 Um weitere Paletten im Werkzeuge-Fenster anzuzeigen, wählen Sie sie im Menü des Werkzeuge-Fensters.

3 Um Werkzeuge in die Werkzeugleiste für Schnellwerkzeuge einzufügen, klicken Sie in der Werkzeugleiste für Schnellwerkzeuge auf die Schaltfläche »Schnellwerkzeuge anpassen«. Dann wählen Sie auf der linken Seite das Werkzeug aus, das Sie hinzufügen möchten, klicken Sie auf die Schaltfläche mit dem nach rechts weisenden Pfeil und klicken Sie abschließend auf OK.

4 Für den Zugriff auf die Kommentar-Werkzeuge klicken Sie auf »Kommentar«, um das Kommentar-Fenster zu öffnen.

3 ADOBE PDF-DATEIEN ERSTELLEN

Überblick

In dieser Lektion lernen Sie Folgendes:

- Eine TIFF-Datei mit dem Befehl »Erstellen« in Adobe PDF konvertieren

- Eine Datei im Erstellungsprogramm mit dem Drucken-Befehl als Adobe PDF speichern

- Mehrere Dokumente zu einer einzelnen PDF-Datei zusammenfassen

- Die Adobe PDF-Einstellungen zum Konvertieren von Dateien in Adobe PDF erkunden

- Die Dateigröße einer PDF-Datei verringern

- Ein Papierdokument in Adobe PDF scannen und erfassen

- Bilder in durchsuchbaren Text konvertieren

- E-Mail-Nachrichten in Adobe PDF konvertieren

- Webseiten, die mit Acrobat oder unmittelbar mit Internet Explorer (Windows) bzw. Mozilla Firefox angezeigt werden in Adobe PDF konvertieren

 Für diese Lektion benötigen Sie ungefähr 60 Minuten. Falls nötig, kopieren Sie jetzt den Ordner *Lektion03* auf Ihre Festplatte.

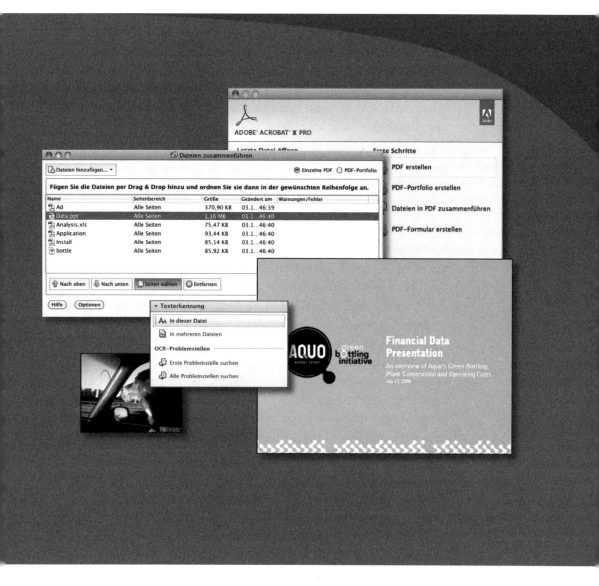

Sie erzeugen mühelos PDF-Dateien aus vorhandenen Dateien, wie z.B. Microsoft Word-Dokumente, Webseiten, gescannte Dokumente und Bilder.

Über das Erstellen von Adobe PDF-Dateien

Zahlreiche Dateiformate lassen sich in das *Adobe Portable Document Format* (PDF) konvertieren, so dass dabei unabhängig von Erstellungsprogramm oder Plattform sämtliche Schriften, Formatierungen, Farben und Grafiken des jeweiligen Quelldokuments beibehalten werden. Neben der Möglichkeit, Adobe PDF-Dateien aus Bildern und Dokumentdateien zu erzeugen, erstellen Sie PDF-Dateien auch durch das Herunterladen und entsprechende Konvertieren von Webseiten oder durch Scannen und Erfassen von Papierdokumenten sowie aus dem Inhalt der Zwischenablage.

Wenn das Dokument, das Sie in PDF konvertieren möchten, in seinem Erstellungsprogramm geöffnet ist (beispielsweise eine in Excel geöffnete Tabelle), können Sie die Datei normalerweise in PDF konvertieren, ohne dazu Acrobat öffnen zu müssen. Aber wenn Acrobat bereits gestartet wurde, brauchen Sie für die Konvertierung einer Datei in PDF nicht das Erstellungsprogramm zu öffnen.

Sie sollten sich außerdem Gedanken über die Dateigröße und die Qualität der PDF-Datei machen (z. B. die Bildauflösung). Wenn solche Faktoren wichtig sind, ist es sinnvoll, die Konvertierungsoptionen steuern zu können. Dateien auf das Acrobat-Symbol zu ziehen und dort fallen zu lassen, um PDF-Dateien zu erzeugen, geht schnell und einfach. Mehr Einfluss auf die Konvertierung können Sie aber nehmen, wenn Sie den Weg über die Schaltfläche »Erstellen« in Acrobat oder über den Adobe PDF-Druckertreiber wählen. Die von Ihnen vorgenommenen Konvertierungseinstellungen gelten für PDFMaker, Acrobat und Acrobat Distiller, bis Sie sie wieder ändern.

Hinweis: Um eine PDF-Datei unmittelbar aus Acrobat heraus erstellen zu können, müssen Sie die Anwendung, mit der die zu konvertierende Originaldatei erzeugt wurde, auf Ihrem System installiert haben.

Lektion 5, »Microsoft Office-Dateien konvertieren (Windows)«, beschreibt, wie Sie in Windows Adobe PDF-Dateien mit PDFMaker direkt aus verschiedenen Microsoft Office-Dateien erzeugen. In Lektion 13, »Acrobat in der Druckproduktion«, erfahren Sie, wie Sie PDF-Dateien für die Druckvorstufe erstellen.

Wenn die einem Adobe PDF zugewiesenen Sicherheitseinstellungen es erlauben, können Sie auch den Inhalt des Dokuments weiterverwenden. So können Sie beispielsweise Inhalte zur Verwendung in einer anderen Textverarbeitung entnehmen, etwa Microsoft Word, oder den Inhalt für die Übertragung und Darstellung auf PDAs bzw. Bildschirmlesegeräten umbrechen. Der Erfolg, mit dem Inhalte weiterverwendet werden können, hängt stark davon ab, wie die Informationen innerhalb einer PDF-Datei strukturiert sind. Je mehr dieser strukturellen Informationen in einem PDF-Dokument enthalten sind, desto erfolgreicher lässt sich der Inhalt weiterverwenden – beispielsweise für Bildschirmlesegeräte. (Weitere Informationen finden Sie in Lektion 4, »PDF-Dateien lesen und bearbeiten«.)

Der Befehl »Erstellen«

Mit dem Befehl »PDF erstellen« in Acrobat können Sie zahlreiche unterschiedliche Dateiformate in Adobe PDF konvertieren.

Sie konvertieren jetzt eine einzelne TIFF-Datei in eine Adobe PDF-Datei. Mit dieser Methode lassen sich sowohl Bilddateien als auch andere Dateitypen in Adobe PDF umwandeln.

1 Starten Sie Acrobat.

2 Führen Sie einen der folgenden Befehle aus:

- Klicken Sie im Begrüßungsbildschirm auf »PDF erstellen«.

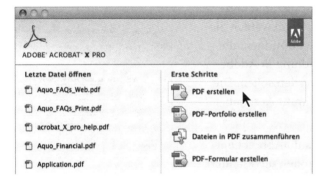

- Klicken Sie in der Werkzeugleiste für Schnellwerkzeuge auf die Schaltfläche »Erstellen« und wählen Sie »PDF aus Datei«. (Unter Mac OS sind die Werkzeugleisten erst verfügbar, wenn bereits ein PDF-Dokument geöffnet ist.)

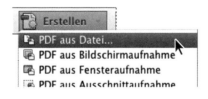

- Wählen Sie **Datei: Erstellen: PDF aus Datei**.

3 Wählen Sie im Dialogfenster »Öffnen« unter »Dateityp« (Windows) bzw. »Einblenden« (Mac OS) den Menüeintrag »TIFF«. (Das Menü führt alle Dateitypen auf, die Acrobat mit dieser Methode konvertieren kann.)

4 Navigieren Sie zum Ordner *Lektion03* auf Ihrer Festplatte.

5 Klicken Sie auf die Schaltfläche »Einstellungen«, um das Dialogfenster »Adobe PDF-Einstellungen« aufzurufen.

Hier stellen Sie die Komprimie-
rung für Bilder der Kategorie
Monochrom, Graustufen und
Farbe ein. Außerdem wählen Sie
Farbmanagementoptionen, die
für die Umwandlung in Adobe
PDF benutzt werden sollen. Die
Auflösung bestimmt Acrobat
automatisch.

6 Klicken Sie auf »Abbrechen«,
um die Optionen unverändert
zu übernehmen.

Sie können die Konvertierungseinstellungen auch im Dialogfenster
»Voreinstellungen« im Teilbereich »In PDF konvertieren« prüfen und
bearbeiten.

7 Wählen Sie im Dialogfenster »Öffnen« die Datei *GC_VendAgree.tif*
und klicken Sie auf »Öffnen«.

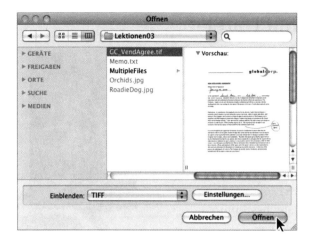

Acrobat konvertiert die TIFF-Datei in Adobe PDF und öffnet anschließend automatisch diese PDF-Datei.

8 Klicken Sie in der Werkzeugleiste für allgemeine Werkzeuge auf die Schaltfläche »Vollständige Seite an Fenstergröße anpassen« (⊞), um die Vereinbarung vollständig im Fenster betrachten zu können.

Der handgeschriebene Hinweis des Unterzeichners der Vereinbarung ist auch in der Adobe PDF-Datei erhalten geblieben.

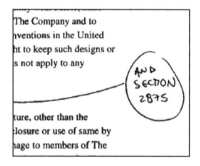

9 Wählen Sie **Datei: Speichern unter: PDF**, geben Sie der Datei den Namen **GC_VendAgree1.pdf** und speichern Sie sie im Ordner *Lektion03*. Wählen Sie dann **Datei: Schließen**, um die PDF-Datei zu schließen.

Drag&Drop mit Dateien

Sie können Adobe PDF-Dateien aus
zahlreichen Dateitypen erstellen, indem
Sie sie einfach auf das Acrobat-Programmsymbol ziehen und fallen lassen
(Drag&Drop) oder (unter Windows) in
das Dokumentfenster in Acrobat ziehen
und fallen lassen. Acrobat verwendet dabei die von Ihnen zuletzt beim
Konvertieren einer Datei bestimmten
Konvertierungseinstellungen.

Experimentieren Sie mit den Dateien
Orchids.jpg und *RoadieDog.jpg* und
ziehen Sie sie in das Acrobat-Doku-
mentfenster (Windows), auf das Acro-
bat-Programmsymbol auf Ihrem Schreibtisch oder auf das Acrobat-
Programmsymbol im Dock (Mac OS). Schließen Sie alle geöffneten
PDF-Dateien, wenn Sie fertig sind. Sie können die neu erstellten
PDF-Dateien sichern oder, ohne zu speichern, schließen.

Adobe PDF aus Microsoft Office-Dateien erstellen (Mac OS)

Mit Acrobat X konvertieren Sie Microsoft Office-Dateien wie jede andere
Datei in Adobe PDF. Verwenden Sie den Drucken-Befehl in Microsoft
Office mit dem Adobe PDF-Drucker, wählen Sie das Erstellen-Menü in
Acrobat oder ziehen Sie die Datei auf das Acrobat-Programmsymbol auf
Ihrem Schreibtisch. PDFMaker ist in Acrobat X für die Mac OS-Version
von Microsoft Office nicht verfügbar. Weitere Informationen finden Sie
in den entsprechenden Abschnitten in dieser Lektion und unter »PDF-
Dateien erstellen« in der Adobe Acrobat X-Hilfe.

Unterschiedliche Dateitypen umwandeln und zusammenführen

Mit dem Befehl »Dateien in einem einzigen PDF-Dokument zusammenführen« aus dem Schaltflächenmenü »Erstellen« konvertieren Sie mühelos unterschiedliche Dateitypen in Adobe PDF und führen sie zu einer einzigen PDF-Datei zusammen. Wenn Sie mit Acrobat X Pro arbeiten, können Sie auch mehrere Dokumente zu einem PDF-Portfolio zusammenführen. Weitere Informationen zum Erstellen von PDF-Portfolios finden Sie in Lektion 7, »Dateien in PDF-Portfolios zusammenführen«.

Sie konvertieren nun eine Datei in Adobe PDF und führen sie mit mehreren anderen PDF-Dateien zusammen.

Dateien zusammenführen

Zuerst wählen Sie die Dateien aus, die Sie zusammenführen möchten, und bestimmen, welche Seiten aufgenommen werden sollen. Sie führen eine JPEG-Datei mit mehreren PDF-Dateien zusammen und nehmen aus einem der PDF-Dokumente nur eine einzelne Seite mit auf.

1   Wählen Sie in Acrobat **Datei: Erstellen: Dateien in einem einzigen PDF-Dokument zusammenführen**. Wenn Sie unter Windows arbeiten oder unter Mac OS bereits ein Dokument geöffnet ist, können Sie auch in der Werkzeugleiste für Schnellwerkzeuge auf die Schaltfläche »Erstellen« klicken und »Dateien in einem einzigen PDF-Dokument zusammenführen« wählen.

Acrobat öffnet das Dialogfenster »Dateien zusammenführen«; hier können Sie Ihre Dokumente zusammenstellen.

2   Klicken Sie auf die Schaltfläche »Dateien hinzufügen« im Dialogfenster »Dateien zusammenführen« und wählen Sie im Einblendmenü die Option »Dateien hinzufügen«.

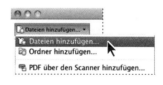

Als Nächstes wählen Sie die Dateien aus, die Sie konvertieren und zusammenführen wollen. Welche Dateitypen Sie konvertieren können, hängt davon ab, ob Sie unter Windows oder unter Mac OS arbeiten.

3 Navigieren Sie im Dialogfenster »Hinzufügen« zum Ordner *Mul-tipleFiles* im Ordner *Lektion03*. Achten Sie darauf, dass unten im Dialogfenster im Menü »Dateityp« der Eintrag »Alle Dateien (*.*)« (Windows) bzw. im Menü »Einblenden« der Eintrag »Alle unter-stützten Formate« (Mac OS) gewählt ist.

4 Markieren Sie die Datei *bottle.jpg*. Klicken Sie mit gedrückter Strg-(Windows) bzw. Befehlstaste (Mac OS) auf folgende Dateien, um sie der Auswahl hinzuzufügen:

- *Analysis.xls.pdf*
- *Ad.pdf*
- *Data.ppt.pdf*
- *Install.pdf*
- *Application.pdf*

5 Klicken Sie auf »Öffnen« (Windows) bzw. »Hinzufügen« (Mac OS).

Die Reihenfolge der Dateien ist unwichtig, da Sie sie anschließend im Dialogfenster »Dateien zusammenführen« sortieren. Mit der Schalt-fläche »Entfernen« können Sie unerwünschte Dateien aus der Liste löschen.

6 Klicken Sie in einen leeren Bereich im Dialogfenster, um die Auswahl aller Dateien aufzuheben. Wählen Sie nacheinander die übrigen Dateien in der Liste und ordnen Sie sie mit den Schaltflä-chen »Nach unten« bzw. »Nach oben« in dieser Reihenfolge:

- *Ad*
- *Data.ppt*
- *Analysis.xls*
- *Application*
- *Install*
- *bottle*

Sie können alle Seiten einer Datei, nur eine bestimmte Seite oder einen Seitenbereich konvertieren.

7 Wählen Sie die Datei *Data.ppt* im Dialogfenster »Dateien zusam-menführen« und klicken Sie auf die Schaltfläche »Seiten wählen«.

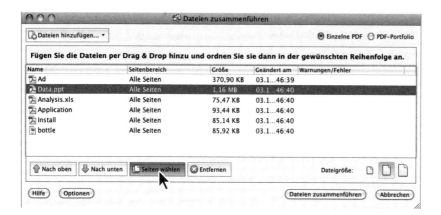

8   Blättern Sie mithilfe der Schaltflächen für die Seitensteuerung im Dialogfenster »Seitenbereichsvorschau und -auswahl« durch die Seiten im Dokument.

9   Wählen Sie die Option »Seiten« und geben Sie in das Texteingabefeld **1** ein, um nur die erste Seite der Präsentation zu konvertieren. Klicken Sie auf OK. Acrobat hat den Eintrag in der Spalte »Seitenbereich« geändert.

Dateien konvertieren und zusammenführen

Nun führen Sie die zu konvertierenden Dateien zu einer PDF-Datei zusammen.

1   Achten Sie darauf, dass unten rechts im Dialogfenster unter »Dateigröße« die mittlere Schaltfläche (Standardgröße) gewählt ist.

Mit der Option »Standardgröße« erzeugt Acrobat eine PDF-Datei, die zum Betrachten und Drucken von Geschäftsdokumenten geeignet ist. Die Option »Kleinere Datei« optimiert Dateien für die Verteilung im Web. Mit der Option »Größere Datei« bereiten Sie Dokumente für den hochauflösenden Druck vor.

2   Klicken Sie auf »Dateien zusammenführen«.

Acrobat konvertiert alle nativen Dateien in PDF und führt alle zu einer einzelnen PDF-Datei namens *Sammelmappe1.pdf* zusammen. Anschließend öffnet Acrobat diese Datei automatisch.

3 Blättern Sie mit den Schaltflächen »Nächste Seite anzeigen« (⬤) und »Vorherige Seite anzeigen« (⬤) durch Ihre zusammengeführten Dokumente.

4 Wählen Sie **Datei: Speichern unter: PDF** und geben Sie der Datei den neuen Namen **Aquo.pdf**. Klicken Sie auf »Speichern« und sichern Sie die Datei im Ordner *Lektion03*.

Ohne Acrobat verlassen zu müssen, haben Sie eine JPEG-Datei in Adobe PDF konvertiert und mit mehreren anderen PDF-Dateien zusammengeführt.

5 Wählen Sie **Datei: Schließen**, um die Datei zu schließen.

Eine leere Seite einfügen

In Acrobat können Sie eine leere Seite in eine PDF-Datei einfügen. So erzeugen Sie mühelos Übergangsseiten oder Seiten für Notizen.

1 Öffnen Sie in Acrobat die von Ihnen im letzten Abschnitt erzeugte Datei *Aquo.pdf* und navigieren Sie auf die letzte Seite im Dokument, die Seite 7.

2 Öffnen Sie das Werkzeuge-Fenster und dort die Seiten-Palette.

3 Wählen Sie im Bereich »Seiten einfügen« die Option »Weitere Einfügeoptionen« und dort »Leere Seite einfügen«.

4 Im Dialogfenster »Seiten einfügen« wählen Sie im Einblendmenü »Position« die Option »Nach« und achten Sie darauf, dass im Bereich »Seite« die Seite 7 gewählt ist. Klicken Sie auf OK.

5 Klicken Sie in der Werkzeugleiste für allgemeine Werkzeuge auf die Schaltfläche »Nächste Seite anzeigen«, um die leere Seite anzuzeigen.

6 Öffnen Sie die Inhalt-Palette im Werkzeuge-Fenster und wählen Sie »Textfeld hinzufügen oder bearbeiten«. Acrobat öffnet die Schreibmaschine-Werkzeugleiste.

7 Wählen Sie das Schreibmaschine-Werkzeug in der Werkzeugleiste. Der Mauszeiger ändert sich in eine Einfügemarke. Klicken Sie oben in die Seite und ändern Sie die Schriftart (wir haben *Adobe Garamond Pro Bold* verwendet). Geben Sie **Notes** ein. Ändern Sie mit den Optionen in der Schreibmaschine-Werkzeugleiste Textattribute wie zum Beispiel Schriftgröße und Textfarbe.

8 Wählen Sie **Datei: Speichern**, um das Dokument zu sichern, und schließen Sie dann die Datei.

PDFMaker

Während der Installation von Adobe Acrobat X werden in unterstützten Anwendungen (zum Beispiel Microsoft Office-Anwendungen (nur Windows), Mozilla Firefox und Autodesk AutoCAD) zusätzliche Acrobat PDFMaker-Schaltflächen und Menübefehle installiert. Die verfügbaren Optionen von PDFMaker unterscheiden sich je nach Anwendung, bieten Ihnen aber immer die Möglichkeit, schnell eine PDF-Datei aus der Anwendungsdatei zu erstellen. Abhängig von der verwendeten Anwendung können Sie mit PDFMaker Lesezeichen hinzufügen, das PDF-Dokument mit Tags versehen, um es besser für Bildschirmlesegeräte zugänglich zu machen, Sicherheitsmerkmale hinzufügen oder Ebenen einschließen.

Weitere Informationen über die Verwendung von PDFMaker in Office für Windows finden Sie in Lektion 5, »Microsoft Office-Dateien konvertieren (Windows)«. Informationen über den Einsatz von PDFMaker in Microsoft Outlook oder Lotus Notes finden Sie im Abschnitt »E-Mail-Nachrichten in PDF konvertieren (Windows)« weiter hinten in dieser Lektion. Informationen über die Verwendung von PDFMaker in Firefox oder Internet Explorer finden Sie unter »Webseiten in Adobe PDF konvertieren« im Verlauf dieser Lektion.

PDFMaker-Optionen

Acrobat PDFMaker installiert sich in zahlreichen unterstützten Anwendungen automatisch und fügt dabei jeder Anwendung Optionen hinzu, mit denen Sie die mit diesen Anwendungen erzeugten PDF-Dateien anpassen können. Obwohl die meisten unterstützten Anwendungen unter Windows laufen, wird PDFMaker auch für Firefox unter Mac OS installiert.

Microsoft Word (Windows)

- Verknüpfungen beibehalten
- Verfügbare PDF-Dateien erstellen
- Lesezeichen, Überschriften und Stile als Lesezeichen beibehalten
- Endnoten, Fußnoten und andere Verweise beibehalten

- Flash in Word-Dokumente einbetten und in der PDF-Datei beibehalten
- E-Mail-Vorlagen in Adobe PDF zusammenführen und (optional) senden

- Kommentare aus der zugehörigen PDF-Datei in das Word-Dokument zurück importieren

Microsoft Excel (Windows)

- Verknüpfungen beibehalten
- Mehrere Arbeitsmappen oder eine Auswahl in PDF konvertieren

- Verfügbare PDF-Dateien erstellen
- Arbeitsmappen mit Lesezeichen

- Dokumentinformationen und Kommentare beibehalten

Microsoft PowerPoint (Windows)

- Verknüpfungen beibehalten
- Verfügbare PDF-Dateien erstellen
- Flash-Media in der PDF-Datei beibehalten

- Lesezeichen aus Folien erzeugen
- PDF/A- und PDF/X-konforme Dateien erstellen
- Geschützte PDF-Dateien erstellen

- PDF per E-Mail erstellen und versenden
- PDF erstellen und zur Überprüfung versenden

Microsoft Outlook (Windows)

- E-Mails in strukturierten PDF-Portfolios archivieren, Ordner und Nachrichten beibehalten
- Indizierte Archive für schnellere Suchvorgänge erzeugen

- Anhänge beibehalten
- Automatische Archivierung
- Dokumente in PDF konvertieren und an E-Mail anhängen

- Dokumente in PDF konvertieren, mit Sicherheitsmerkmalen versehen und an E-Mail anhängen

Microsoft Project (Windows)

- Geschützte PDF-Dateien erstellen
- PDF/A-konforme Dateien erstellen

- Dokumente in PDF konvertieren und an E-Mail anhängen

- PDF erstellen und zur Überprüfung versenden

Microsoft Publisher (Windows)

- Verknüpfungen beibehalten
- Schmuckfarben, Schnittmarken und Transparenz beibehalten
- Beschnitt und Beschnittmarken zulassen

- Geschützte PDF-Dateien erstellen
- Lesezeichen erstellen
- Dokumente in PDF konvertieren und per E-Mail senden

- PDF-Datei erstellen und zur Überprüfung senden

Microsoft Access (Windows)

- Einzelne Berichte, Tabellen, Formulare und Abfragen in PDF konvertieren

- Einzelne PDF aus mehreren, zum Teil mit Lesezeichen versehenen Berichten erstellen

Microsoft Visio (Windows)

- Ebenen, Objektmetadaten und Kommentare beibehalten
- Beizubehaltene Ebenen wählen
- Geschützte PDF-Dateien erstellen

- PDF/A-konforme PDF-Dateien erstellen
- Dokument in PDF konvertieren und per E-Mail senden

- PDF-Datei erstellen und zur Überprüfung versenden

IBM Lotus Notes (Windows)

- E-Mails in strukturierten PDF-Portfolios archivieren, Ordner und Nachrichten beibehalten

- Anhänge beibehalten
- Indizierte Archive für schnellere Suchvorgänge erstellen

- Archive automatisieren

Autodesk AutoCAD (Windows)

- Verknüpfungen beibehalten
- Mehrere Modellräume und Layouts in PDF konvertieren
- Ebenen beibehalten
- Kommentare aus zugehörigen PDF-Dateien zurück in AutoCAD-Dokumente importieren

- PDF/E, PDF/A und andere standardkonforme Dokumente erstellen
- Maßstab und Dokumentinformationen beibehalten
- PDF-Portfolios aus mehreren Dateien erstellen

- Geschützte PDF-Dateien erstellen
- Dokumente in PDF konvertieren und per E-Mail senden
- PDF-Datei erstellen und zur Überprüfung versenden

Fortsetzung auf der nächsten Seite

Fortsetzung

Microsoft Internet Explorer (Windows)		
• Verfügbare PDF-Dateien erstellen	• Lesezeichen erstellen	• Bestimmte Bereiche einer Webseite in PDF-Dateien konvertieren
• Flash-Media aus der Website in der PDF-Datei beibehalten	• Dokumente in PDF-Dateien konvertieren und an E-Mail anhängen	• Kopf- und Fußzeilen erstellen

Mozilla Firefox		
• Verfügbare PDF-Dateien erstellen	• Lesezeichen erstellen	• Kopf- und Fußzeilen erstellen
• Flash-Media aus der Website in der PDF-Datei beibehalten	• Dokumente in PDF-Dateien konvertieren und an E-Mail anhängen	

Adobe PDF-Dateien mit dem Drucken-Befehl erstellen

Wie Sie zuvor gesehen haben, können Sie mit dem Befehl »Erstellen« und der Erstellen-Schaltfläche in der Werkzeugleiste ganz einfach PDF-Dateien erzeugen. Außerdem können Sie mit dem Drucken-Befehl in Verbindung mit dem Adobe PDF-Drucker (Windows) bzw. der Option »Speichern als« (Mac OS) aus fast jeder Anwendung eine Adobe PDF-Datei erzeugen.

Drucken mit dem Adobe PDF-Drucker (Windows)

Der Adobe PDF-Drucker ist natürlich kein richtiger Drucker, wie der in Ihrem Büro oder auf dem Schreibtisch, sondern nur ein Druckertreiber, der Ihre Datei in Adobe PDF umwandelt, statt auf Papier zu drucken. Der Druckername lautet Adobe PDF.

Sie wandeln jetzt eine Textdatei in Adobe PDF um – mit dem Befehl **Datei: Drucken** und dem Adobe PDF-Drucker. Diese Technik können Sie in nahezu jedem Programm einsetzen, auch bei den Microsoft- und Adobe-Anwendungen, die über die integrierten Schaltflächen »In Adobe PDF konvertieren« bzw. die Befehle »Exportieren« oder »Speichern unter« mit der Option »Adobe PDF«

verfügen. Achtung: Der Adobe PDF-Drucker erzeugt PDF-Dateien ohne Tags. (Für den Textumbruch auf Mobilgeräten ist eine Tagstruktur erforderlich; diese empfiehlt sich auch für die zuverlässige Ausgabe über einen Screenreader.)

Die Schritte können variieren, je nachdem, ob Sie unter Windows XP, Vista oder Windows 7 arbeiten. Die folgenden Schritte gehen davon aus, dass Sie Windows 7 verwenden

1   Navigieren Sie vom Desktop aus zum Ordner *Lektion03* und wählen Sie dort die Datei *Memo.txt*.

2   Wählen Sie **Datei: Öffnen mit: WordPad**. Windows 7 öffnet die Textdatei in WordPad, einem mit Windows 7 installierten Texteditor.

3   Klicken Sie in WordPad unter Windows 7 auf die Menüschaltfläche und wählen Sie »Drucken«. Unter Windows XP und Vista wählen Sie **Datei: Seite einrichten** und klicken Sie auf die Schaltfläche »Drucker«.

4   Wählen Sie in der Druckerliste den Eintrag »Adobe PDF«. Eventuell müssen Sie in der Liste rollen, um den Eintrag zu finden.

> **Hinweis:** Wenn Sie nur auf die Datei doppelklicken, öffnet Windows sie in Notepad. Sie können diese Übung auch mit Notepad durchführen, allerdings kann das Memo dabei seine Formatierung verlieren.

Falls Sie die Einstellungen für die Konvertierung der Textdatei in Adobe PDF ändern wollen, müssen Sie im Dialogfenster »Drucken« auf »Einstellungen« bzw. im Dialogfenster »Seite einrichten« auf »Eigenschaften« klicken. Weitere Informationen finden Sie im Info-Kasten »Adobe PDF-Voreinstellungen« in dieser Lektion.

5   Unter Windows 7 klicken Sie auf »Drucken«. Wenn Sie mit Windows Vista oder XP arbeiten, klicken Sie auf OK und dann nochmals auf OK, um das Dialogfenster »Seite einrichten« zu

schließen und wieder zurück zum Memo zu gelangen. Wählen Sie **Datei: Drucken** und klicken Sie auf »Drucken«.

6 Speichern Sie die Datei mit ihrem Standardnamen (*Memo.pdf*) in dem Ordner *Lektion03* und klicken Sie im Dialogfenster »PDF-Datei speichern unter« auf »Speichern«.

7 Falls sich die PDF-Datei anschließend nicht automatisch öffnet, doppelklicken Sie im Verzeichnis »Eigene Dateien« auf die Datei *Memo.pdf*, um sie in Acrobat zu öffnen. Wenn Sie die Datei betrachtet haben, schließen Sie sie und beenden Sie WordPad.

Mit dem Adobe PDF-Drucker erzeugen Sie mühelos und bequem aus praktisch jedem Dokument eine PDF-Datei. Wenn Sie mit Microsoft Office-Dateien arbeiten, können Sie mithilfe der Schaltflächen »In Adobe PDF konvertieren« oder der Acrobat-Multifunktionsleiste (*Ribbon*) PDF-Dateien mit Tags versehen und Lesezeichen oder Hyperlinks einbinden.

8 Schließen Sie alle geöffneten Dateien.

Drucken mit der Option »Als Adobe PDF speichern« (Mac OS)

In Acrobat X für Mac OS wurde der Adobe PDF-Drucker durch die Option »Als Adobe PDF sichern« im PDF-Menü des Dialogfensters »Drucken« ersetzt. Sie können die Option »Als Adobe PDF sichern« beim Drucken aus jeder Anwendung nutzen.

● **Hinweis:** Benutzerdefinierte PDF-Einstellungen können Sie mit dem Acrobat Distiller erstellen. In Acrobat Pro öffnen Sie den Distiller, indem Sie in der Druckproduktion-Palette im Werkzeuge-Fenster »Acrobat Distiller« wählen. Weitere Informationen zum Erstellen benutzerdefinierter PDF-Einstellungen finden Sie in der Adobe Acrobat X-Hilfe.

1 Navigieren Sie vom Desktop aus zum Ordner *Lektion03* und doppelklicken Sie auf die Datei *Memo.txt*.

Der Finder öffnet die Textdatei in einem Textbearbeitungsprogramm wie zum Beispiel TextEdit.

2 Wählen Sie **Datei: Drucken**; es ist unerheblich, welcher Drucker ausgewählt ist.

3 Klicken Sie unten im Dialogfenster auf die PDF-Schaltfläche und wählen Sie »Als Adobe PDF sichern«.

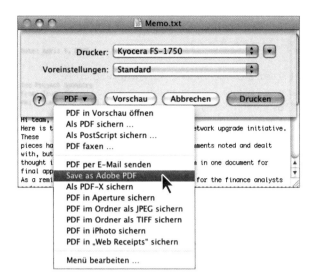

4 Wählen Sie im Dialogfenster »Als Adobe PDF sichern« im Einblendmenü »Adobe PDF-Einstellungen« eine Option und dann im
   Einblendmenü »Nach der PDF-Erstellung« Ihre Acrobat-Version
   (Acrobat Standard oder Acrobat Pro), um die PDF-Datei anschließend in Acrobat zu öffnen. Klicken Sie auf »Fortfahren«.

5 Übernehmen Sie im Dialogfenster »Sichern« den Standardnamen
   Memo.pdf und speichern Sie die Datei im Ordner *Lektion03*.

6 Klicken Sie auf »Sichern«.

7 Falls sich anschließend die PDF-Datei nicht automatisch öffnet,
   doppelklicken Sie im Ordner *Lektion03* auf die Datei *Memo.
   pdf*, um sie in Acrobat zu öffnen. Schließen Sie anschließend die PDF-Datei und beenden Sie TextEdit bzw. das
   Textbearbeitungsprogramm.

Sie haben gerade ein einfaches Textdokument über den Drucken-
Befehl der Textverarbeitungsanwendung in ein Adobe PDF-Dokument konvertiert.

8 Schließen Sie alle geöffneten Dateien.

Adobe PDF-Vorgaben

Eine PDF-Vorgabe besteht aus einer Gruppe von Einstellungen, die den Erstellungsprozess einer PDF-Datei beeinflussen. Diese Einstellungen dienen der Abstimmung von Dateigröße und Qualität, wobei der Verwendungszweck der PDF-Datei maßgeblich ist. Die meisten vordefinierten Vorgaben stehen in gleicher Form in allen Anwendungen der Adobe Creative Suite zur Verfügung: InDesign, Illustrator, Photoshop und Acrobat. Sie können für Ihre eigenen Ausgabeanforderungen auch benutzerdefinierte Vorgaben erstellen und freigeben.

Einige der folgenden Vorgaben stehen erst zur Verfügung, wenn Sie sie aus dem Ordner »Extras« (in dem sie standardmäßig installiert sind) in den Ordner »Settings« für benutzerdefinierte Einstellungen verschieben. Wichtig: In Acrobat Standard steht der Ordner »Extras« nicht zur Verfügung. Die im Ordner »Extras« installierten Vorgaben stehen nur in Acrobat Pro zur Verfügung. Ausführliche Beschreibungen zu jeder Voreinstellung finden Sie in der Adobe Acrobat X-Hilfe.

- **Qualitativ hochwertiger Druck** erstellt PDF-Dateien für hochwertige Drucke auf Desktop-Druckern und Proof-Geräten.

- **Übergroße Seiten** erstellt PDF-Dateien, mit denen technische Entwürfe betrachtet und gedruckt werden können, die größer als 200 x 200 Zoll sind (508 x 508 cm).

- **PDF/A-1b: 2005 (CMYK und RGB)** wird für die langfristige Archivierung elektronischer Dokumente verwendet.

- **PDF/X-1a (2001 und 2003)** minimiert die Anzahl der Variablen in einem PDF-Dokument zugunsten der Zuverlässigkeit. PDF/X-1a-Dateien werden häufig für den Digitaldruck verwendet.

- **PDF/X-3 (2003)** ähnelt PDF/X-1a, unterstützt allerdings Farbmanagement-Arbeitsabläufe und bestimmte RGB-Bilder.

- **PDF/X-4 (2007)** weist dasselbe Farbmanagement und dieselben Farbspezifikationen des International Color Consortium (ICC) wie PDF/X-3 auf und unterstützt zusätzlich auch Live-Transparenz.

- **Druckausgabequalität** erstellt PDF-Dateien für die Druckausgabe in hoher Qualität (z.B. für den Digitaldruck oder Separationen, die für einen Bildbelichter oder Platesetter bestimmt sind).

- **Barrierefreie PDF** erstellt barrierefreie PDF-Dateien mit Tags, Hyperlinks, Lesezeichen, interaktiven Elementen und Ebenen.

- **Kleinste Dateigröße** erstellt PDF-Dateien für die Anzeige im Internet oder in einem Intranet bzw. für die Verteilung über ein E-Mail-System.

- **Standard** erstellt PDF-Dateien, die auf Desktop-Druckern oder digitalen Kopierern gedruckt, auf CD veröffentlicht oder als Probedruck an den Kunden geschickt werden sollen.

Dateigröße verringern

Die Größe Ihrer PDF-Datei kann je nach den beim Erstellen der Datei verwendeten Adobe PDF-Einstellungen enorm schwanken. Mit der Vorgabe »Qualitativ hochwertiger Druck« erzeugte Dateien sind größer als solche, die mit der Vorgabe »Standardqualität« oder »Kleinste Dateigröße« erstellt wurden. Unabhängig von der verwendeten Vorgabe lässt sich die Dateigröße solcher Dateien häufig verringern, ohne die PDF-Datei erneut erstellen zu müssen.

Sie vermindern jetzt die Dateigröße der Datei *Ad.pdf*.

1 Öffnen Sie in Acrobat die Datei *Ad.pdf* über den Ordnerpfad *Lektion03/MultipleFiles*.

2 Wählen Sie **Datei: Speichern unter: PDF mit reduzierter Größe**.

3 Wählen Sie im Einblend-menü »Kompatibilität herstellen für« die Option »Acrobat 9.0 und höher« und klicken Sie auf OK.

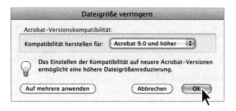

Denken Sie beim Wählen der Kompatibilität daran, dass neuere Versionen von Acrobat kleinere Dateien ermöglichen. Falls Sie sich für die Kompatibilität mit Acrobat X entscheiden, muss Ihre Zielgruppe allerdings ebenfalls über die Version X bzw. den Adobe Reader X verfügen.

4 Geben Sie der geänderten Datei den Namen **Ad_Reduce.pdf**. Klicken Sie auf »Speichern«, um den Vorgang abzuschließen.

Sie sollten die Datei immer unter einem anderen Namen sichern, um nicht versehentlich die unveränderte Datei zu überschreiben.

Acrobat optimiert automatisch Ihre PDF-Datei; ein Vorgang, der eine Weile dauern kann. Dabei möglicherweise auftretende Unregelmäßigkeiten zeigt Acrobat im Fenster »Konvertierungswarnung« an. Klicken Sie dann nötigenfalls auf OK, um das Fenster zu schließen.

5 Minimieren Sie das Acrobat-Fenster. Öffnen Sie unter Windows über den Explorer den Ordner *MultipleFiles* im Ordner *Lektion03* und achten Sie auf die Größe der Datei *Ad_Reduce.pdf*. Unter Mac OS öffnen Sie im Finder den Ordner *Lektion03* und sehen sich mit der Listenansicht (**Darstellung:**

Als Liste) die Datei *Ad_Reduce.pdf* an. Die Dateigröße hat sich verringert.

Sie können die Schritte 1–5 mit verschiedenen Kompatibilitäts-einstellungen wiederholen, um die resultierenden Dateigrößen zu vergleichen. Manche Einstellungen verursachen sogar eine größere Datei.

6 Wählen Sie in Acrobat **Datei: Schließen**, um Ihre Datei zu schließen.

Komprimieren und neu berechnen

Dateigröße und -qualität werden von vielen Faktoren beeinflusst, aber beim Arbeiten mit Dateien, die viele Bilder enthalten, ist die Komprimierung und Neuberechnung besonders wichtig. Die PDF-Optimierung bietet mehr Möglichkeiten zur Qualitätsabstimmung.

Für die PDF-Optimierung wählen Sie **Datei: Speichern unter: Optimiertes PDF**.

■ **Video:** Das Video »Dateigröße verringern« zeigt mehr zu diesem Themenbereich. Weitere Informationen finden Sie unter »Video-Training« auf Seite 8.

Im Dialogfenster »PDF-Optimierung« können Sie zwischen zahlreichen Dateikomprimierungsmethoden wählen, um den von Farb-, Graustufen- und Schwarzweißbildern benötigten Speicherplatz in Ihren Dokumenten zu verringern. Die Wahl der Methode hängt dabei von der Art der zu komprimierenden Bilder ab. Die vordefinierten Adobe PDF-Einstellungen verwenden für die Komprimierung von Farb- und Graustufenbildern die Einstellung »Automatisch (JPEG)« und für Schwarzweißbilder die Einstellung »CCITT Group 4«.

Neben der Wahl der Komprimierungsmethode können Sie die Bitmap-Bilder in Ihrer Datei auch neu berechnen lassen, um die Dateigröße noch weiter zu verringern. Ein Bitmap-Bild besteht aus digitalen Einheiten namens Pixel, deren Gesamtanzahl die Dateigröße bestimmt. Bei der Neuberechnung eines Bitmap-Bildes wird die Information mehrerer Bildpixel zu einem einzelnen größeren Pixel kombiniert. Diesen Vorgang nennt man auch Downsampling (Herunterrechnen), weil dabei die Pixelanzahl im Bild verringert wird. (Beim Downsampling bzw. Verringern der Pixelanzahl werden Bildinformationen gelöscht.)

Komprimierung und Neuberechnung haben keine Auswirkung auf die Qualität von Text oder Strichzeichnungen.

PDF-Dateien aus der Zwischenablage erzeugen

Sie können Inhalte aus beliebigen Dateitypen kopieren und anschließend in Acrobat über **Datei: Erstellen: PDF aus Zwischenablage** wählen, um daraus eine neue PDF-Datei zu erzeugen. Dabei nutzt Acrobat den Distiller zum Konvertieren von Inhalten in PDF; der auf diese Weise erzeugte PDF-Inhalt ist vollständig durchsuchbar, es handelt sich dabei nicht um ein Bild. (Unter Mac OS können Sie außerdem Bildschirmfotos [*Screenshots*] mit dem Befehl **Datei: Erstellen: PDF aus Bildschirmaufnahme** in PDF konvertieren.)

Zudem können Sie einer vorhandenen PDF-Datei mühelos Text und Grafiken, die Sie in die Zwischenablage kopiert haben, hinzufügen. Öffnen Sie dazu die PDF-Datei und wählen Sie im Werkzeuge-Fenster in der Seiten-Palette »Weitere Einfügeoptionen: Aus Zwischenablage einfügen«.

Ein Papierdokument scannen

Viele Scanner bieten die Möglichkeit, ein Dokument direkt als PDF-Datei zu scannen, dabei Metadaten einzufügen und die gescannte PDF-Datei zu optimieren. Unter Windows stehen Ihnen Voreinstellungen für Schwarzweiß, Graustufen, Farbdokumente und Farbbilder zur Verfügung, mit denen Sie die Qualität Ihrer gescannten Dokumente verbessern. Außerdem können Sie eigene Konvertierungseinstellungen festlegen.

Wenn Sie an Ihrem System keinen Scanner betreiben, überspringen Sie diesen Lektionsabschnitt.

● **Hinweis:** Falls Acrobat Ihren Scanner nicht erkennt, suchen Sie in der mit dem Scanner gelieferten Dokumentation nach Installationsanweisungen oder Hinweisen zur Fehlersuche.

■ **Video:** Das Video »PDF vom Scanner erstellen« zeigt mehr zu diesem Themenbereich. Weitere Informationen finden Sie unter »Video-Training« auf Seite 8.

1 Legen Sie ein einseitiges Dokument in Ihren Scanner ein und drücken Sie auf dessen Scan-Taste, damit ein Dialogfenster geöffnet wird, das nach dem gewünschten Programm zum Scannen fragt. Wählen Sie Acrobat oder führen Sie alternativ einen der folgenden Schritte aus:

- **Unter Windows:** Wählen Sie in Acrobat **Datei: Erstellen: PDF über den Scanner** und anschließend eine Voreinstellung für Ihr Dokument.

- **Unter Mac OS:** Wählen Sie in Acrobat **Datei: Erstellen: PDF über den Scanner** sowie die gewünschten Optionen im Dialogfenster »Acrobat Scannen«. Klicken Sie anschließend auf »Scannen«.

Acrobat führt den Scan automatisch aus.

2   Wenn Acrobat Sie dazu auffordert, klicken Sie auf OK, um das Scannen abzuschließen.

Acrobat zeigt die fertige PDF-Datei des gescannten Dokuments an.

3   Wählen Sie **Datei: Speichern** und sichern Sie den Scan im Ordner *Lektion03* als **Scan.pdf**.

4   Um unter Windows die für die Konvertierung verwendeten Einstellungen zu sehen, wählen Sie **Datei: Erstellen: PDF über den Scanner: Vorgaben konfigurieren**. In diesem Dialogfenster können Sie zahlreiche Optionen einstellen, beispielsweise ein- oder beidseitiges Scannen, Papierformat, zum Scannen weiterer Seiten auffordern, Dateigröße, Texterkennung und Hinzufügen von Metadaten zum Dialogfenster »Dokumenteigenschaften«. Klicken Sie auf »Abbrechen«, um das Dialogfenster ohne Änderungen zu schließen.

5   Wählen Sie **Datei: Schließen**, um Ihr Dokument zu schließen.

Gescannten Text bearbeitbar und durchsuchbar machen

▶ **Tipp:** Acrobat kann OCR beim Scannen von Bildern automatisch ausführen. Achten Sie unbedingt darauf, die Option »Durchsuchbar machen (OCR ausführen)« in den Scanner-Voreinstellungen (Windows) bzw. im Dialogfenster »Acrobat Scannen« (Mac OS) einzuschalten, bevor Sie scannen.

Wenn Sie eine Datei aus einer Anwendung wie Microsoft Word oder Adobe InDesign in Adobe PDF konvertieren, so bleibt der Text vollständig bearbeit- und durchsuchbar, während Text in Bilddateien – unabhängig davon, ob es sich um gescannte Dokumente oder in einem Bildformat gespeicherte Dateien handelt – nicht bearbeit- und durchsuchbar ist. Mit OCR (*Optical Character Recognition*, optische Zeichenerkennung) analysiert Acrobat das Bild und ersetzt Abschnitte durch eigenständige Zeichen. Außerdem erkennt Acrobat möglicherweise fehlerhaft eingescannte Zeichen.

Sie wenden nun OCR auf die zuvor in dieser Lektion konvertierte TIFF-Datei an.

1   Wählen Sie **Datei: Öffnen**, navigieren Sie zum Ordner *Lektion03* und öffnen Sie die zuvor gespeicherte Datei *GC_VendAgree1.pdf*.

2   Wählen Sie das Auswahl-Werkzeug in der Werkzeugleiste für allgemeine Werkzeuge und bewegen Sie den Mauszeiger auf den Text im Dokument. Sie können zwar Bereiche im Dokument auswählen, aber Acrobat markiert keinen Text im Dokument.

3   Öffnen Sie das Werkzeuge-Fenster und klicken Sie auf »Texterkennung«, um die zugehörige Palette einzublenden.

4 Klicken Sie in der Texterkennung-Palette auf »In dieser Datei«.
   Acrobat zeigt das Dialogfenster »Text erkennen« an.

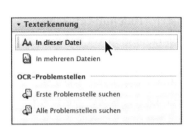

5 Achten Sie darauf, dass im Bereich »Seiten« des Dialogfensters die
   Option »Aktuelle Seite« gewählt ist und klicken Sie auf »Bearbeiten«, um die Einstellungen für die Konvertierung zu bearbeiten.

6 Wählen Sie im Dialogfenster »Texterkennung – Allgemeine
   Einstellungen« im Menü »PDF Ausgabestil« die Option »Clear-
   Scan«. Für den englischen Text wählen Sie im Einblendmenü
   »Primäre OCR-Sprache« die Option »Englisch (USA)«.

● **Hinweis:** Acrobat
konvertiert das Doku-
ment standardmäßig
in ein durchsuchbares
Bild. Sie können auch
mit dieser Einstellung
Dokumente konvertie-
ren, aber mit ClearScan
erzielen Sie häufig
kräftigere und feinere
Textkonvertierungen.

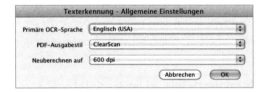

ClearScan konvertiert die Datei mit skalierbarem Text und Bildern,
so dass Sie beides in Acrobat bearbeiten können.

7 Klicken Sie auf OK, um das Dialogfenster »Texterkennung – Allgemeine Einstellungen« zu schließen, und klicken Sie erneut auf
   OK, um auch das Dialogfenster »Texterkennung« zu schließen
   und ClearScan zu starten.

Acrobat konvertiert das Dokument.

8 Wählen Sie mit dem Auswahl-
   Werkzeug ein Wort auf der
   Seite. Acrobat hat das Bild in
   bearbeitbaren und durchsuchbaren Text konvertiert.

9 Klicken Sie in der Texterkennung-Palette auf »Erste
   Problemstelle suchen«. Acro-
   bat durchsucht das Dokument und ermittelt alle Wörter, die

möglicherweise nicht korrekt konvertiert wurden. Falls dabei unklare Wörter gefunden werden, können Sie sie prüfen und gegebenenfalls korrigieren. Eventuell benötigen Sie außerdem das Dokumenttext-bearbeiten-Werkzeug aus der Inhalt-Palette, um Wortzwischenräume zu korrigieren.

10 Klicken Sie auf OK, um das Dialogfenster »Touchup« zu schließen, und dann auf »Schließen«, um das Dialogfenster »Element suchen« zu schließen.

11 Wählen Sie **Datei: Speichern unter: PDF**. Navigieren Sie zum Ordner *Lektion03* und speichern Sie die Datei als **GC_VendAgree_OCR.pdf**. Schließen Sie dann die Datei.

E-Mail-Nachrichten in PDF konvertieren (Windows)

Mit dem Drucken-Befehl können Sie E-Mail-Nachrichten aus jeder Anwendung heraus konvertieren, mehr Flexibilität erhalten Sie allerdings mit dem Acrobat PDFMaker in Microsoft Outlook oder Lotus Notes (nur unter Windows). Sie müssen für diese Übung Ihre eigenen E-Mail-Dateien verwenden. Wenn Sie nicht mit einer dieser Anwendungen unter Windows arbeiten, überspringen Sie diesen Lektionsabschnitt.

Für die Archivierung sowie für universelle und besser durchsuchbare Dateien wäre es oft hilfreich, E-Mails in einer vom E-Mail-Programm unabhängigen Form speichern zu können. PDFMaker fügt während der Installation Schaltflächen und Menübefehle in die Werkzeugleiste von Microsoft Outlook oder Lotus Notes ein, mit denen Sie einzelne E-Mails oder ganze E-Mail-Ordner in Adobe PDF konvertieren können.

Sollten die Acrobat-Schaltflächen und -Befehle in Microsoft Outlook oder Lotus Notes nicht verfügbar sein, informieren Sie sich in der Online Adobe Acrobat X-Hilfe unter »PDFMaker in Microsoft Office und Lotus Notes einblenden bzw. aktivieren«.

E-Mail-Ordner konvertieren (Acrobat Pro)

Nach Abschluss eines Projekts ist Ihr E-Mail-Fach häufig mit einem oder sogar mehreren Ordnern mit projektbezogenen E-Mails gefüllt. Mit Acrobat X konvertieren Sie diese Ordner mühelos in eine von Ihrem E-Mail-Programm unabhängige und vollständig durchsuchbare Adobe PDF-Datei.

Jede E-Mail-Nachricht im Ordner wird als einzelne Datei konvertiert und standardmäßig in einem PDF-Portfolio gespeichert.

1 Wählen Sie einen Ordner. In Outlook 2010 klicken Sie dazu in der Adobe PDF-Multifunktionsleiste auf »Ausgewählte

Ordner« und wählen »Neues PDF erstellen«. In früheren Versionen von Outlook klicken Sie auf »Adobe PDF aus Ordnern erstellen«. In Notes klicken Sie in der Werkzeugleiste auf »Gewählte(n) Ordner in Adobe PDF konvertieren« .

Da die Konvertierung sehr großer E-Mail-Ordner eine Weile dauern kann, sollten Sie in dieser Lektion einen Ordner mit wenigen E-Mail-Nachrichten wählen.

2 In Outlook können Sie im Dialogfenster »Ordner in PDF konvertieren« weitere zu konvertierende Ordner wählen. Mit der Option »Diesen Ordner und alle Unterordner konvertieren« schließen Sie automatisch alle Unterordner ein. Alternativ erweitern Sie den Ordner und wählen die gewünschten Unterordner einzeln von Hand. Wir haben den Ordner »INBOX« gewählt und die Option »Diesen Ord-

ner und alle Unterordner konvertieren« ausgeschaltet gelassen. Klicken Sie auf OK.

3 Klicken Sie in Outlook bzw. Lotus Notes im Dialogfenster »Adobe PDF-Datei speichern unter« auf »Speichern«, um die PDF-Datei im Ordner *Lektion03* mit dem E-Mail-Ordnernamen zu speichern (*Eingang.pdf*). Eventuell müssen Sie den Zugriff auf Ihr E-Mail-Programm erlauben.

Acrobat öffnet Ihre konvertierten E-Mails automatisch in einem PDF-Portfolio.

Automatische Archivierung einrichten

Mit Acrobat X können Sie mühelos automatische Backups Ihrer E-Mail-Nachrichten erzeugen.

1 In Outlook 2010, klicken Sie in der Adobe PDF-Multifunktionsleiste auf

»Automatische Archivierung einrichten«. In früheren Outlook-Versionen wählen Sie **Adobe PDF: Automatische Archivierung einrichten**. In Lotus Notes wählen Sie **Aktionen: Automatische Archivierung einrichten**.

2 Klicken Sie im Dialogfenster »Acrobat PDFMaker« auf das Register »Automatische Archivierung« und schalten Sie die Option »Automatische Archivierung aktivieren« ein.

Als Nächstes legen Sie fest, wie häufig der Backup-Vorgang ausgeführt werden soll. Richten Sie die Optionen so ein, dass die E-Mails wöchentlich samstags um Mitternacht gesichert werden.

3 Wählen Sie im Menü »Häufigkeit« die Option »Wöchentlich« und im zugehörigen Einblendmenü »Samstag«.

4 Im Menü »Ausführen um« stellen Sie 00:00:00 ein und benutzen dafür die Pfeil-Schaltflächen rechts im Einblendmenü oder wählen die Stunden-, Minuten- und Sekundeneinträge einzeln aus und geben so die neuen Werte ein.

Für die übrigen Optionen belassen Sie es bei den Standardeinstellungen.

5 Um die zu archivierenden Ordner auszuwählen, klicken Sie auf »Hinzufügen«.

▶ **Tipp:** Die Option »Index zur schnelleren Suche einbetten« in der Registerkarte »Einstellungen« ist hilfreich, wenn Sie große E-Mail-Ordner konvertieren. Damit wird ein Index für die gesamte E-Mail-Kollektion angelegt, der sich wesentlich schneller als die einzelnen PDF-Dateien durchsuchen lässt.

6 Wenn Sie mit Acrobat X Pro arbeiten, wählen Sie das Register »Einstellungen« und anschließend »Ausgabe von Adobe PDF-Portfolios beim Erstellen einer neuen PDF-Datei«, um die Dateien in einem PDF-Portfolio zusammenzuführen. Schalten Sie diese Option aus, um die Seiten in einem einzelnen PDF-Dokument zusammenzuführen.

7 Wählen Sie im Dialogfenster »Ordner in PDF konvertieren« die zu archivierenden Ordner. Zusätzlich zum Ordner *INBOX* haben wir noch den Ordner *Sent Messages* gewählt. Erweitern Sie alle Ordner mit Unterordnern (also die Ordner, die mit einem Plus-Zeichen versehen sind), um zu prüfen, ob Sie wirklich alle enthaltenen Unterordner archivieren wollen.

Wenn Sie die Option »Diesen Ordner und alle Unterordner konvertieren« einschalten, werden automatisch alle Ordner im Ordner »Posteingang« archiviert. Wenn Sie nicht alle Unterordner konvertieren möchten, müssen Sie diese Option ausschalten und die nicht zu konvertierenden Unterordner abwählen.

8 Klicken Sie im Anschluss an Ihre Auswahl auf OK und geben Sie im Dialogfenster »PDF-Archivdatei speichern unter« einen Dateinamen ein. (Wir haben das Archiv mit der Dateibezeichnung **EmailArc** im Ordner *Lektion03* gespeichert.) Klicken Sie anschließend auf »Öffnen«.

9 Klicken Sie auf OK, um den Vorgang abzuschließen. PDFMaker archiviert Ihre E-Mail-Dateien in den festgelegten Ordner nun automatisch jeden Samstag um Mitternacht.

Achtung: Beim Archivieren wird jeweils die Archivdatei der Vorwoche überschrieben.

Sie können den Archivierungsvorgang jetzt einmal ausführen, um sich die Archivdatei anzusehen.

10 Wählen Sie **Adobe PDF: Automatische Archivierung einrichten**. Klicken Sie im Dialogfenster »Acrobat PDFMaker« auf das Register »Automatische Archivierung« und dann auf »Archivierung jetzt durchführen«. Ihre PDF-Dateien werden automatisch erstellt und in der entsprechenden Datei gespeichert.

Mit den Schaltflächen »Hinzufügen« und »Löschen« im Register »Automatische Archivierung« im Dialogfenster »Acrobat PDFMaker« können Sie jederzeit Ordner in den automatischen Archivierungsvorgang einfügen oder entfernen. Den Namen und/oder den Speicherort der Archivdatei können Sie mit der Schaltfläche »Archivdatei ändern« im selben Dialogfenster ändern.

11 Wenn Sie damit fertig sind, schließen Sie zunächst alle geöffneten PDF-Dateien und beenden dann Outlook bzw. Lotus Notes.

Webseiten in Adobe PDF konvertieren

Sie können markierten Inhalt einer Webseite, eine ganze Webseite oder mehrere Ebenen einer mehrseitigen Website aus dem Internet herunterladen bzw. »erfassen« und in Adobe PDF konvertieren. Dabei können Sie ein Seitenlayout festlegen, Anzeigeoptionen für Zeichensätze und andere Bildelemente bestimmen und Lesezeichen für die ins PDF-Format konvertierten Webseiten erzeugen. Acrobat behält die HTML-Datei und alle zugehörigen Dateien – wie JPEG-Bilder, Cascading Style Sheets, Textdateien, Imagemaps und Formulare – beim Konvertierungsvorgang bei, so dass sich die so erstellte PDF-Datei praktisch wie die ursprüngliche Webseite handhaben lässt.

Da die konvertierten Webseiten als Adobe PDF vorliegen, können Sie sie mühelos speichern, drucken, per E-Mail versenden oder zum eigenen zukünftigen Gebrauch bzw. zur Überprüfung archivieren.

Acrobat-Voreinstellungen festlegen

In den Acrobat Internet-Voreinstellungen können Sie festlegen, wie Acrobat Webseiten konvertiert.

1   Wählen Sie in Acrobat **Bearbeiten: Voreinstellungen** (Windows) bzw. **Acrobat: Voreinstellungen** (Mac OS) und anschließend im linken Bereich des Dialogfensters »Voreinstellungen« die Option »Internet«. Hier sind standardmäßig bereits einige Internet-Voreinstellungsoptionen eingeschaltet.

    • »PDF in Browser anzeigen« stellt alle im Web geöffneten PDF-Dokumente im Browserfenster dar. Ist diese Option nicht eingeschaltet, öffnet Acrobat PDF-Dokumente in einem weiteren Acrobat-Fenster.

    • »Standardmäßig im Lesemodus anzeigen« zeigt PDF-Dateien ohne Werkzeugleisten und Paletten, die erst als halbtransparente Werkzeugleiste erscheinen, wenn Sie den Mauszeiger auf den unteren Bereich der PDF-Datei bewegen. Ist diese Option ausgeschaltet, öffnet Acrobat PDF-Dateien mit Werkzeugleisten und -Paletten.

- »Schnelle Web-Anzeige zulassen« lädt PDF-Dokumente zur Betrachtung seitenweise herunter. Ist diese Option nicht eingeschaltet, wird erst die gesamte PDF-Datei heruntergeladen, bevor sie angezeigt wird.

- »Herunterladen im Hintergrund zulassen« ermöglicht, dass ein PDF-Dokument weiter aus dem Web heruntergeladen wird, auch wenn die erste angeforderte Seite bereits angezeigt wird. Das Herunterladen stoppt, sobald eine andere Aufgabe in Acrobat ausgelöst wird, beispielsweise durch das Dokument blättern.

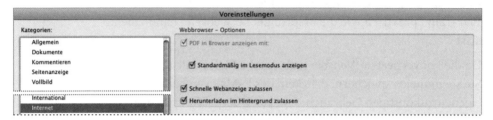

2 Wenn Sie mit der Prüfung Ihrer Interneteinstellungen fertig sind, klicken Sie im Dialogfenster »Voreinstellungen« auf OK, um eventuelle Änderungen zuzuweisen. Um das Dialogfenster ohne Änderungen zu verlassen, klicken Sie auf »Abbrechen«.

Optionen für das Konvertieren von Webseiten festlegen

Bevor Sie Seiten aus dem Internet herunterladen, sollten Sie die Optionen für die Struktur und die Darstellung Ihrer erfassten Seiten im Dialogfenster »Webseitenkonvertierung – Einstellungen« bestimmen. Um es in Acrobat aufzurufen, wählen Sie **Datei: Erstellen: PDF von Webseite** und klicken im Dialogfenster »PDF aus Webseite erstellen« auf die Schaltfläche »Einstellungen«.

Klicken Sie im Bereich »Konvertierungseinstellungen« des Dialogfensters auf »Einstellungen«, um das Dialogfenster »HTML-Konvertierungseinstellungen« aufzurufen. Um chinesische, japanische und koreanische (*CJK*) Webseiten auf einem romanischen (westeuropäischen) System unter Windows zu konvertieren, müssen Sie vor oder während der Installation von Acrobat die entsprechenden CJK-Sprachunterstützungsdateien installiert haben. Außerdem sollten Sie in den HTML-Konvertierungseinstellungen eine passende Kodierung wählen. Klicken Sie jeweils auf OK oder »Abbrechen«, um alle Dialogfenster zu schließen.

Webseiten in Acrobat konvertieren

Da Webseiten regelmäßig aktualisiert werden, mag sich der Inhalt der in dieser Lektion beschriebenen Webseiten zwischenzeitlich geändert haben. Obwohl wir Verknüpfungen ausgewählt haben, die vermutlich sehr beständig sind, müssen Sie eventuell mit anderen Links arbeiten. Die in dieser Lektion beschriebenen Schritte sollten Sie mit nahezu jeder Website anwenden können. Wenn Sie innerhalb einer Firmen-Firewall arbeiten, ist es möglicherweise sinnvoller, die Sites von Adobe Press oder Addison-Wesley durch eine interne Site zu ersetzen.

Bevor Sie Webseiten herunterladen und in Adobe PDF konvertieren können, benötigen Sie Zugriff auf das World Wide Web. Wenn Sie Hilfe bei der Konfiguration Ihrer Internetverbindung benötigen, sollten Sie Kontakt mit Ihrem Internet Service Provider (ISP) aufnehmen.

Sie geben jetzt in das Dialogfenster »PDF aus Webseite erstellen« einen URL ein und konvertieren einige Webseiten.

1   Falls das Dialogfenster »PDF aus Webseite erstellen« nicht mehr geöffnet ist, wählen Sie **Datei: Erstellen: PDF von Webseite**.

2   Geben Sie unter »URL« die Adresse einer Webseite ein, die Sie erfassen möchten. (Wir haben uns für die Website von Addison-Wesley entschieden; die Adresse lautet *http://www.addison-wesley.de*.)

3   Klicken Sie auf die Schaltfläche »Mehrere Ebenen erfassen«.

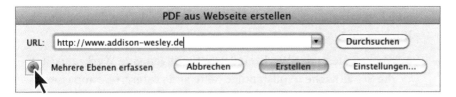

Nun können Sie angeben, wie viele Ebenen der Seitenhierarchie – und damit wie viele Seiten – erfasst werden sollen. Ausgangspunkt ist dabei immer der eingegebene URL. Ein Beispiel: Die oberste Ebene besteht zumeist aus dem angegebenen URL, die zweite Ebene besteht aus Seiten, die mit der obersten Ebene verknüpft sind, usw. Überprüfen Sie vor dem gleichzeitigen Herunterladen von mehreren Ebenen einer Website, wie groß und komplex der Seitenbereich ist, den Sie laden möchten. Das Herunterladen einer umfangreichen Site kann sehr viel Zeit in Anspruch nehmen. Verwenden Sie den Befehl »Gesamte Website laden« mit großer Vorsicht. Das Herunterladen

von Seiten über eine Modemverbindung nimmt außerdem normalerweise viel mehr Zeit in Anspruch als das Herunterladen über eine
schnelle Verbindung wie zum Beispiel DSL.

4 Achten Sie darauf, dass die Option »Nur« aktiviert ist und dass Sie
»1« für die Anzahl der Ebenen gewählt haben.

5 Schalten Sie »Pfad beibehalten« ein, um nur Seiten zu erfassen,
die dem eingegebenen URL untergeordnet sind.

6 Schalten Sie »Server beibehalten« ein, um ausschließlich Seiten
herunterzuladen, die sich auf dem gleichen Server befinden wie
Ihr eingegebener URL.

7 Klicken Sie auf »Erstellen«. Das Dialogfenster »Downloadstatus«
zeigt den Fortgang des Herunterladens an. Wenn Acrobat mit
dem Herunterladen und Konvertieren fertig ist, stellt es die
erfasste Website im Acrobat-Dokumentfenster mit Lesezeichen in
der Lesezeichen-Palette dar.

Falls sich verknüpftes Material nicht herunterladen lässt, erhalten Sie
eine Fehlermeldung. Entfernen Sie etwaige Fehlermeldungen durch
Klicken auf OK.

8 Klicken Sie in der Werkzeugleiste für allgemeine Werkzeuge auf
die Schaltfläche »Vollständige Seite an Fenstergröße anpassen«
(🗔), um die Ansicht der konvertierten Webseite an Ihren Bildschirm anzupassen.

9 Blättern Sie mithilfe der Schaltflächen »Nächste Seite anzeigen«
(🔽) und »Vorherige Seite anzeigen« (🔼) durch die PDF-Seiten.

10 Wählen Sie **Datei: Speichern unter: PDF**, geben Sie der Datei den Namen **Web.pdf** und sichern Sie die Datei im Ordner *Lektion03*.

Wenn Sie unter Windows mehr als eine Ebene mit Seiten herunterladen, wird das Dialogfenster »Downloadstatus« nach dem Herunterladen der ersten Ebene in den Hintergrund verschoben.

In der konvertierten Website können Sie genau wie in jedem anderen PDF-Dokument auch navigieren und arbeiten. Acrobat formatiert die Seiten und berücksichtigt dabei sowohl die Konvertierungseinstellungen als auch das Aussehen der ursprünglichen Website.

Verlinkte Webseiten herunterladen und konvertieren

Wenn Sie in der Adobe PDF-Version einer Webseite auf eine Web-Verknüpfung klicken, die auf eine bisher nicht konvertierte Seite verweist, lädt Acrobat diese Seite herunter und konvertiert sie in Adobe PDF.

1 Suchen Sie in der erfassten Website nach einer noch nicht konvertierten Seite und klicken Sie auf die Verknüpfung (wir haben den Link »eBooks« in der Navigationsleiste

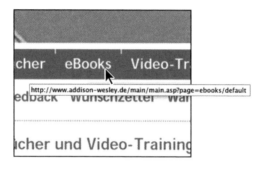

gewählt). Der Mauszeiger ändert sich in einen Zeigefinger, sobald er sich über einer bisher nicht konvertierten Web-Verknüpfung befindet, und der URL der Verknüpfung wird angezeigt.

2 Klicken Sie mit der rechten Maustaste auf den Weblink und wählen Sie im Kontextmenü »An Dokument anhängen«.

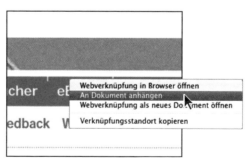

Acrobat ruft wieder das Dialogfenster »Downloadstatus« auf und zeigt den Fortschritt des Herunterladens an. Sobald das Herunterladen und Konvertieren beendet ist, ruft Acrobat die verknüpfte Seite im Acrobat-Fenster auf und fügt der Lesezeichenliste ein Lesezeichen für diese Seite hinzu.

3   Wählen Sie **Datei: Speichern unter: PDF**, benennen Sie die Datei neu mit **Web1.pdf** und speichern Sie sie im Ordner *Lektion03*.

4   Wenn Sie mit dem Betrachten Ihrer konvertierten Webseiten fertig sind, verlassen Sie Acrobat.

Als Nächstes konvertieren Sie Webseiten direkt in Internet Explorer bzw. Firefox.

Webseiten in einem Webbrowser konvertieren

Wenn Sie bereits die Probleme kennen, die beim Drucken einer Webseite aus dem Browser heraus auftreten können, wie beispielsweise fehlender Text am Zeilenende, wird Ihnen die Acrobat-Funktion gefallen, mit der Sie problemlos Adobe PDF-Dateien erzeugen und drucken können, ohne den Browser dabei verlassen zu müssen. Sie können mit dem PDFMaker in Internet Explorer (Windows) bzw. Firefox (Windows oder Mac OS) die aktuell angezeigte Webseite in eine Adobe PDF-Datei konvertieren. Wenn Sie eine Webseite drucken, die zuvor in eine Adobe PDF-Datei umgewandelt wurde, formatiert Acrobat diese Seite mit logischen Seitenumbrüchen auf die standardmäßige Seitengröße um.

Zuerst legen Sie die Voreinstellungen fest, die für das Erstellen von Adobe PDF-Seiten aus Ihren Webseiten erforderlich sind.

1   Öffnen Sie Firefox bzw. Internet Explorer und navigieren Sie zur gewünschten Webseite. Wir haben die Homepage von Addison-Wesley mit der Adresse *http://www.addison-wesley.de* geöffnet.

2   Klicken Sie in Firefox bzw. Internet Explorer auf den Pfeil neben der Schaltfläche »Konvertieren« (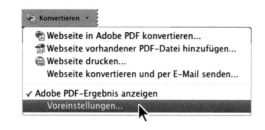) und wählen Sie im Menü die Option »Voreinstellungen«. Diese Voreinstellungen sind die gleichen wie unter »Optionen für das Konvertieren von Webseiten festlegen« weiter vorn in dieser Lektion.

Wird die Schaltfläche »Konvertieren« im Internet Explorer nicht angezeigt, wählen Sie **Ansicht: Symbolleisten: Adobe PDF**. In Firefox, wählen Sie **Ansicht: Symbolleisten: Adobe Acrobat - PDF erstellen**.

3   Klicken Sie auf »Abbrechen«, um das Dialogfenster ohne Änderungen wieder zu schließen.

Jetzt konvertieren Sie die Addison-Wesley-Homepage in Adobe PDF.

4   Klicken Sie in der Acrobat-Werkzeugleiste auf den Pfeil neben der Schaltfläche »Konvertieren«, um das Schaltflächenmenü zu erweitern, und wählen Sie »Webseite in Adobe PDF konvertieren«.

5   Navigieren Sie im Dialogfenster »Webseite in Adobe PDF konvertieren« zum Ordner *Lektion03*. Geben Sie einen Dateinamen ein (wir haben **AddisonWesleyHome.pdf** eingegeben). Klicken Sie anschließend auf »Speichern«.

Der von Acrobat vorgegebene Dateiname ist der im HTML-Tag <TITLE> vorhandene Text. Alle ungültigen Zeichen im Dateinamen der Webseite werden beim Herunterladen und Speichern in einen Unterstrich (_) umgewandelt.

Acrobat konvertiert Ihren ausgewählten Text in PDF und öffnet die Datei automatisch.

6 Wenn Sie fertig sind, schließen Sie den Webbrowser, Acrobat und alle geöffneten PDF-Dateien.

Mit dem Befehl »Webseite konvertieren und per E-Mail senden« im Schaltflächenmenü »Konvertieren« können Sie eine Webseite auch in Adobe PDF konvertieren und automatisch per E-Mail verschicken. (Weitere Informationen finden Sie in der Adobe Acrobat X-Hilfe.)

Fragen

1 Wie finden Sie heraus, welche Dateitypen sich mit dem Befehl »Erstellen: PDF aus Datei« in Adobe PDF konvertieren lassen?

2 Wie erstellen Sie eine PDF-Datei, wenn Sie mit einem Dateityp arbeiten, der nicht von den Befehlen »Erstellen: PDF aus Datei« und »Erstellen: Stapelerstellung von mehreren Dateien« unterstützt wird?

3 Wann verwenden Sie den PDFMaker zum Erstellen von PDF-Dateien?

4 Wie konvertieren Sie eine Bilddatei in durchsuchbaren Text?

Antworten

1 Wählen Sie **Datei: Erstellen: PDF aus Datei**. Öffnen Sie im Dialogfenster »Öffnen« das Einblendmenü »Dateityp« (Windows) bzw. »Anzeigen« (Mac OS) für die unterstützten Dateiformate.

2 Sie können aus nahezu jeder Anwendung mit dem Drucken-Befehl PDF-Dateien erzeugen. Unter Windows wählen Sie dazu den Adobe-Drucker. Unter Mac OS klicken Sie im Dialogfenster »Drucken« auf die Schaltfläche »PDF« und wählen im Einblendmenü die Option »Als Adobe PDF sichern«. Nach Klicken auf die Drucken-Schaltfläche erzeugt Acrobat eine Adobe PDF-Datei statt Ihre Datei an einen Schreibtischdrucker zu senden.

3 Beim Installieren von Acrobat werden Schaltflächen und Menübefehle in unterstützte Anwendungen eingefügt, um mit dem PDFMaker aus diesen Anwendungen heraus mühelos PDF-Dateien erzeugen zu können. PDFMaker bietet Optionen zum Anpassen von PDF-Dateien aus verschiedenen Anwendungen. So können Sie beispielsweise Lesezeichen erstellen, Ebenen beibehalten, Sicherheitsmerkmale hinzufügen und in manchen Anwendungen Dokumente auch mit Tags versehen.

4 Um eine Bilddatei in durchsuchbaren Text zu konvertieren, klicken Sie im Werkzeuge-Fenster in der Texterkennung-Palette auf »In dieser Datei« oder »In mehreren Dateien«. Anschließend wählen Sie die gewünschten Optionen, etwa ob Sie ClearScan verwenden wollen oder ob das Dokument als durchsuchbare Bilddatei gespeichert werden soll.

4 PDF-DATEIEN LESEN UND BEARBEITEN

Überblick

In dieser Lektion lernen Sie Folgendes:

- In einem Adobe PDF-Dokument mit Werkzeugen, Seiten-miniaturen und Lesezeichen navigieren

- Den Bildlauf und die Anzeige eines Adobe PDF-Dokuments im Dokumentfenster ändern

- Ein PDF-Dokument nach einem Wort oder Satzteil durchsuchen

- Ein PDF-Formular ausfüllen

- Ein PDF-Dokument ganz oder teilweise drucken

- Funktionen für die barrierefreie Zugänglichkeit prüfen, so dass Anwender mit Sehbehinderungen und Bewegungs-einschränkungen Acrobat besser nutzen können

- Einem PDF-Dokument Tags und Alt-Text hinzufügen

- Ein Dokument für andere freigeben

 Für diese Lektion benötigen Sie ungefähr 60 Minuten. Falls nötig, kopieren Sie jetzt den Ordner *Lektion04* auf Ihre Festplatte.

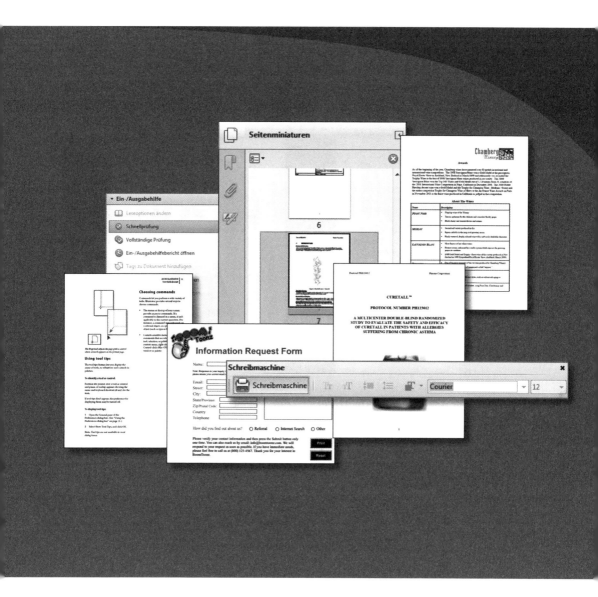

Holen Sie das Beste aus Ihren PDF-Dokumenten heraus und erfahren Sie mehr über Navigationshilfen, barrierefreie Zugänglichkeit, Suchwerkzeuge und viele weitere Informationen.

Die Ansicht beim Öffnen ändern

Sie öffnen als Erstes eine PDF-Datei, sehen sich ihre Einstellungen für die Ansicht beim Öffnen an und passen diese Einstellungen anschließend Ihren Vorstellungen entsprechend an.

1 Wählen Sie in Acrobat **Datei: Öffnen**, navigieren Sie zum Ordner *Lektion04* und wählen Sie die Datei *Protocol.pdf*. Klicken Sie auf »Öffnen«.

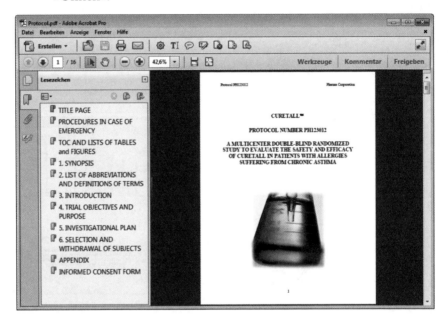

Acrobat zeigt die Datei mit der Titelseite und mit geöffneter Lesezeichen-Palette an.

2 Wählen Sie **Datei: Eigenschaften**. Falls nötig, klicken Sie im Dialogfenster »Dokumenteigenschaften« auf das Register »Ansicht beim Öffnen«.

Im Bereich »Layout und Vergrößerung« sehen Sie, dass der Autor des Dokuments wollte, dass die Datei auf Seite 1 formatfüllend (Fenstergröße) und mit geöffneter Lesezeichen-Palette geöffnet wird.

Sie probieren jetzt unterschiedliche Ansichten beim Öffnen aus.

3 Wählen Sie im Einblendmenü »Navigationsregisterkarte« die Option »Nur Seite«, um die Lesezeichen-Palette beim Öffnen des Dokuments auszublenden. Ändern Sie das »Seitenlayout« in »Zwei Seiten (Doppelseite)« und »Vergrößerung« in »Fensterbreite«. Klicken Sie auf OK, um das Dialogfenster zu schließen.

Sie müssen die Datei speichern, schließen und erneut öffnen, damit die Einstellungen wirksam werden.

4 Wählen Sie **Datei: Speichern unter: PDF** und sichern Sie die Datei mit dem Namen **Protocol1.pdf** im Ordner *Lektion04*. Wählen Sie anschließend **Datei: Schließen**, um das Dokument zu schließen.

5 Wählen Sie **Datei: Öffnen** und doppelklicken Sie auf die Datei *Protocol1.pdf*, um sie zu öffnen. Nun zeigt Acrobat Doppelseiten und blendet die Lesezeichen-Palette aus.

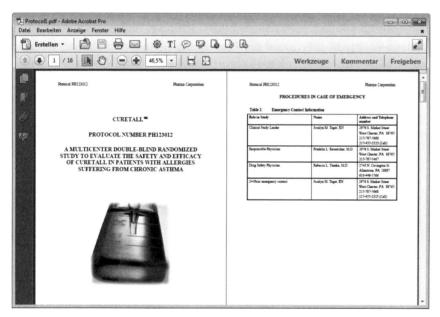

Mit der Ansicht beim Öffnen bestimmen Sie, wie die von Ihnen erstellten und verteilten Dokumente beim Öffnen angezeigt werden.

6 Schließen Sie Ihre Datei und öffnen Sie wieder die ursprüngliche Arbeitsdatei *Protocol.pdf*.

Die Bildschirmanzeige

► Tipp: Um die Druckgröße Ihrer Seite zu sehen, bewegen Sie den Mauszeiger in die untere linke Ecke des Dokumentfensters; Acrobat blendet dort die Dokumentmaße ein.

Sehen Sie sich das Zoom-Anzeige- und Eingabefeld in der Werkzeugleiste für allgemeine Werkzeuge oben im Dokumentfenster an. Die Anzeigegröße in der Zoom-Werkzeugleiste bezieht sich nicht auf die Größe der Seite beim Drucken, sondern darauf, wie sie auf dem Bildschirm angezeigt wird. Acrobat bestimmt die Bildschirmdarstellung einer Seite, indem es die Seite wie ein Bild mit 72 ppi (Pixel pro Zoll) behandelt. Wenn Ihre Seite beispielsweise eine Druckgröße von 2 x 2 Zoll (5,08 x 5,08 cm) hat, behandelt Acrobat sie, als ob sie 144 Pixel breit und 144 Pixel hoch wäre (72 x 2 = 144). Bei einer Anzeigegröße von 100% entspricht jedes Pixel der Seite einem Bildschirmpixel auf Ihrem Monitor.

Wie groß die Seite dann tatsächlich auf dem Bildschirm erscheint, hängt von der Größe Ihres Monitors (zum Beispiel 19 Zoll) und der gewählten Bildschirmauflösung (beispielsweise 1280 x 1024) ab. Wenn Sie die Auflösung Ihres Monitors erhöhen, dann erhöhen Sie die Anzahl der Bildschirmpixel innerhalb desselben Monitorbereichs. Dadurch erhalten Sie kleinere Bildschirmpixel und eine kleinere Seitenansicht, da die Anzahl der Pixel in der Seite gleich bleibt.

PDF-Dokumente lesen

Acrobat bietet zahlreiche Möglichkeiten für das Blättern in einem PDF-Dokument und zum Anpassen der Bildschirmvergrößerung. So können Sie beispielsweise mit dem Rollbalken am rechten Fensterrand durch das Dokument rollen, die Seiten mit den Schaltflächen »Nächste Seite« und »Vorherige Seite« in der Werkzeugleiste für allgemeine Werkzeuge wie in einem Buch durchblättern; oder Sie springen auf eine bestimmte Seite.

Der Lesemodus

In Lektion 1 haben Sie bereits gesehen, dass Acrobat den verfügbaren Bildschirmplatz für ein Dokument im Lesemodus vergrößert und damit das Lesen erleichtert.

1 Wählen Sie **Anzeige: Lesemodus**. Damit blendet Acrobat bis auf das Dokumentfenster und die Menüleiste alle Elemente aus.

2 Blättern Sie mit den Tasten »Bild hoch«, »Bild runter« oder den Pfeiltasten oder mit dem Rollbalken durch das Dokument.

3 Bewegen Sie den Mauszeiger auf den unteren Bereich des Dokuments. Acrobat blendet die halbtransparente schwebende Werkzeugleiste ein, mit der Sie mühelos auf eine andere Seite blättern oder die Vergrößerung ändern können.

4 Wenn Sie damit fertig sind, wählen Sie erneut **Anzeige: Lesemodus**, um wieder die vorherige Ansicht des Arbeitsbereichs einzustellen.

Im Dokument blättern

Zum Blättern in einem Dokument stehen zahlreiche Navigationsmethoden zur Verfügung.

1 Falls Acrobat nicht die erste Seite des Dokuments zeigt, geben Sie in das Seitenzahl-Feld in der Werkzeugleiste für allgemeine Werkzeuge **1** ein und drücken Sie die Eingabetaste.

2 Wählen Sie **Anzeige: Zoom: Fensterbreite** oder klicken Sie auf die Schaltfläche »An Fensterbreite anpassen und Bildlauf aktivieren« (🛏) in der Werkzeugleiste für allgemeine Werkzeuge, um Ihre Seite an die Breite Ihres Dokumentfensters anzupassen.

3 Wählen Sie das Hand-Werkzeug (🖐) in der Werkzeugleiste für allgemeine Werkzeuge und platzieren Sie den Mauszeiger im Dokument. Halten Sie die Maustaste gedrückt; der Mauszeiger ändert seine Form beim Drücken der Maustaste in eine geschlossene Greifhand.

4 Ziehen Sie die geschlossene Greifhand im Fenster umher, um die Seite auf dem Bildschirm zu bewegen. Das funktioniert ähnlich, als würden Sie ein Blatt Papier auf dem Schreibtisch bewegen.

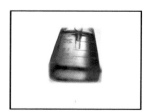

5 Drücken Sie die Eingabetaste, um den nächsten Teil der Seite anzuzeigen. Sie können die Eingabetaste mehrmals hintereinander drücken, um das Dokument von Anfang bis Ende in bildschirmgerechten Abschnitten zu betrachten.

6 Wählen Sie **Anzeige: Zoom: Auf Seitenebene zoomen** oder klicken Sie auf die Schaltfläche »Vollständige Seite an Fenstergröße anpassen« (🔲). Klicken Sie so oft auf die Schaltfläche »Vorherige Seite« (⬤), bis Sie wieder auf Seite 1 gelangen.

7 Klicken Sie einmal auf den nach unten weisenden Pfeil in der Bildlaufleiste oder in den Leerraum unterhalb des Rollbalkens.

Das Dokument blättert automatisch weiter, um die komplette Seite 2 anzuzeigen. In den nächsten Schritten steuern Sie das Blättern und Anzeigen von PDF-Seiten.

Die Befehle »Originalgröße«, »Auf Seitenebene zoomen«, »Fensterbreite« und »Seitenbreite« erreichen Sie auch über das Einblendmenü »Vergrößerung« in der Werkzeugleiste für allgemeine Werkzeuge (die Pfeil-Schaltfläche neben der Seitengrößen-Darstellung).

8 Klicken Sie auf die Schaltfläche »An Fensterbreite anpassen und Bildlauf aktivieren« in der Werkzeugleiste für allgemeine Werkzeuge und blättern Sie mit dem Rollbalken auf Seite 3 von 16.

Die Option »An Fensterbreite anpassen und Bildlauf aktivieren« zeigt die Seiten zusammenhängend wie die Bilder eines Filmstreifens an.

9 Wählen Sie **Anzeige: Seitennavigation: Erste Seite**, um auf die Seite 1 des Dokuments zu gelangen.

10 Klicken Sie auf die Schaltfläche »Vollständige Seite an Fenstergröße anpassen« (🔲), um wieder das Original-Seitenlayout anzuzeigen.

Sie können auch das Seitenzahl-Feld in der Werkzeugleiste für allgemeine Werkzeuge benutzen, um unmittelbar auf eine bestimmte Seite zu gelangen.

11 Klicken Sie in das Seitenzahl-Feld, so dass sich der Mauszeiger in eine Einfügemarke ändert, und markieren Sie die aktuelle Seitenzahl.

12 Geben Sie **15** ein, um die aktuelle Seitenzahl zu ersetzen, und drücken Sie die Eingabetaste.

Acrobat zeigt die Seite 15 an.

Sie können auch mit dem Rollbalken in der Bildlaufleiste auf eine bestimmte Seite navigieren.

13 Ziehen Sie den Rollbalken in der Bildlaufleiste nach oben. Während Sie ziehen, blendet Acrobat eine Seitenvorschau ein. Lassen Sie die Maustaste los, sobald die Seite 3 von 16 in dieser Vorschau erscheint.

Acrobat zeigt das Inhaltsverzeichnis an.

Mit Seitenminiaturen blättern

Seitenminiaturen (auch als Miniaturseiten, Miniaturbilder oder Seitenpiktogramme bezeichnet) sind verkleinerte Vorschauansichten von Dokumentseiten, die Acrobat in der Seitenminiaturen-Palette im Navigationsfenster anzeigt. Sie haben bereits Seitenminiaturen in Lektion 2 benutzt, um durch ein PDF-Dokument zu navigieren.

Jetzt vertiefen Sie Ihre Kenntnisse, während Sie die Ansicht von Seiten mit Seitenminiaturen ändern. In Lektion 6, »PDF-Dokumente modifizieren«, erfahren Sie, wie Sie die Seiten in einem Dokument mithilfe von Seitenminiaturen neu anordnen können.

1 Wählen Sie **Anzeige: Zoom: Fensterbreite** oder klicken Sie auf die Schaltfläche »An Fensterbreite anpassen und Bildlauf

aktivieren«, um die volle Breite der Seite anzuzeigen. Sie sollten immer noch die Seite 3 sehen.

2 Klicken Sie auf die Schaltfläche »Seitenminiaturen« (⬜) im Navigationsfenster, um die Seitenminiaturen-Palette einzublenden.

Acrobat zeigt die Seitenminiaturen der einzelnen Dokumentseiten automatisch im Navigationsfenster an. Die Seitenminiaturen repräsentieren den Inhalt und die Ausrichtung der Seiten im Dokument. Unter jeder Miniatur wird ein Feld mit der Seitenzahl angezeigt.

3 Klicken Sie auf die Seitenminiatur der Seite 7, um auf diese Seite zu gelangen. Eventuell müssen Sie zur Anzeige der entsprechenden Miniaturseite die Bildlaufleiste benutzen.

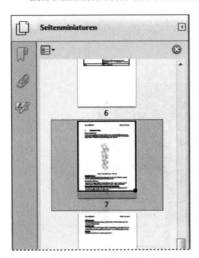 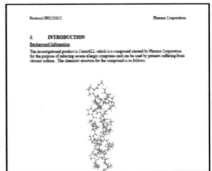

Die Seitenzahl für die Miniatur ist markiert und im Dokumentfenster wird die volle Breite von Seite 7 angezeigt. Die Seite ist an der Stelle zentriert, an der Sie geklickt hatten.

Sehen Sie sich die Miniatur der Seite 7 an. Das Rechteck innerhalb der Seitenminiatur steht für den in der aktuellen Seitenansicht angezeigten Bereich. Sie können dieses Seitenansicht-Feld benutzen, um den angezeigten Bereich und die Vergrößerung zu ändern.

4 Platzieren Sie den Mauszeiger auf der unteren rechten Ecke des Seitenansicht-Feldes. Der Zeiger ändert sich in einen diagonalen Doppelpfeil.

5 Ziehen Sie, um das Seitenansicht-Feld zu verkleinern, und lassen Sie die Maustaste los. In der Werkzeugleiste für allgemeine Werkzeuge hat sich der Vergrößerungsgrad vergrößert, das heißt, es wird ein kleinerer Bereich angezeigt.

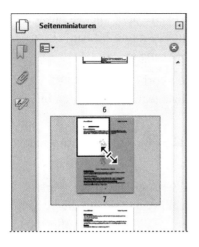
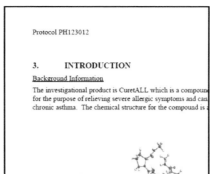

6 Platzieren Sie den Mauszeiger nun auf dem unteren Rand des
Seitenansicht-Feldes. Der Zeiger ändert sich in eine Hand.

7 Ziehen Sie das Seitenansicht-Feld innerhalb der Miniatur und
beobachten Sie, wie sich die Ansicht im Dokumentfenster ändert.

8 Ziehen Sie das Seitenansicht-Feld nach unten, um die Ansicht auf
den Inhalt des mittleren Seitenbereichs einzustellen.

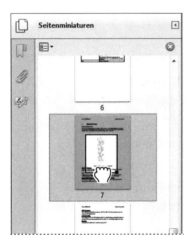
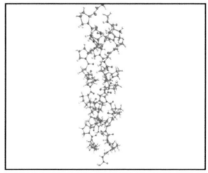

Seitenminiaturen bieten eine gute Möglichkeit, schnell und einfach
die Seitenansicht in einem Dokument einzustellen.

9 Klicken Sie auf die Schaltfläche »Seitenminiaturen«, um die
Palette auszublenden.

Anzeigegröße einer Seite ändern

Sie ändern die Anzeigegröße einer Seitenansicht über die Steuerelemente in der Werkzeugleiste für allgemeine Werkzeuge.

1 Wählen Sie **Anzeige: Zoom: Fensterbreite** oder klicken Sie auf die Schaltfläche »An Fensterbreite anpassen und Bildlauf aktivieren«. Acrobat zeigt eine neue Vergrößerung an.

2 Klicken Sie so oft auf die Schaltfläche »Vorherige Seite« (⊕), bis Sie auf Seite 3 angelangt sind. Die Anzeigegröße der Seiten bleibt gleich.

3 Wählen Sie **Anzeige: Zoom: Originalgröße**, um die Seite wieder in der 100%-Ansicht zu zeigen.

4 Klicken Sie rechts neben dem Vergrößerung-Feld in der Werkzeugleiste für allgemeine Werkzeuge auf den Pfeil, um die Vergrößerungsoptionen anzuzeigen. Wählen Sie die Anzeigegröße 200%.

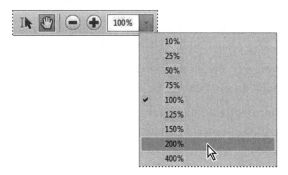

Sie können auch einen eigenen Wert für die Anzeigegröße eingeben.

5 Klicken Sie rechts neben dem Vergrößerung-Feld auf den Pfeil und wählen Sie »Originalgröße«, um die Seite wieder mit 100% im Fenster anzuzeigen.

Als Nächstes vergrößern Sie die Ansicht mit der Schaltfläche »Vergrößern«.

6 Markieren Sie die Seitenzahl, geben Sie 7 ein und drücken Sie die Eingabetaste, um auf Seite 7 zu gelangen.

7 Klicken Sie einmal auf die Schaltfläche »Vergrößern« (⊕).

8 Klicken Sie noch einmal auf die Vergrößern-Schaltfläche, um weiter zu vergrößern.

Jeder Klick auf die Vergrößern- oder Verkleinern-Schaltfläche vergrößert bzw. verkleinert um einen bestimmten Wert.

9 Klicken Sie zweimal auf die Schaltfläche »Verkleinern« (⊖), um wieder zur 100%-Ansicht zurückzukehren.

Jetzt vergrößern Sie das Bild mit dem Zoom-Auswahlrahmen-Werkzeug. Das Zoom-Auswahlrahmen-Werkzeug ist standardmäßig ausgeblendet, daher fügen Sie es nun in die Werkzeugleiste für allgemeine Werkzeuge ein.

10 Wählen Sie **Anzeige: Ein-/Ausblenden: Werkzeugleisten-elemente: Auswählen und zoomen: Zoom-Auswahlrahmen**, um das Zoom-Auswahlrahmen-Werkzeug in der Werkzeugleiste für allgemeine Werkzeuge anzuzeigen.

11 Wählen Sie das Zoom-Auswahlrahmen-Werkzeug (⌕). Platzieren Sie den Mauszeiger nahe der oberen linken Bildecke und ziehen Sie über den Text, wie in der folgenden Abbildung gezeigt.

▶ **Tipp:** Sie können weitere Werkzeuge in der Werkzeugleiste für allgemeine Werkzeuge ein- oder ausblenden. Wählen Sie dazu **Anzeige: Ein-/Ausblenden: Werkzeugleisten-elemente**, wählen Sie dort eine Kategorie und dann das Werkzeug, das Sie ein- oder ausblenden möchten.

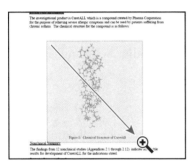
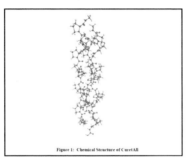

Acrobat vergrößert die Ansicht des von Ihnen markierten Bereichs fensterfüllend. Dies nennt man Auswahlrahmen-Vergrößerung.

12 Wählen Sie **Anzeige: Zoom: Auf Seitenebene zoomen**.

Das Werkzeug »Dynamischer Zoom«

Mit dem Werkzeug »Dynamischer Zoom« vergrößern oder verkleinern Sie die Anzeige, indem Sie die Maus nach oben oder unten ziehen.

1 Wählen Sie **Anzeige: Ein-/Ausblenden: Werkzeugleisten-elemente: Auswählen und zoomen: Dynamischer Zoom**, um die Schaltfläche »Dynamischer Zoom« in der Werkzeugleiste für allgemeine Werkzeuge anzuzeigen, falls sie sich nicht bereits dort befindet.

2 Wählen Sie das Werkzeug »Dynamischer Zoom« (⌕).

3 Klicken Sie in das Dokumentfenster, halten Sie die Maustaste gedrückt und ziehen Sie nach oben, um die Ansicht zu vergrößern, und nach unten, um sie zu verkleinern.

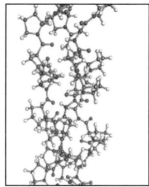

4 Wenn Sie damit fertig sind, wählen Sie das Hand-Werkzeug und klicken damit auf die Schaltfläche »Vollständige Seite an Fenstergröße anpassen« (⊞).

Verknüpfungen folgen

In einem PDF-Dokument müssen Sie die Seiten nicht unbedingt immer in der vorgegebenen Reihenfolge betrachten. Sie können sofort von einem Abschnitt eines Dokuments zu einem anderen springen, indem Sie die Navigationshilfen wie beispielsweise Verknüpfungen verwenden.

Einer der Vorteile von Onlinedokumenten besteht darin, dass Sie übliche Querverweise in Links konvertieren können. Dann kann der Nutzer direkt zum verknüpften Abschnitt oder Dokument springen. Beispielsweise wandeln Sie jeden Eintrag eines Inhaltsverzeichnisses in eine Verknüpfung um, mit der man direkt auf den entsprechenden Abschnitt springen kann. Außerdem können Sie Verknüpfungen auch dazu verwenden, herkömmliche Buchelemente wie Verzeichnisse oder Indizes interaktiv gestalten.

Zunächst fügen Sie der Werkzeugleiste für allgemeine Werkzeuge weitere Navigationswerkzeuge hinzu.

1 Wählen Sie **Anzeige: Ein-/Ausblenden: Werkzeugleisten-elemente: Seitennavigation: Alle Seitennavigation-Werkzeuge einblenden**.

Jetzt probieren Sie eine vorhandene Verknüpfung aus, um auf einen bestimmten Bereich im Dokument zu gelangen.

2 Klicken Sie auf die Schaltfläche »Erste Seite« (⊞) in der Werkzeugleiste für allgemeine Werkzeuge, um auf die erste Seite

zurückzukehren, und dann zweimal auf die Schaltfläche »Nächste Seite« (⬇), um auf die Seite mit dem Inhaltsverzeichnis zu gelangen (Seite 3).

3   Bewegen Sie den Mauszeiger im Inhaltsverzeichnis auf die Überschrift »3. Introduction«. Das Hand-Werkzeug ändert sich in einen Zeigefinger als Hinweis auf eine Verknüpfung. Klicken Sie, um der Verknüpfung zu folgen.

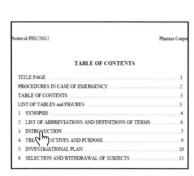

Dieses Element ist mit der Einführung (*Introduction*) verknüpft.

4   Klicken Sie auf die Schaltfläche »Vorherige Ansicht« (◉), um zur vorherigen Ansicht des Inhaltsverzeichnisses zurückzukehren.

Sie können jederzeit auf die Schaltfläche »Vorherige Ansicht« klicken, um Ihre Ansichten durch ein Dokument zurückzuverfolgen. Die Schaltfläche »Nächste Ansicht« ermöglicht Ihnen, die letzte Benutzung von »Vorherige Ansicht« rückgängig zu machen.

Sie haben in diesem Abschnitt gesehen, wie Sie in einem PDF-Dokument blättern, die Vergrößerung und den Seitenlayout-Modus einstellen sowie Verknüpfungen folgen.

5   Um die Werkzeugleiste wieder auf die Standardkonfiguration zurückzusetzen, wählen Sie **Anzeige: Ein-/Ausblenden: Werkzeugleistenelemente: Werkzeugleisten zurücksetzen**. Klicken Sie auf OK, um zu bestätigen, dass Sie die Werkzeugleisten auf die Standardeinstellungen zurücksetzen möchten.

In PDF-Dokumenten suchen

Sie können ein PDF-Dokument schnell nach einem Wort oder einem Satzteil durchsuchen. Wenn Sie beispielsweise dieses *Protocol*-Dokument nicht vollständig durchlesen, sondern nur nach dem

Vorkommen von *adverse event* suchen möchten, können Sie dafür die Suchen-Funktion und die Erweiterte Suche verwenden. Mit der Suchen-Funktion suchen Sie nach einem Begriff im aktiven Dokument. Mit der Erweiterten Suche können Sie in einem Dokument, über mehrere Dokumente hinweg oder in einem PDF-Portfolio suchen. In beiden Fällen werden in Acrobat Text, Ebenen, Formularfelder und digitale Unterschriften von PDF-Dokumenten durchsucht.

Sie beginnen mit einem einfachen Suchvorgang im geöffneten Dokument.

1 Wählen Sie **Bearbeiten: Suchen**. Acrobat blendet oben rechts im Anwendungsfenster ein Textfeld ein; geben Sie dort **adverse event** ein.

Um die verfügbaren Optionen zu sehen, klicken Sie auf den Pfeil rechts neben dem Textfeld. Mit diesen Optionen können Sie Ihre Suche verfeinern, indem Sie nur nach ganzen Wörtern suchen, nach Groß- und Kleinschreibung unterscheiden oder Lesezeichen und Kommentare mit in die Suche einbeziehen. Die Optionen sind aktiv (eingeschaltet), wenn Acrobat neben ihrem Namen ein Häkchen anzeigt.

2 Drücken Sie die Eingabetaste, um den Suchvorgang zu starten.

Acrobat hebt das erste Vorkommen von *adverse event* auf Seite 5 des Dokuments hervor.

3 Klicken Sie rechts neben dem Textfeld auf die Schaltfläche »Weitersuchen« ([), um das nächste Vorkommen der Wörter anzuzeigen.

Als Nächstes führen Sie mit der Erweiterten Suche eine umfangreichere Suche im *Protocol*-Dokument durch. In dieser Lektion suchen Sie nur im geöffneten *Protocol*-Dokument, aber die Erweiterte Suche ermöglicht auch das Suchen in allen Dokumenten eines Ordners oder eines PDF-Portfolios. Sie können sogar Dateien in einem PDF-Portfolio durchsuchen, die keine PDF-Dateien sind.

4 Wählen Sie **Bearbeiten: Erweiterte Suche**.

5 Um nur das geöffnete Dokument zu durchsuchen, wählen Sie die Option »Das aktuelle Dokument« (Windows) bzw. »Im aktuellen Dokument« (Mac OS).

Diesmal suchen wir nur nach wichtigen Vorkommen von *adverse events*.

6 Geben Sie im Fenster »Erweiterte Suche« in das Textfeld **adverse events sign** ein.

7 Klicken Sie unten im Fenster »Erweiterte Suche« auf die Verknüpfung »Mehr Optionen anzeigen«.

8 Wählen Sie im Einblendmenü »Suchergebnisse müssen enthalten« die Option »Beliebige Wörter«. Damit gibt Acrobat alle Vorkommen von *adverse*, *events* oder Ableitungen von *sign* aus.

9 Klicken Sie auf »Suchen«.

▶ **Tipp:** Sie können Ihre Suchergebnisse in Acrobat X auch speichern. Klicken Sie dazu im Fenster »Erweiterte Suche« auf das Diskettensymbol rechts neben der Schaltfläche »Neue Suche« und wählen Sie im Einblendmenü entweder »Ergebnisse in PDF-Datei speichern« oder »Ergebnisse in CSV-Datei speichern«.

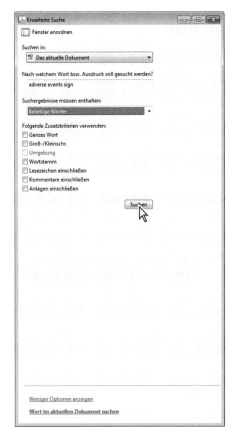
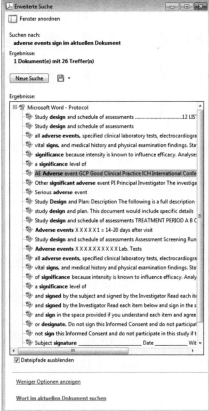

Acrobat zeigt die Suchergebnisse im Fenster »Erweiterte Suche« an.

10 Klicken Sie unter »Ergebnisse« auf irgendein Suchergebnis, um auf die Seite mit diesem Begriff zu gelangen.

Sie können jedes Suchergebnis durch Anklicken im Fenster »Erweiterte Suche« überprüfen.

11 Wenn Sie damit fertig sind, klicken Sie oben im Fenster »Erweiterte Suche« auf die Schließen-Schaltfläche.

Beim Verwenden des Fensters »Erweiterte Suche« durchsucht Acrobat auch Objektdaten und Metadaten von Bildern im XIF-Format (erweitertes Bilddateiformat). Bei Suchvorgängen in mehreren PDF-Dokumenten durchsucht Acrobat auch die Dokumenteigenschaften und XMP-Metadaten. Verfügen die zu durchsuchenden PDF-Dateien über PDF-Anlagen, können Sie diese auch in den Suchvorgang einschließen. Beim Durchsuchen eines PDF-Index berücksichtigt Acrobat auch indexierte Struktur-Tags. Um ein verschlüsseltes Dokument zu durchsuchen, muss es zuvor geöffnet werden.

PDF-Dokumente drucken

Viele der benötigten Optionen im Acrobat-Dialogfenster »Drucken« entsprechen den Optionen in den »Drucken«-Dialogfenstern anderer Programme. Sie können beispielsweise einen Drucker und Parameter wie Papierformat und -ausrichtung wählen. Außerdem ermöglicht Acrobat das Drucken der aktuellen Ansicht (d.h. der aktuellen Bildschirmanzeige), einer bestimmten Seite, ausgewählter Seiten oder aber eines bestimmten Seitenbereichs innerhalb einer PDF.

Sie weisen Acrobat als Nächstes an, in der Seitenminiaturen-Palette gewählte Seiten, eine bestimmte Ansicht und nicht aufeinanderfolgende Seiten in einem PDF-Dokument zu drucken.

1 Klicken Sie im Dokument *Protocol.pdf* auf die Seitenminiaturen-Schaltfläche im Navigationsfenster. Klicken Sie dann auf die Seitenminiaturen der Seiten, die Sie drucken wollen. Durch Drücken der Strg- (Windows) bzw. Befehlstaste (Mac OS) beim Klicken auf die Seitenminiaturen können Sie aufeinanderfolgende und nicht aufeinanderfolgende Seiten auswählen.

▶ **Tipp:** Sie können das Drucken-Dialogfenster auch mit dem Kontextmenü aufrufen (Rechtsklick: Drucken).

2 Wählen Sie **Datei: Drucken** und anschließend den Drucker, mit dem Sie drucken möchten. Da Sie bereits Seiten in der Seitenminiaturen-Palette markiert haben, ist im Drucken-Dialogfenster automatisch die Option »Ausgewählte Seiten« aktiviert.

3   Klicken Sie auf »Drucken« bzw. OK, um Ihre gewählten Seiten zu drucken, oder auf »Abbrechen«, um den Druck abzubrechen.

Wenn Sie Hilfe bei Problemen benötigen oder Fragen zum Drucken haben klicken Sie im Drucken-Dialogfenster auf »Drucktipps«, um auf der Adobe-Website die neuesten Drucktipps und -informationen zu erhalten.

4   Nach dem Drucken der Seiten (oder dem Schließen des Drucken-Dialogfensters, wenn Sie nicht gedruckt haben) heben Sie die Auswahl aller Seitenminiaturen auf und schließen dann die Seitenminiaturen-Palette.

5   Gehen Sie auf Seite 7 im Dokument.

6   Vergrößern Sie die Ansicht auf 200% und verschieben Sie die Seite mit dem Hand-Werkzeug so, dass Acrobat nur das Diagramm anzeigt.

7   Wählen Sie **Datei: Drucken** und anschließend den Drucker, mit dem Sie drucken möchten.

8   Wählen Sie im Abschnitt »Druckbereich« die Option »Aktuelle Ansicht«. Die Vorschau ändert sich und zeigt, was gegenwärtig im Dokumentfenster zu sehen ist. Beim Drucken mit gewählter Option »Aktuelle Ansicht« druckt Acrobat nur den Inhalt des Dokumentfensters.

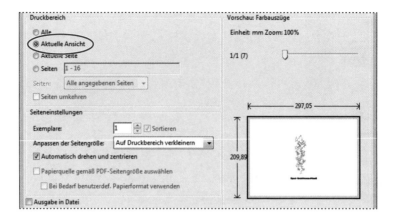

9 Wählen Sie die Option »Seiten«. Die Vorschau ändert sich und zeigt wieder die erste Seite des Dokuments an.

10 Geben Sie in das Seiten-Textfeld **1, 3–5, 7–9** ein. Wenn Sie nun auf »Drucken« bzw. OK klicken, druckt Acrobat die Seiten 1, 3, 4, 5, 7, 8 und 9. Sie können in dieses Textfeld beliebig durch Kommas getrennt nicht fortlaufende Seiten und Seitenbereiche eingeben.

11 Wenn Sie die gewählten Seiten drucken möchten, klicken Sie auf OK, anderenfalls klicken Sie auf »Abbrechen«.

12 Wählen Sie **Datei: Schließen**, um das Dokument *Protocol.pdf* zu schließen.

Informationen zum Drucken von Kommentaren finden Sie in Lektion 9, »Acrobat in der Dokumentüberprüfung«.

Falls eine PDF-Datei unterschiedlich große Seiten enthält, können Sie im Drucken-Dialogfeld die Option »Anpassen der Seitengröße« zum Verkleinern, Vergrößern oder Teilen von Seiten wählen. Die Option »In Druckbereich einpassen« skaliert jede Seite auf das Druck-Seitenformat, das heißt, die Seiten der PDF-Datei werden entsprechend vergrößert oder verkleinert. Die Option »Auf Druckbereich verkleinern« passt große Seiten an das Druck-Seitenformat an, wobei kleinere Seiten nicht vergrößert werden. Mit den Teilen-Optionen werden übergroße Seiten auf mehrere Seiten unterteilt ausgedruckt, die sich anschließend entsprechend zusammensetzen lassen.

Broschürendruck

Wenn Ihr Drucker den automatischen oder manuellen Duplexdruck (beidseitiges Drucken) unterstützt, können Sie Broschüren im »2-up-Verfahren« mit Sattelheftung erstellen. Broschüren sind Dokumente mit mehreren Seiten, die auf Papierbögen so angeordnet sind, dass sie nach dem Falten die richtige Seitenreihenfolge aufweisen. Bei Broschüren im »2-up-Verfahren« mit Sattelheftung werden zwei Doppelseiten beidseitig nebeneinander gedruckt, einmal gefaltet und an der Falte zusammengeheftet. Die erste und letzte Seite werden auf der Vorderseite des Papierbogens gedruckt, die zweite und vorletzte Seite werden auf der Rückseite des gleichen Papierbogens gedruckt usw.
Jede Seite wird automatisch auf dem Papierbogen zentriert und große Seiten werden an den Druckbereich angepasst (verkleinert). Nach dem Sortieren, Falzen und Heften der beidseitig bedruckten Seiten erhalten Sie ein Heft mit der richtigen Seitenreihenfolge.

So drucken Sie eine Broschüre in Acrobat:

1 Wählen Sie **Datei: Drucken** und anschließend den Drucker.

2 Wählen Sie im Drucken-Dialogfenster im Bereich »Seiteneinstellungen« im Einblendmenü »Seitenanpassung« die Option »Broschürendruck«.

3 Geben Sie unter »Druckbereich« an, welche Seiten gedruckt werden sollen.

4 Wählen Sie weitere Optionen für die Seiteneinstellungen. Sie können Seiten automatisch drehen, das erste und letzte zu druckende Blatt angeben und die Ausrichtung für die Bindung bestimmen. Während der Angabe der Optionen ändert sich die Bildvorschau entsprechend. Weitere Informationen zu den Optionen finden Sie unter »Broschüre drucken« in der Adobe Acrobat X-Hilfe.

PDF-Formulare ausfüllen

Als PDF-Formulare können einfache PDF-Dokumente mit leeren Formularfeldern oder interaktive Dokumente dienen. Interaktive PDF-Formulare enthalten Formularfelder und verhalten sich ähnlich wie die meisten anderen im Web veröffentlichten oder per Mail zugesandten Formulare. Die Formularfelder in diesen interaktiven PDF-Formularen können Textfelder, Optionsschaltflächen, Auswahllisten usw. sein. Die entsprechenden Daten geben Sie mit dem Hand-Werkzeug oder dem Auswahl-Werkzeug ein. Abhängig von den Einstellungen des Formular-Erstellers können Anwender mit dem Adobe Reader eine Kopie des ausgefüllten Formulars speichern, bevor sie es zurücksenden.

Einfache PDF-Formulare (oder leere Formulare) sind eingescannte Papierformulare, die als Formularvorlage dienen. Sie enthalten nicht wirklich Formularfelder, sondern nur die Abbildungen von Formular-feldern. Normalerweise drucken Sie solche Formulare aus, füllen Sie von Hand oder mit der Schreibmaschine aus und senden sie per Post oder Fax an den Empfänger. Mit Acrobat X können Sie solche einfa-chen oder leeren Formulare mit dem Schreibmaschinen-Werkzeug online ausfüllen.

Informationen zum Erstellen und zur Handhabung von Formularen finden Sie in Lektion 10, »PDF-Formulare erstellen«.

Sie füllen nun Felder in einem interaktiven Formular aus und fügen dann mit dem Schreibmaschine-Werkzeug Informationen an einer Stelle ohne ein vorbereitetes Feld ein.

1   Wählen Sie **Datei: Öffnen** und navigieren Sie zum Ordner *Lek-tion04*. Wählen Sie die Datei *MusicForm.pdf* und klicken Sie auf »Öffnen«.

2   Das Hand-Werkzeug ist gewählt; klicken Sie in das Feld »Name« und geben Sie Ihren Namen ein. Der Text erscheint in der vom Formularersteller vorgegebenen Schrift und Größe.

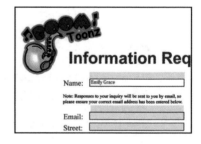

3   Füllen Sie ein weiteres Feld aus.

In einige Felder, zum Beispiel *Street* (Straße) und *Email* (E-Mail), müssen Sie Text eingeben, während Sie Kontrollkästchen und Opti-onsschaltflächen nur anzuklicken brauchen, um sie auszuwählen. Die Schaltflächen »Print« (Drucken) und »Reset« (Zurücksetzen) führen nach dem Anklicken Aktione

Der Formularersteller hat es versäumt, ein interaktives Formularfeld für die Telefon-nummer anzulegen. Deshalb geben Sie diese Daten mit dem Schreibmaschine-Werkzeug ein.

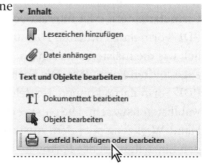

4 Öffnen Sie im Werkzeuge-Fenster die Inhalt-Palette und klicken Sie dort auf »Textfeld hinzufügen oder bearbeiten«.

Acrobat ruft die Schreibmaschine-Werkzeugleiste auf.

5 Bewegen Sie Ihren Mauszeiger auf die Werkzeuge in dieser Werkzeugleiste und lesen Sie die eingeblendeten Bezeichnungen. Sie können mit diesen Werkzeugen die Größe und den Zeilenabstand von eingegebenem Text ändern.

6 Wählen Sie das Schreibmaschine-Werkzeug (🖶). Der Mauszeiger ändert sich in eine Einfügemarke.

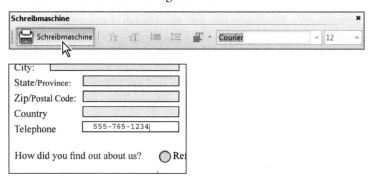

7 Platzieren Sie den Mauszeiger auf dem Feld »Telephone«, klicken Sie, um dort eine Einfügemarke zu setzen und geben Sie eine beliebige Telefonnummer ein.

Mit dem Schreibmaschine-Werkzeug können Sie in jede beliebige PDF-Datei Text eingeben (es sei denn, dass vom Dokumentersteller eingerichtete Sicherheitseinstellungen im Dokument dies verhindern).

8 Wählen Sie **Datei: Speichern unter: PDF** und speichern Sie eine Kopie des Formulars unter dem Dateinamen **MusicForm_complete.pdf** im Ordner *Lektion04*.

Wenn Sie möchten, können Sie die gespeicherte Datei öffnen, um sich zu vergewissern, dass alle Daten gesichert wurden.

9 Klicken Sie auf die Schließen-Schaltfläche, um die Schreibmaschine-Werkzeugleiste auszublenden.

10 Wählen Sie **Datei: Schließen**, um das Bestellformular zu schließen.

Flexibilität, Barrierefreiheit und Struktur

■ **Video:** Das Video »Voreinstellungen für Barrierefreiheit« zeigt mehr zu diesem Themenbereich. Weitere Informationen finden Sie unter »Video-Training« auf Seite 8.

Barrierefreiheit und Flexibilität Ihrer Adobe PDF-Dateien bestimmen, wie Menschen mit Sehbehinderungen und Bewegungseinschränkungen und wie Anwender mit Handheld-Geräten den Inhalt Ihrer Dateien nutzen und, wenn Sie es erlauben, weiterverwenden können. Sie steuern die Barrierefreiheit und Flexibilität Ihrer Adobe PDF-Dateien über den Strukturierungsgrad der Quelldatei und den Aufbau der Adobe PDF-Datei.

Zugänglichere PDF-Dokumente können Ihren Leserkreis erweitern und die gesetzlichen Vorgaben der Barrierefreiheit besser erfüllen. Barrierefreiheit in Acrobat fällt in zwei Kategorien:

- Barrierefreiheit-Funktionen, mit denen Sie zugängliche Dokumente aus neuen oder vorhandenen PDF-Dokumenten erstellen. Zu diesen Funktionen zählen einfache Methoden zur Prüfung der Barrierefreiheit und zum Hinzufügen von Tags zu PDF-Dokumenten. Mit Acrobat Pro können Sie Probleme mit der Barrierefreiheit und der Lesereihenfolge in PDF-Dateien beheben, indem Sie die PDF-Dateistruktur bearbeiten.

- Barrierefreiheit-Funktionen, mit denen Leser mit Bewegungseinschränkungen oder Sehbehinderungen müheloser PDF-Dokumente betrachten und in ihnen navigieren können. Viele dieser Funktionen lassen sich bequem mit dem Setup-Assistenten für die Ein-/Ausgabehilfe einrichten.

Damit Adobe PDF-Dateien flexibel und barrierefrei nutzbar werden, benötigen sie eine Struktur; Adobe PDF-Dateien unterstützen drei Strukturformen – mit Tags, strukturiert und unstrukturiert. PDF-Dateien mit Tags sind am stärksten strukturiert. Strukturierte PDF-Dateien verfügen über eine gewisse Struktur, sind aber nicht so flexibel oder barrierefrei einsetzbar wie PDF-Dateien mit Tags. Unstrukturierte PDF-Dateien haben keine Struktur. (Sie werden später in dieser Lektion noch sehen, dass Sie unstrukturierten Dateien nachträglich noch ein wenig Struktur verleihen können.) Je besser strukturiert eine Datei ist, desto effektiver und zuverlässiger lässt sich ihr Inhalt verwenden.

Ein Dokument wird strukturiert, indem der Autor Überschriften und Spalten, Navigationshilfen wie Lesezeichen und zum Beispiel alternative Textbeschreibungen für Bilder einfügt. In vielen Fällen werden Dokumente bei der Konvertierung in PDF automatisch mit einer logischen Struktur und Tags versehen.

PDF-Dateien aus Microsoft Office-Dateien oder aus neueren Versionen von Adobe FrameMaker, InDesign oder PageMaker oder aus Webseiten erstellte PDF-Dateien werden automatisch mit Tags versehen.

Die meisten Probleme mit PDF-Dokumenten, deren Inhalte nicht gut umfließen, können Sie in Acrobat Pro mit der Ein-/Ausgabehilfe-Palette oder dem TouchUp-Leserichtung-Werkzeug beheben. Das ist allerdings deutlich umständlicher, als bereits zu Beginn ein gut strukturiertes Dokument aufzubauen. Ausführliche Informationen zum Erstellen barrierefreier PDF-Dokumente finden Sie auf der Adobe-Website unter *http://www.adobe.com/de/accessibility/*.

Barrierefreie Dokumente

Sie untersuchen als Nächstes ein PDF-Dokument, das mit Tags versehen ist, und erfahren dabei, wie mühelos sich die Struktur des Dokuments vereinfachen und Inhalt entnehmen lässt.

Auf Barrierefreiheit prüfen

Sie sollten jedes PDF-Dokument vor der Freigabe auf Barrierefreiheit prüfen; mit der Acrobat-Funktion »Schnellprüfung« erfahren Sie ohne Umschweife, ob Ihr Dokument über die notwendigen Informationen verfügt, um es barrierefrei zu machen. Gleichzeitig können Sie damit prüfen, ob das Dokument Zugangsbeschränkungen unterliegt.

Sie betrachten zunächst die Barrierefreiheit und Flexibilität einer PDF-Datei mit Tags, die mit Microsoft Word erstellt wurde.

1 Wählen Sie **Datei: Öffnen**, navigieren Sie zum Ordner *Lektion04* und doppelklicken Sie auf die Datei *Tag_Wines.pdf.*

2 Wählen Sie **Datei: Speichern unter: PDF** und speichern Sie die Datei mit dem Namen **Tag_Wines1.pdf** im Ordner *Lektion04.*

3 Blenden Sie im Werkzeuge-Fenster die Ein-/Ausgabehilfe-Palette ein. Falls Acrobat die Ein-/Ausgabehilfe-Palette nicht anzeigt, wählen Sie **Anzeige: Werkzeuge: Ein-/Ausgabehilfe**, um sie anzuzeigen.

4 Wählen Sie in der Ein-/Ausgabehilfe-Palette die Option »Schnellprüfung«.

▶ **Tipp:** Acrobat blendet standardmäßig nur einige der Paletten im Werkzeuge-Fenster ein. Um zu bestimmen, welche Paletten in der Liste erscheinen, klicken Sie oben rechts im Werkzeuge-Fenster auf die Menü-Schaltfläche und aktivieren oder deaktivieren Sie die gewünschten Paletten.

Acrobat prüft das Dokument umgehend auf Barrierefreiheit und zeigt in einem Warndialog, dass das Dokument in Bezug auf die Ausgabehilfe unproblematisch ist.

5 Klicken Sie auf OK, um den Warndialog zu schließen.

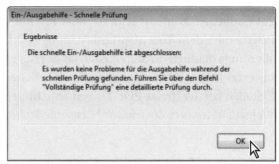

6 Schließen Sie das Werkzeuge-Fenster.

Sie können Ihre PDF-Dateien mit Sicherheitseinstellungen versehen und trotzdem zugänglich machen. Mit der 128-Bit-Verschlüsselung von Acrobat X verhindern Sie, dass Anwender Text aus einer PDF-Datei kopieren und anderweitig einfügen, und können trotzdem Ausgabehilfen anbieten. Außerdem können Sie die Sicherheitseinstellungen mit der Option »Textzugriff für Bildschirmlesehilfen für Sehbehinderte aktivieren« auch für ältere PDF-Dokumente (ab Acrobat 3) ändern, um sie ohne Beeinträchtigung der Sicherheit zugänglich zu machen. Sie finden diese Option im Dialogfenster »Kennwortschutz-Einstellungen«. (Weitere Informationen hierzu finden Sie auch in Lektion 8, »Digitale Unterschriften und Sicherheit«.)

Eine flexible PDF-Datei umfließen lassen

Jetzt sehen Sie sich an, wie flexibel eine PDF-Datei mit Tags ist. Dafür lassen Sie die PDF-Datei zunächst umfließen und speichern ihren Inhalt dann als zugänglichen Text.

Sie verkleinern zuerst das Dokumentfenster, um den kleineren Bildschirm eines Handheld-Geräts zu simulieren.

1 Wählen Sie **Anzeige: Zoom: Originalgröße**, um das Dokument mit 100% anzuzeigen.

2 Verkleinern Sie das Acrobat-Fenster auf etwa 50% des Bildschirms. Windows: Wenn das Fenster maximiert ist, klicken Sie auf seine Verkleinern-Schaltfläche; anderenfalls ziehen Sie an einer Ecke des Anwendungsfensters, um es zu verkleinern. Unter Mac OS passen Sie das Dokumentfenster durch Ziehen an einer Ecke an.

Dabei soll das Acrobat-Fenster so verkleinert werden, dass die Satzenden im Dokumentfenster abgeschnitten abgebildet werden.

3   Wählen Sie **Anzeige: Zoom: Umfließen**.

Acrobat passt den Inhalt des Dokuments an das kleinere Format des Dokumentbildschirms und lässt den Text so umfließen, dass Sie die Textzeilen ohne Einsatz des horizontalen Rollbalkens lesen können.

Beim Umfließen von Text können Elemente wie Seitenzahlen und Seitenüberschriften häufig wegfallen, da sie für die Seitenanzeige nicht mehr von Bedeutung sind. Text wird seitenweise umflossen, aber ein Dokument lässt sich nicht im umflossenen Zustand speichern.

Als Nächstes beobachten Sie, wie sich die Darstellung ändert, wenn Sie die Vergrößerung ändern.

4   Wählen Sie 400% im Einblendmenü »Vergrößerung«.

5   Rollen Sie die Seite nach unten, um sich den Textumfluss anzusehen. Auch hier benötigen Sie für den umfließenden Text nicht die horizontalen Rollbalken, um den vergrößerten Text auf der Seite zu lesen. Acrobat behält den Text automatisch im Dokumentfenster.

Awards

As of the beginning of the year, Chamberg

6   Wenn Sie mit der Betrachtung des umfließenden Textes fertig sind, maximieren Sie das Acrobat-Dokumentfenster und schließen Sie Ihre Datei.

Acrobat ermöglicht außerdem das Speichern der Inhalte von Dokumenten mit Tags in einem anderen Dateiformat, um sie in anderen Anwendungen weiterzuverwenden. Wenn Sie diese Datei beispielsweise als zugänglichen Text sichern, werden selbst die Inhalte von Tabellen in einem mühelos verwendbaren Format gespeichert.

Mit Acrobat lassen sich sogar manche unstrukturierten Dokumente für alle Anwender zugänglicher machen. So können Sie einem PDF-Dokument mit dem Befehl »Tags zu Dokument hinzufügen« in jeder Acrobat-Version Tags hinzufügen. Allerdings lassen sich Tag- und Leserichtungsprobleme nur in Acrobat Pro beheben.

Dateien flexibel und zugänglich machen

Manche Adobe PDF-Dokumente mit Tags enthalten möglicherweise nicht alle notwendigen Informationen, um die Dokumentinhalte vollständig flexibel oder barrierefrei nutzbar zu machen. So fehlen Ihrer Datei vielleicht alternativer Text für Abbildungen, Hinweise auf Textabschnitte in einer anderen Sprache als der Standardsprache des Dokuments oder alternativer Text für Abkürzungen. (Durch Zuweisen der entsprechenden Sprache für bestimmte Textelemente können Sie dafür sorgen, dass bei der weiteren Verwendung des Dokuments die richtigen Zeichen verwendet werden, dass Wörter bei der Sprachausgabe korrekt ausgegeben werden und dass das Dokument mit dem richtigen Wörterbuch korrigiert wird.)

Wenn Sie mit Acrobat Pro arbeiten, können Sie alternativen Text und mehrere Sprachen mit der Tags-Palette einfügen. (Ist für ein Dokument nur eine Sprache erforderlich, wählen Sie diese einfacher im Dialogfenster »Dokumenteigenschaften«.) Außerdem können Sie mit dem TouchUp-Leserichtung-Werkzeug alternativen Text eingeben.

Nun begutachten Sie die Barrierefreiheit einer Seite aus einem Handbuch. Das Dokument wurde für den Druck konzipiert, weshalb der Barrierefreiheit keine weitere Beachtung geschenkt wurde.

1 Wählen Sie **Datei: Öffnen** und öffnen Sie die Datei *AI_UGEx.pdf* im Ordner *Lektion04*.

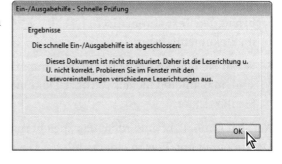

2 Öffnen Sie das Werkzeuge-Fenster und klicken Sie in der Ein-/Ausgabehilfe-Palette auf »Schnellprüfung«. Der Warndialog

zeigt, dass das Dokument nicht strukturiert ist. Klicken Sie auf OK, um den Warndialog zu schließen.

Achten Sie nun darauf, wie diese Seite umfließt.

3 Wählen Sie **Anzeige: Zoom: Originalgröße**, um das Dokument mit 100% anzuzeigen.

4 Schließen Sie das Werkzeuge-Fenster.

5 Verkleinern Sie das Dokumentfenster. Windows: Wenn das Fenster maximiert ist, klicken Sie auf die Verkleinern-Schaltfläche des Fensters; anderenfalls ziehen Sie an einer Ecke des Anwendungsfensters, um es zu verkleinern. Unter Mac OS passen Sie das Dokumentfenster durch Ziehen an einer Ecke an. Verkleinern Sie das Acrobat-Fenster so weit, dass die Seitenbreite nicht mehr auf dem Bildschirm angezeigt werden kann (bei 100%).

6 Wählen Sie **Anzeige: Zoom: Umfließen**.

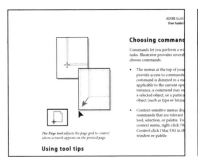 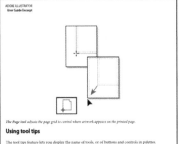

Trotz fehlender Struktur umfließt der Text recht gut.

7 Wählen Sie **Anzeige: Zoom: Auf Seitenebene zoomen**. Passen Sie die Größe des Acrobat-Fensters an die normale Größe an.

Acrobat kann selbst dieses unstrukturierte Dokument recht ordentlich umfließen. Allerdings beeinträchtigt die fehlende Struktur die mühelose Verwendung der Inhalte in anderen Anwendungen. Sie können dem Dokument Tags hinzufügen, um Flexibilität und Barrierefreiheit der Seite zu steigern.

Tags hinzufügen

Sie können einem PDF-Dokument in Acrobat Tags zuweisen. Dabei fügt Acrobat dem Dokument eine logische Baumstruktur (bzw. Tag-Struktur) hinzu, die den Umfluss der Seiteninhalte für die Lesereihenfolge von Bildschirmlesehilfen (*Screen Reader*) sowie die Sprachausgabefunktion bestimmt. Auf verhältnismäßig einfachen Seiten kann der Befehl »Tags zu Dokument hinzufügen« recht gut funktionieren, während er auf komplizierteren Seiten, etwa mit unregelmäßig geformten Spalten, Aufzählungen oder Text über mehrere Spalten, oft keine ausreichenden Ergebnisse liefert.

Sie versehen dieses Dokument nun mit Tags, um seine Inhalte leichter verfügbar zu machen.

1   Öffnen Sie das Werkzeuge-Fenster und klicken Sie in der Ein-/Ausgabehilfe-Palette auf »Tags zu Dokument hinzufügen«.

Acrobat fügt Tags in das Dokument ein und liefert Ihnen im Navigationsfenster einen Erkennungsbericht.

2   Blättern Sie durch den Erkennungsbericht. Im Abschnitt »Ausgabehilfe« führt Acrobat auf, dass das Dokument keinen Alternativtext enthält. Wenn Sie mit Acrobat Pro arbeiten, können Sie den fehlenden Alternativtext mit dem TouchUp-Leserichtung-Werkzeug hinzufügen.

3   Klicken Sie auf die Schaltfläche »Tags«, um die Tags-Palette im Navigationsfenster einzublenden. (Falls Acrobat die Schaltfläche »Tags« nicht im Navigationsfenster anzeigt, wählen Sie **Anzeige: Ein-/Ausblenden: Navigationsfenster: Tags**.) Klicken Sie in der Tags-Palette auf den Pfeil neben »Tags«, um die von Acrobat in das Dokument eingefügten Tags anzuzeigen.

Acrobat kann die Struktur der meisten Seitenelemente erkennen und ihnen die entsprechenden Tags zuweisen. Seiten mit komplexen Layouts oder ungewöhnlichen Elementen werden jedoch nicht immer erfolgreich in getaggte PDF-Dokumente umgewandelt und müssen möglicherweise nachbearbeitet werden. Wenn Sie eine PDF-Datei in Acrobat mit Tags versehen, führt Acrobat die problembehafteten Dokumentseiten im Erkennungsbericht auf und liefert dabei auch Lösungsansätze mit.

Sie sollten diese Elemente in den PDF-Dokumenten überprüfen, um festzustellen, ob und gegebenenfalls welche Veränderungen getroffen werden müssen. Machen Sie die Problembereiche im Erkennungsbericht ausfindig und steuern Sie diese direkt mit einem Mausklick auf die jeweilige Verknüpfung an. In Acrobat Pro können Sie das Problem dann mit dem TouchUp-Leserichtung-Werkzeug korrigieren.

4 Wenn Sie mit Acrobat Standard arbeiten, schließen Sie das Dokument und überspringen Sie den folgenden Lektionsabschnitt.

▶ Tipp: Der Erkennungsbericht ist eine temporäre Datei und kann nicht gespeichert werden. Mit dem Befehl »Vollständige Prüfung« erstellt Acrobat einen Barrierefreiheitsbericht, der sich auch speichern lässt.

Alternativtext einfügen

Nicht aus Text bestehende Elemente Ihres Dokuments, beispielsweise Abbildungen und Multimedia-Elemente, werden von Bildschirmlesehilfen und der Sprachausgabefunktion nur erkannt, wenn sie mit Alternativtext versehen wurden. Dem Erkennungsbericht können Sie entnehmen, dass den Abbildungen ein Alternativtext fehlt. Sie fügen jetzt Alternativtext ein und schließen dazu zunächst die Tags-Palette.

1 Klicken Sie auf die Schaltfläche »Tags«, um die Tags-Palette zu schließen.

2 Klicken Sie in der Ein-/Ausgabehilfe-Palette auf »TouchUp-Leserichtung«. Acrobat ruft die TouchUp-Leserichtung-Palette auf.

▶ Tipp: Ist in der TouchUp-Leserichtung-Palette die Option »Tabellen und Abbildungen anzeigen« eingeschaltet, zeigt Acrobat den Alternativtext zusätzlich im Dokumentfenster an.

Sie können mit dieser Palette Tags erzeugen: Ziehen Sie ein Rechteck um einen Inhaltsbereich auf und klicken Sie dann auf den gewünschten zuzuweisenden Tag. Ziehen Sie zum Beispiel ein Rechteck um eine Überschrift auf und klicken Sie auf die Schaltfläche »Überschrift 1«, um diesen Tag zuzuweisen. Da Sie bereits Tags in dieses Dokument eingefügt haben, brauchen Sie die TouchUp-Leserichtung-Palette nicht mehr zu verwenden.

3   Klicken Sie mit der rechten Maustaste auf die Abbildung im Dokumentfenster und wählen Sie im Kontextmenü die Option »Alternativtext bearbeiten«.

4   Geben Sie im Dialogfenster »Alternativtext« in das Texteingabefeld **Figure shows Hand tool being used to drag the artboard across the Illustrator window** ein und klicken Sie auf OK.

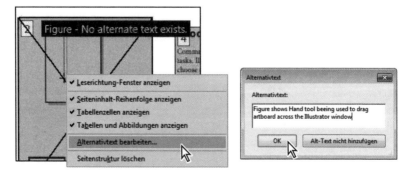

5   Klicken Sie auf »Schließen«, um die TouchUp-Leserichtung-Palette zu schließen.

6 Um Ihren Alternativtext zu prüfen, wählen Sie **Anzeige: Sprach-ausgabe: Sprachausgabe aktivieren** und dann **Anzeige: Sprach-ausgabe: Nur diese Seite lesen**. Sie hören Ihren Alternativtext. Um die Sprachausgabe anzuhalten, drücken Sie Strg+Umschalt+E (Windows) bzw. Befehl+Umschalt+E (Mac OS).

Acrobat liest den Alternativtext und den Bildtext vor. Soll nur der Alternativtext ausgegeben werden, fassen Sie die Abbildung und die Bildtextelemente in der TouchUp-Leserichtung-Palette zusammen.

7 Wählen Sie **Datei: Schließen**, um Ihre Arbeit ohne Speichern Ihrer Änderungen zu schließen.

Ausführliche Informationen zum Erstellen zugänglicher PDF-Dokumente finden Sie auf der Adobe-Website unter *http://www.adobe.com/de/accessibility/index.html*

Die Ein-/Ausgabehilfe-Funktionen von Acrobat

Viele Menschen mit Sehbehinderungen und Bewegungseinschränkungen verwenden Computer, und Acrobat bietet zahlreiche Funktionen, die diesen Anwendern die Nutzung von Adobe PDF-Dokumenten erleichtern. Zu diesen Funktionen gehören:

• Automatischer Bildlauf

• Tastaturbefehle

• Unterstützung von Bildschirmlesehilfen einschließlich der in den Windows- und Mac OS-Systemen vorhandenen Sprachausgabefunktionen

• Erweiterte und verbesserte Bildschirmbetrachtung

Der Setup-Assistent für Ein-/Ausgabehilfe

Sowohl Acrobat X als auch der Adobe Reader verfügen über einen Setup-Assistenten für Ein-/Ausgabehilfe, der automatisch startet, wenn zum ersten Mal eine Bildschirmlesehilfe, eine Vergrößerungssoftware oder eine andere Hilfstechnik auf Ihrem System verwendet wird. (Sie können den Assistenten auch jederzeit mit **Bearbeiten: Setup-Assistent für Ein-/Ausgabehilfe** aufrufen.) Der Assistent führt Sie durch die Einstellungen für die Bildschirmdarstellung von PDF-Dokumenten; außerdem können Sie hier Einstellungen für die Ausgabe auf einen Braille-Drucker vornehmen.

Eine umfassende Beschreibung der im Setup-Assistenten für Ein-/ Ausgabehilfe verfügbaren Optionen finden Sie in der Acrobat X-Hilfe. Welche Optionen verfügbar sind, hängt von der installierten Hilfstechnik ab, die Sie im Startfenster des Setup-Assistenten für Ein-/Ausgabehilfe angeben müssen:

- »Optionen für Bildschirmlesehilfen festlegen« wählen Sie, wenn Sie eine Hilfseinrichtung zum Vorlesen von Text und/oder die Ausgabe auf einen Braille-Drucker einsetzen.

- Wählen Sie »Optionen für Vergrößerungssoftware festlegen« für Hilfseinrichtungen, die die Textausgabe auf dem Bildschirm vergrößern.

- Wählen Sie »Alle Optionen für die Ein-/Ausgabehilfe festlegen«, wenn Sie mehrere dieser Hilfseinrichtungen benutzen.

- »Empfohlene Einstellungen verwenden und Setup überspringen« wählen Sie, um die von Adobe empfohlenen Einstellungen für Anwender mit Sehbehinderungen und Bewegungseinschränkungen zu benutzen. (Diese Einstellungen unterscheiden sich von den Standardeinstellungen in Acrobat für Anwender ohne Hilfseinrichtungen.)

Zusätzlich zu den Optionen, die Sie im Setup-Assistenten für Ein-/ Ausgabehilfe einstellen können, finden Sie zahlreiche Optionen in den Grundeinstellungen von Acrobat und dem Adobe Reader, mit denen Sie den automatischen Bildlauf, die Sprachausgabe und die Leserichtung anpassen können. Manche dieser Optionen sind eventuell auch dann nützlich, wenn Sie keine Hilfseinrichtungen auf Ihrem System installiert haben. So können Sie beispielsweise Ihre Multimedia-Voreinstellungen einrichten, um vorhandene Beschreibungen für Video- und Audioanhänge anzuzeigen.

Falls Sie den Setup-Assistenten für Ein-/Ausgabehilfe aufgerufen haben, klicken Sie auf »Abbrechen«, um das Dialogfenster ohne Änderungen zu verlassen.

Automatischer Bildlauf

Beim Lesen eines langen Dokuments erspart die Acrobat-Funktion »Automatischer Bildlauf« viele Tastatur- und Mausaktionen. Sie können die Bildlaufgeschwindigkeit steuern, vor- und zurückrollen und den automatischen Bildlauf mit einem einzigen Tastendruck wieder beenden.

Sie probieren den automatischen Bildlauf jetzt aus.

1   Wählen Sie **Datei: Öffnen** und öffnen Sie die Datei *Protocol.pdf*.
    Falls nötig passen Sie das Acrobat-Fenster jetzt bildschirmfüllend
    an und wählen Sie das Hand-Werkzeug (🖑).

2   Wählen Sie **Anzeige: Seitenanzeige: Automatischer Bildlauf**.

 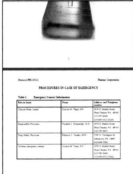 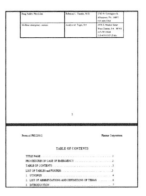

3   Mit den Zahlentasten bestimmen Sie die Bildlaufgeschwindigkeit.
    Je größer die Zahl, desto höher die Geschwindigkeit. Drücken Sie
    beispielsweise die 9 und dann die 1, um die Geschwindigkeiten
    zu vergleichen. Mit der Esc-Taste beenden Sie den automatischen
    Bildlauf wieder.

Tastaturbefehle

Eventuell müssen Sie erst Ihre allgemeinen Voreinstellungen
ändern, um Tastaturbefehle zu ermöglichen (siehe Lektion 2, »Der
Arbeitsbereich«).

Bei vielen Menübefehlen und Werkzeugen zeigt Acrobat rechts im
Menüeintrag den zugehörigen Tastaturbefehl bzw. die zugehörige
Zugriffstaste an. Eine Übersicht über die Tastaturbefehle finden Sie
in der Adobe Acrobat X-Hilfe.

Sie können Acrobat auch innerhalb von Microsoft Internet Explorer
unter Windows mit der Tastatur steuern. Ist der Webbrowser im
Vordergrund, verhalten sich alle Tastaturbefehle entsprechend den
Einstellungen für die Navigation und Auswahl im Webbrowser. Mit
dem gleichzeitigen Drücken der Tabulatortaste wechselt die Steue-
rung vom Browser zu Acrobat und dem PDF-Dokument, damit die
Navigations- und Befehlstasten dort wie gewohnt funktionieren. Mit
Strg + Tab wechseln Sie die Tastatursteuerung wieder vom PDF-
Dokument zurück zum Webbrowser.

Seitenhintergrundfarbe ändern

Jetzt probieren Sie eine andere Hintergrundfarbe aus. Diese Änderung wirkt sich nur auf die Bildschirmdarstellung auf Ihrem System aus; die geänderte Hintergrundfarbe wird weder beim Drucken noch beim Speichern des Dokuments zur Anzeige auf einem anderen System übertragen.

1 Wählen Sie **Bearbeiten: Voreinstellungen** (Windows) bzw. **Acrobat: Voreinstellungen** (Mac OS) und dann links im Fenster in der Kategorieliste »Ein-/Ausgabehilfe«.

2 Schalten Sie die Option »Dokumentfarben ersetzen« ein.

3 Wählen Sie die Option »Benutzerdefinierte Farbe«.

4 Klicken Sie auf das Farbfeld »Seitenhintergrund«, um den Farbwähler zu öffnen.

5 Sie können eine Farbe aus den vorhandenen Farben oder mit »Andere Farbe« eine benutzerdefinierte Farbe wählen. Wir haben ein helles Grau gewählt.

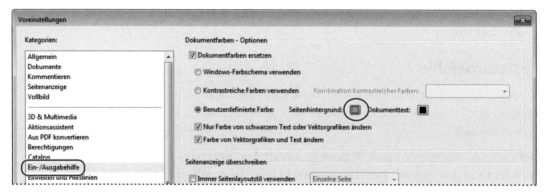

6 Klicken Sie auf OK, um die Änderungen zuzuweisen.

7 Sehen Sie sich die PDF-Datei in Acrobat an. Die Hintergrundfarbe hat sich in die von Ihnen gewählte Farbe geändert.

8 Wenn Sie fertig sind, können Sie die gewählte Seitenhintergrundfarbe beibehalten oder wieder Weiß einschalten.

In den Formular-Voreinstellungen können Sie bestimmen, dass die Farbe und die Hintergrundfarbe von Formularfeldern sich ändert, wenn Sie mit dem Mauszeiger darüberrollen. Die Hintergrundfarbe für bildschirmfüllende Präsentationen im Vollbildmodus ändern Sie in den Vollbild-Voreinstellungen. Die in der Rechtschreibung-Funktion genutzte Farbe zum Unterstreichen fehlerhafter Eingaben bestimmen Sie in den Rechtschreibung-Voreinstellungen.

Text glätten

Acrobat ermöglicht das Glätten von Text, Bildern und Vektor-
grafiken, um insbesondere die Lesbarkeit großer Schriften am
Bildschirm zu verbessern. Wenn Sie mit einem Laptop oder einem
LCD-Bildschirm arbeiten, können Sie in den Seitenanzeige-Vorein-
stellungen außerdem die Option »Text glätten« festlegen, um Ihre
Bildschirmanzeige zu optimieren.

Lesezeichen-Text vergrößern

Sie können die Textgröße der Lesezeicheneinträge in der Lesezeichen-Palette ändern.

1   Klicken Sie auf die Lesezeichen-Schaltfläche, um die Lesezeichen-
    Palette einzublenden (falls sie nicht bereits geöffnet ist).

2   Wählen Sie in der Lesezeichen-Palette im Einblendmenü »Optio-
    nen« **Textgröße: Groß**.

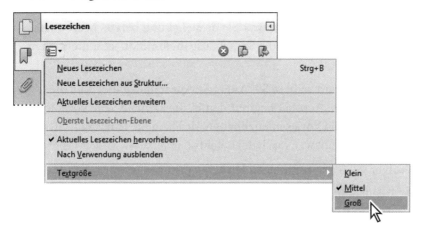

3   Setzen Sie die Lesezeichentextgröße wieder auf »Mittel« zurück.

Sie sollten mit den Optionen für die Bildschirmanzeige und die übrigen Hilfseinrichtungen experimentieren, um die beste Einstellung für
Ihre Anforderungen zu ermitteln.

4   Wenn Sie fertig sind, wählen Sie **Datei: Schließen**. Sie brauchen
    Ihre Einstellungen nicht zu sichern.

Voreinstellungen für Bildschirmlesegeräte und Sprachausgabe

Nachdem Sie Ihre Bildschirmlesehilfe oder eine ähnliche Einrich-
tung installiert und für die Zusammenarbeit mit Acrobat eingerichtet haben, können Sie sich die Lesen-Voreinstellungen in Acrobat

vornehmen. Diese Einstellungen nehmen Sie im selben Fenster vor, in dem Sie die Voreinstellungen für die Sprachausgabefunktion festlegen, die die Lautstärke, Tonhöhe und Geschwindigkeit sowie die Stimme und die Leserichtung bestimmen.

Neuere Systeme (Windows und Mac OS) verfügen bereits über Sprachausgabemodule. Auch wenn die Sprachausgabefunktion den Text einer PDF-Datei vorlesen kann, handelt es sich dabei nicht um ein Bildschirmlesegerät. Nicht alle Systeme unterstützen die Sprachausgabefunktion.

In diesem Abschnitt beschäftigen Sie sich mit den Einstellungen für die Sprachausgabe von Adobe PDF-Dokumenten. Wenn auf Ihrem System keine Sprachausgabefunktion vorhanden ist, brauchen Sie diese Voreinstellungen nicht vorzunehmen.

1   Wählen Sie **Datei: Öffnen** und öffnen Sie die Datei *Tag_Wines.pdf.*

2   Wenn Ihr System über eine Sprachausgabefunktion verfügt, wählen Sie **Anzeige: Sprachausgabe: Sprachausgabe aktivieren**. (Je nachdem, wie weit Sie diese Lektion bereits bearbeitet haben, brauchen Sie die Sprachausgabefunktion jetzt nicht mehr einzuschalten.)

3   Anschließend wählen Sie **Anzeige: Sprachausgabe: Nur diese Seite lesen**. Acrobat beginnt damit, die aktuelle Seite vorzulesen. Um das Vorlesen anzuhalten, drücken Sie Umschalt+Strg+E (Windows) bzw. Umschalt+Befehl+E (Mac OS).

Probieren Sie die nachfolgenden Leseoptionen aus.

4   Wählen Sie **Bearbeiten: Voreinstellungen** (Windows) bzw. **Acrobat: Voreinstellungen** (Mac OS) und wählen Sie links im Fenster »Lesen«. Wenn Sie möchten, experimentieren Sie mit den Einstellungen.

Hier können Sie die Lautstärke, die Tonhöhe, die Geschwindigkeit und die Stimme wählen, die Acrobat für das Vorlesen verwenden soll. Die Tonhöhe und die Geschwindigkeit der Standardstimme lässt sich nicht ändern.

Steht Ihnen auf Ihrem System nur wenig Arbeitsspeicher zur Verfügung, sollten Sie die Anzahl der Seiten verringern, die das System aufbereitet, bevor es mit dem Vorlesen beginnt. Der Standardwert beträgt 50 Seiten.

5   Klicken Sie im Dialogfenster »Voreinstellungen« auf OK, um Änderungen zu übernehmen, oder klicken Sie auf »Abbrechen«, um es ohne Änderungen zu verlassen.

6 Um Ihre Einstellungen zu prüfen, wählen Sie **Anzeige: Sprach-ausgabe: Nur diese Seite lesen**.

7 Um das Vorlesen zu beenden, drücken Sie Strg+Umschalt+E (Windows) bzw. Befehl+Umschalt+E (Mac OS).

PDF-Dateien freigeben

Um ein PDF-Dokument für andere freizugeben, können Sie es auf einer Website veröffentlichen, auf eine CD oder DVD brennen oder als E-Mail-Anhang versenden. Acrobat erleichtert die Freigabe von PDF-Dokumenten durch Adobe SendNow Online und durch Anhängen des Dokuments an eine E-Mail-Nachricht.

Mit Adobe SendNow Online können Sie Acrobat veranlassen, Dokumente auf den kostenlosen und sicheren Webservice *Acrobat.com* hochzuladen. Den von Ihnen festgelegten Empfängern wird eine entsprechende E-Mail mit dem Link zur freigegebenen Datei zugestellt, damit diese sie online lesen und/oder herunterladen können. Um Dateien auf Acrobat.com hochladen zu können, benötigen Sie eine kostenlose Adobe ID.

1 Die Datei *Protocol.pdf* ist noch geöffnet; klicken Sie oben rechts im Anwendungsfenster auf die Schaltfläche »Freigeben«, um das Freigeben-Fenster einzublenden.

2 Wählen Sie im Freigeben-Fenster die Option »Adobe SendNow Online verwenden«. Acrobat wählt das aktive Dokument automatisch aus.

Um eine andere Datei hochzuladen, löschen Sie den Dateinamen im Textfeld, klicken auf »Datei hinzufügen«, wählen die für die Freigabe vorgesehene Datei und klicken auf »Öffnen« (Windows) bzw. »Hinzufügen« (Mac OS).

3 Geben Sie die E-Mail-Adressen der Empfänger ein, die Sie über das Dokument informieren möchten, und trennen Sie die Adressen mit Semikolons oder durch Drücken der Eingabetaste. Geben Sie für diese Übung Ihre eigene E-Mail-Adresse ein.

4 Geben Sie einen Betreff sowie eine kurze Nachricht ein und klicken Sie auf »Link senden«.

5 Wenn Acrobat Sie dazu auffordert, melden Sie sich mit Ihrer Adobe ID und Ihrem Passwort an. Falls Sie noch keine Adobe ID besitzen, befolgen Sie die Anweisungen auf dem Bildschirm, um sich bei Adobe zu registrieren.

Acrobat lädt das Dokument hoch und versendet anschließend eine E-Mail-Nachricht mit einem Link auf die hochgeladene Datei an die Adressaten.

Um eine PDF-Datei als E-Mail-Anhang zu versenden, wählen Sie im Freigeben-Fenster die Option »An E-Mail anhängen«, fügen die gewünschte PDF-Datei hinzu und klicken auf »Anhängen«. Acrobat öffnet automatisch Ihr E-Mail-Programm und hängt das Dokument an eine neue leere E-Mail-Nachricht.

6 Schließen Sie alle geöffneten Dokumente und beenden Sie Acrobat.

Fragen

1 Nennen Sie vier Möglichkeiten, um auf eine andere Seite zu gelangen.

2 Nennen Sie drei Möglichkeiten, um die Anzeigevergrößerung zu ändern.

3 Wie prüfen Sie, ob eine Datei barrierefrei zugänglich ist?

4 Wie drucken Sie nicht fortlaufende Seiten in Acrobat?

Antworten

1 Klicken Sie in der Seitennavigation-Werkzeugleiste auf die Schaltflächen »Vorherige Seite« oder »Nächste Seite«; ziehen Sie den Rollbalken in der Bildlaufleiste; markieren Sie das Seitenfeld in der Seitennavigation-Werkzeugleiste und geben Sie eine Seitenzahl ein; oder klicken Sie auf ein Lesezeichen, eine Miniaturseite oder eine Verknüpfung, die Sie auf eine andere Seite springen lässt.

2 Wählen Sie **Anzeige: Zoom: Originalgröße, Fenstergröße** oder **Fensterbreite**; ziehen Sie einen Auswahlrahmen mit dem Zoom-Auswahlrahmen-Werkzeug auf; wählen Sie einen der voreingestellten Werte im Vergrößerung-Menü in der Werkzeugleiste für allgemeine Werkzeuge; oder markieren Sie den Wert im Vergrößerung-Feld und geben Sie eine Prozentzahl ein.

3 Wählen Sie »Schnellprüfung« in der Ein-/Ausgabehilfe-Palette, um zu prüfen, ob die Inhalte einer PDF-Datei barrierefrei zugänglich sind.

4 Um nicht fortlaufende Seiten in Acrobat zu drucken, markieren Sie entweder die gewünschten Seitenminiaturen mit gedrückter Strg-Taste (Windows) bzw. Befehlstaste (Mac OS) und wählen dann **Datei: Drucken** oder wählen Sie im Drucken-Dialogfenster die Option »Seiten« und geben dann die gewünschten Seitenzahlen oder -bereiche durch Kommas getrennt ein.

5 MICROSOFT OFFICE-DATEIEN KONVERTIEREN (WINDOWS)

Überblick

In dieser Lektion lernen Sie Folgendes:

- Eine Microsoft Word-Datei in Adobe PDF konvertieren
- Word-Überschriften und -Formate in Adobe PDF-Lesezeichen und Word-Kommentare in PDF-Notizen konvertieren
- Die Adobe PDF-Konvertierungseinstellungen ändern
- Eine Microsoft PowerPoint-Präsentation in Adobe PDF konvertieren
- Eine Microsoft Excel-Datei konvertieren und zur Überprüfung versenden
- PDF-Dateien als Word-Dokumente speichern
- PDF-Tabellen in Excel-Tabellenblätter kopieren

 Für diese Lektion benötigen Sie ungefähr 45 Minuten. Falls nötig, kopieren Sie jetzt den Ordner *Lektion05* auf Ihre Festplatte.

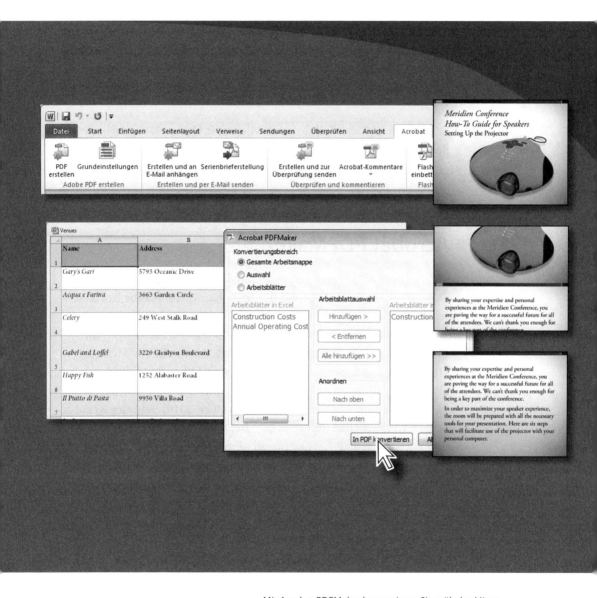

Mit Acrobat PDFMaker konvertieren Sie mühelos Micro-
soft Office-Dokumente in PDF. Und mit Acrobat X gehen
Sie den umgekehrten Weg – indem Sie PDF-Dateien als
Word-Dokumente speichern und Tabellen aus PDF-
Dateien in Excel-Arbeitsmappen übertragen.

Vorbereitungen

Diese Lektion richtet sich an Windows-Anwender, die Microsoft Office-Anwendungen – Microsoft Word, Microsoft PowerPoint und/oder Microsoft Excel – auf ihren Rechnern installiert haben. Sie können diese Lektion nicht durcharbeiten, ohne nicht mindestens eine dieser Microsoft-Anwendungen installiert zu haben. Falls Sie nicht mit Microsoft Office-Anwendungen arbeiten, sollten Sie diese Lektion überspringen. Welche Microsoft Office-Versionen unterstützt werden, können Sie auf der Adobe-Website (*www.adobe.de*) erfahren.

Wir haben in dieser Lektion mit Microsoft Office 2010 gearbeitet; die Schritte sind allerdings identisch mit denen in Microsoft Office 2007.

Informationen zum Konvertieren von Outlook-Dateien in PDF finden Sie in Lektion 3.

Acrobat PDFMaker

Mit Acrobat PDFMaker konvertieren Sie mühelos Microsoft Office-Dokumente in PDF. Während der Installation von Adobe Acrobat wird Acrobat PDFMaker automatisch für alle auf dem System vorhandenen Microsoft Office-Anwendungen mit installiert; mit PDFMaker erzeugen Sie Adobe PDF-Dateien direkt aus Microsoft Office-Anwendungen heraus. In Microsoft Office 2007- und 2010-Anwendungen erreichen Sie die Optionen zum Erzeugen von PDF-Dateien im Acrobat-Menüband (Office 2010) bzw. der Acrobat-Multifunktionsleiste (Office 2007). Bei früheren Office-Versionen fügt Adobe Acrobat bei der Installation in die Microsoft-Symbolleiste automatisch »In Adobe PDF konvertieren«-Schaltflächen und in die Menüleiste ein Adobe PDF-Menü ein. Mit diesem Menü und den Schaltflächen können Sie die Konvertierungseinstellungen für die Adobe PDF-Dateien vornehmen, Ihre PDF-Dateien per E-Mail verschicken und eine Vorabüberprüfung der per E-Mail zu versendenden PDF-Datei veranlassen, ohne dazu erst Ihre Microsoft Office-Anwendung verlassen zu müssen. Acrobat PDFMaker kann außerdem die Original-Office-Datei an die PDF-Datei anhängen.

PDF-Dateien, die mit PDFMaker erstellt wurden, haben meistens einen deutlich geringeren Speicherbedarf als ihre Quelldateien (mit Ausnahme von umfangreichen Excel-Dateien). Außerdem können Sie aus jeder Office-Datei eine PDF/A-kompatible Datei erzeugen.

(Allerdings bietet PDFMaker keine PDF/A-Unterstützung für
Microsoft Publisher.)

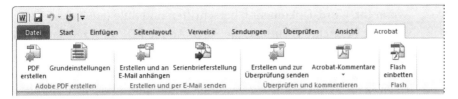

Falls in Office 2007- und 2010-Anwendungen nicht die Acrobat-
Multifunktionsleiste zur Verfügung steht, wählen Sie im Dialog-
fenster »Optionen« »Zusätze« und dann »Acrobat PDFMaker Office
COM Addin«. In Office 2003 (und früher) wählen Sie im Menü
»?« die Option »Info« und klicken unten im Dialogfenster auf die
Schaltfläche »Deaktivierte Elemente«. Wählen Sie »Adobe PDF« in
der Liste und klicken Sie auf »Aktivieren«. Schließen Sie danach Ihre
Microsoft-Anwendung und starten Sie sie neu.

Acrobat installiert in den Programmen Word, PowerPoint und
Excel im Wesentlichen die gleichen Schaltflächen und Befehle.
Allerdings gibt es ein paar anwendungsbezogene Unterschiede in der
Schnittstelle Acrobat/Office.

Microsoft Word-Dateien in Adobe PDF konvertieren

Word ist eine weit verbreitete Textverarbeitung, mit der sich die
unterschiedlichsten Dokumente erzeugen lassen. Um Dokumente
besser lesbar zu machen, verwenden Word-Anwender häufig
Formatvorlagen, mit denen sie Überschriften und Hyperlinks erstellen. Beim Korrekturlesen lassen sich außerdem Word-Kommentare
einfügen. Bei der Konvertierung eines Word-Dokuments in ein
Adobe PDF-Dokument können Sie Word-Formate und -Überschrif-
ten in Acrobat-Lesezeichen und Word-Kommentare in Acrobat-
Notizen konvertieren. Hyperlinks Ihres Word-Dokuments bleiben
dabei erhalten. Ihre Adobe PDF-Datei sieht genau so aus wie Ihre
Word-Datei, sie behält die gleiche Funktionsvielfalt bei und lässt sich
darüber hinaus von Anwendern unter allen Betriebssystemen öffnen,
unabhängig davon, ob sie Word besitzen oder nicht. (Aus Word-
Dateien erstellte PDF-Dateien sind mit Tags versehen, so dass ihr
Inhalt besser zugänglich und so noch besser weiterverwendbar wird.)

Word-Überschriften und -Stile in PDF-Lesezeichen konvertieren

Wenn Ihr Word-Dokument Überschriften und Stile (auch als Formate bezeichnet) enthält, die Sie in Adobe PDF-Lesezeichen konvertieren möchten, müssen Sie diese Überschriften und Formate im Dialogfenster »Acrobat PDFMaker« angeben. (Die Word-Stile *Überschrift 1* bis *Überschrift 9* werden automatisch konvertiert und behalten ihre Ebenen-Hierarchie bei.) Sie konvertieren als Nächstes ein mit benutzerdefinierten Stilen versehenes Arbeitsdokument und sorgen beim Erstellen der Adobe PDF-Datei dafür, dass die verwendeten Stile in verknüpfte Lesezeichen konvertiert werden.

1 Starten Sie Microsoft Word.

2 Wählen Sie in Word **Datei: Öffnen**, navigieren Sie zum Ordner *Lektion05*, wählen Sie die Datei *SOW draft.doc* und klicken Sie auf »Öffnen«. Wählen Sie **Datei: Speichern unter**, geben Sie der Datei den neuen Namen **SOW draft_final.doc** und speichern Sie sie im Ordner *Lektion05*.

Als Erstes ändern Sie die PDF-Einstellungen, um aus den im Dokument verwendeten Stilen Lesezeichen zu erzeugen.

3 In Word 2007 oder 2010 klicken Sie in der Acrobat-Multi-funktionsleiste auf »Grundeinstellungen« (Office 2010) bzw. »Voreinstellungen« (Office 2007). In früheren Word-Versionen wählen Sie in der Word-Menüleiste **Adobe PDF: Konvertierungseinstellungen ändern**.

Im Dialogfenster »Acrobat PDFMaker« bestimmen Sie die Einstellungen für die Konvertierung Ihrer Microsoft-Anwendungsdateien in Adobe PDF-Dateien. Die dort verfügbaren Registerkarten variieren je nach verwendeter Microsoft Office-Anwendung. Da Sie im Augenblick Microsoft Word nutzen, sind im Dialogfenster »Acrobat PDFMaker« die Register »Word« und »Lesezeichen« sichtbar.

4 Klicken Sie auf das Register »Lesezeichen«, um dort zu bestimmen, aus welchen Stilen Lesezeichen erzeugt werden sollen.

5 Rollen Sie in der Liste mit Lesezeichen und Stilen nach unten und schalten Sie die Kontrollkästchen der folgenden Stile ein, so dass

Word jeweils ein Kreuz darin anzeigt: *Second Level*, *third Level*, *Titel* und *Top level*. Mit diesen Stilen sollen Lesezeichen erstellt werden.

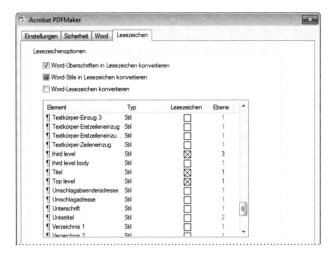

Ein Kreuz im Kontrollkästchen eines Stils zeigt an, dass PDFMaker für diesen Stil bzw. dieses Format ein Lesezeichen erzeugt. Die Ebene für *Titel* und *Top level* ist automatisch auf 1 gesetzt, *Second Level* auf 2 und *third Level* auf 3. Dies sind die hierarchischen Ebenen der PDF-Lesezeichen. Um eine Ebeneneinstellung zu ändern, klicken Sie auf die entsprechende Ebenenzahl und wählen Sie im Einblendmenü eine neue Ebene.

Einstellungen, die Sie hier in der Registerkarte »Lesezeichen« vornehmen, wirken sich ausschließlich auf die Konvertierung von Word-Dokumenten aus.

Word-Kommentare in PDF-Notizen konvertieren

Auch in Ihrem Word-Dokument vorhandene Kommentare bleiben bei der Konvertierung in Adobe PDF erhalten. Sie können sie in PDF-Notizen konvertieren. Dieses Dokument enthält drei Kommentare, die auch in der PDF-Datei verfügbar sein sollen.

1 Klicken Sie im Dialogfenster »Acrobat PDFMaker« auf das Register »Word« und wählen Sie »Angezeigte Kommentare im PDF-Dokument in Notzen konvertieren«.

Acrobat zeigt im Abschnitt »Kommentare« Informationen zu den einzuschließenden Kommentaren. Vergewissern Sie sich, dass die entsprechenden Kontrollkästchen in der Spalte »Einschließen« eingeschaltet sind.

2 Um die Farbe der Notiz im Adobe PDF-Dokument zu ändern, klicken Sie so oft auf das Symbol in der Spalte »Farbe«, bis es die gewünschte Farbe aufweist. Wir haben uns für Blau entschieden.

3 Damit sich die Notiz automatisch im PDF-Dokument öffnet, klicken Sie in der Spalte »Notizen geöffnet« auf das entsprechende Kontrollkästchen. Sie können die Notiz später immer noch im PDF-Dokument schließen.

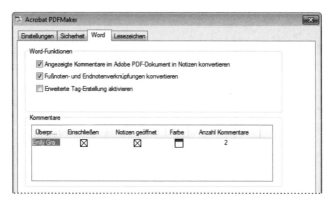

Einstellungen, die Sie in der Registerkarte »Word« vornehmen, wirken sich ausschließlich auf die Konvertierung von Word-Dokumenten aus.

Konvertierungseinstellungen festlegen

Acrobat PDFMaker fügt in jede Office-Anwendung das Register »Einstellungen« ein, in dem Sie die Konvertierungseinstellungen für das Erstellen der PDF-Datei bestimmen können. In den meisten Fällen erzielen Sie mit den vorhandenen Einstellungsdateien (auch als Grundeinstellungen bezeichnet) recht gute Ergebnisse. Wenn Sie die Konvertierungseinstellungen trotzdem einmal anpassen müssen, klicken Sie auf »Erweiterte Einstellungen« und nehmen Sie die entsprechenden Änderungen für Ihre Datei vor.

Sie konvertieren dieses Dokument nun mit der Standardeinstellungsdatei.

1 Klicken Sie auf das Register »Einstellungen«.

2 Wählen Sie im Einblendmenü »Konvertierungseinstellungen« die Option »Standard«.

3 Achten Sie darauf, dass die Option »Adobe PDF-Ergebnis anzeigen« eingeschaltet ist. Damit startet Acrobat nach der Konvertierung automatisch und zeigt die erzeugte Adobe PDF-Datei an.

4 Achten Sie außerdem darauf, dass die Option »Lesezeichen erstellen« eingeschaltet ist.

5 Achten Sie schließlich darauf, dass die Option »Ein-/Ausgabehilfe und Umfließen durch Erstellen von Adobe PDF mit Tags aktivieren« eingeschaltet (mit einem Häkchen versehen) ist. Dadurch machen Sie Ihre Dateien besser zugänglich.

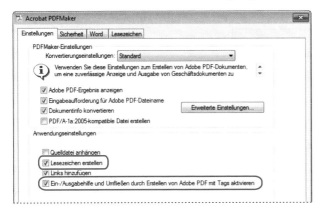

Weitere Informationen über barrierefrei zugängliche PDF-Dateien finden Sie in Lektion 4, »PDF-Dateien lesen und bearbeiten«.

6 Schalten Sie die Option »Quelldatei anhängen« in diesem Dialogfenster ein, um das Word-Dokument an die PDF-Datei anzuhängen. Diese Option ist sinnvoll, wenn der Betrachter für die Bearbeitung Zugriff auf die Originaldatei erhalten soll.

7 Klicken Sie auf OK, um Ihre Einstellungen zuzuweisen.

8 Wählen Sie **Datei: Speichern**, um Ihre bisherige Arbeit zu sichern.

● **Hinweis:** Adobe PDFMaker verwendet diese Konvertierungseinstellungen für die Konvertierung von Word-Dokumenten, bis Sie sie ändern.

Ihre Word-Datei konvertieren

Nachdem die Einstellungen für die Konvertierung festgelegt wurden, können Sie nun Ihre Word-Datei in Adobe PDF konvertieren.

1 In Word 2007 oder 2010 klicken Sie in der Acrobat-Multifunktionsleiste auf die Schaltfläche »PDF erstellen« (📇).
In früheren Word-Versionen klicken Sie in der Acrobat PDFMaker-Werkzeugleiste auf die Schaltfläche »In Adobe PDF konvertieren« (📩).

2 Geben Sie der Datei im Dialogfenster »Adobe PDF-Datei speichern unter« den Namen **SOWdraft.pdf** und speichern Sie sie im Ordner *Lektion05*.

Acrobat PDFMaker konvertiert Ihre Datei nun in Adobe PDF und zeigt den Konvertierungsstatus gleichzeitig im Informationsfenster »Acrobat PDFMaker« an.

Da Sie die Option »Adobe PDF-Ergebnis anzeigen« eingeschaltet haben, zeigt Acrobat Ihre konvertierte Datei automatisch an. Die Word-Kommentare wurden in geöffnete Adobe PDF-Notizen konvertiert.

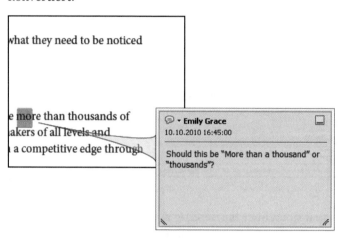

▶ **Tipp:** In Acrobat X können Sie Überschriften und Fußnoten aus Office 2007- und 2010-Dateien in PDF-Dateien bearbeiten.

3   Eventuell müssen Sie im Dokument nach unten rollen, um die erste Notiz sehen zu können. Wenn Sie sie gelesen haben, schließen Sie sie durch Klicken auf ihr Schließfeld.

4   Klicken Sie im Navigationsfenster auf die Schaltfläche »Lesezeichen« (🔖) und sehen Sie sich die automatisch erzeugten Lesezeichen an.

Wenn Sie in Acrobat X im Navigationsfenster Ihrer PDF-Datei auf ein Lesezeichen klicken, leitet die Verknüpfung Sie direkt zur entsprechenden Überschrift und nicht an den Anfang der Seite, auf der diese Überschrift zu finden ist.

5   Klicken Sie im Navigationsfenster auf die Schaltfläche »Anlagen« (📎), um zu prüfen, ob PDFMaker die Original-Word-Datei angehängt hat.

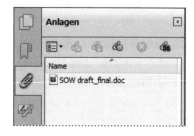

6 Wenn Sie mit dem Betrachten der Datei fertig sind, schließen Sie sie.

7 Wählen Sie **Datei: Beenden**, um Acrobat zu beenden.

8 Beenden Sie Microsoft Word.

▶ **Tipp:** Wenn Sie Ihre Microsoft Office-Datei mit den gegenwärtigen PDFMaker-Konvertierungseinstellungen in Adobe PDF konvertieren möchten, ziehen Sie die Office-Datei auf das Acrobat X-Symbol auf Ihrem Schreibtisch oder in ein leeres Dokumentfenster im Acrobat-Arbeitsbereich.

PDF-Dateien anhand von Word-Vorlagen für den Seriendruck erstellen

Mit Word-Vorlagen für den Seriendruck können Sie Serienbriefdokumente erstellen, die dann mit Informationen wie den Namen und Adressen der Empfänger personalisiert werden. Mit Acrobat PDFMaker können Sie über eine Word-Vorlage für den Seriendruck und einer entsprechenden Datendatei den Seriendruck direkt in ein PDF-Dokument umleiten und so Zeit sparen. Darüber hinaus besteht die Möglichkeit, PDFMaker so zu konfigurieren, dass diese PDFs an E-Mail-Nachrichten, die bei der PDF-Erstellung generiert werden, angehängt werden. Klicken Sie auf die Schaltfläche »Seriendruck« in der Acrobat-Multifunktionsleiste, um den Vorgang zu starten. Weitere Informationen finden Sie in der Adobe Acrobat X-Hilfe.

Excel-Dokumente konvertieren und Überprüfung beginnen

Beim Konvertieren von Excel-Dokumenten in PDF können Sie mühelos die zu übernehmenden Arbeitsblätter wählen und anordnen sowie alle Verknüpfungen beibehalten und Lesezeichen erzeugen.

Als Nächstes erzeugen Sie eine PDF-Datei aus einem Excel-Dokument und beginnen einen formalen Überprüfungsvorgang, indem Sie die PDF-Datei per E-Mail an ausgewählte Korrektoren schicken. Über den Sendevorgang per E-Mail hinaus bietet Acrobat umfangreiche Datei- und Kommentarverwaltungswerkzeuge zur Erleichterung der Überprüfung.

Eine vollständige Arbeitsmappe konvertieren

Sie können bestimmen, ob eine vollständige Arbeitsmappe, ausgewählte Arbeitsblätter oder ein Arbeitsblatt konvertiert werden soll. In dieser Übung konvertieren Sie die gesamte Arbeitsmappe.

1   Starten Sie Microsoft Excel.

2   Wählen Sie **Datei: Öffnen**, navigieren Sie zum Ordner *Lektion05*, wählen Sie die Datei *Financial2008.xls* und klicken Sie auf »Öffnen«. Wählen Sie anschließend **Datei: Speichern unter**, geben Sie der Datei den neuen Namen **Financial2008_final.xls** und speichern Sie sie im Ordner *Lektion05*.

Diese Excel-Datei enthält zwei Arbeitsblätter, von denen das erste Konstruktions- und das zweite Betriebskostenkalkulationen auflistet. Diese beiden Tabellen sollen konvertiert und in die PDF-Datei aufgenommen werden. Dazu ändern Sie zunächst die PDF-Konvertierungseinstellungen.

 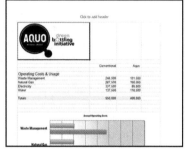

3   Klicken Sie in der Acrobat-Multifunktionsleiste auf »Grundeinstellungen«. Wenn Sie mit Excel 2003 oder einer früheren Version arbeiten, wählen Sie **Adobe PDF: Konvertierungseinstellungen ändern**.

4   Da Sie die PDF-Datei per E-Mail versenden wollen, wählen Sie im Dialogfenster »Acrobat PDFMaker« in der Registerkarte »Einstellungen« im Menü »Konvertierungseinstellungen« den Eintrag »Kleinste Dateigröße«.

5   Wählen Sie die Option »Arbeitsblatt auf die Größe einer einzigen Seite anpassen«.

6   Achten Sie darauf, dass die Option »Ein-/Ausgabehilfe und Umfließen durch Erstellen von Adobe PDF mit Tags aktivieren« eingeschaltet ist. Mit Tags versehene PDF-Dateien ermöglichen das mühelose Kopieren von Tabellendaten aus PDF-Dateien zurück in Tabellenkalkulationsanwendungen. Außerdem sind mit Tags versehene PDF-Dateien leichter zugänglich.

7   Schalten Sie die Option »Aufforderung zur Auswahl von Excel-Arbeitsblättern« ein, um zu Beginn der Dateikonvertierung ein

Dialogfenster einzublenden, in dem Sie festlegen können, welche Arbeitsblätter in welcher Reihenfolge eingefügt werden sollen.

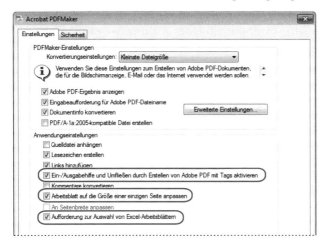

PDFMaker verwendet diese Einstellungen für die Konvertierung von Excel-Dokumenten so lange, bis Sie sie ändern.

8 Klicken Sie auf OK, um Ihre Einstellungen zu übernehmen.

In Acrobat X können Sie ein großes Arbeitsblatt in eine PDF-Datei konvertieren, die eine Seite breit und mehrere Seiten lang ist. In der Registerkarte »Einstellungen« im Dialogfenster »Acrobat PDFMaker« passen Sie mit der Option »Arbeitsblatt auf die Größe einer einzigen Seite anpassen« die Größe eines einzelnen Arbeitsblattes so an, dass alle Einträge eines Arbeitsblattes auf einer Seite im PDF-Dokument angezeigt werden. Mit der Option »An Seitenbreite anpassen« passen Sie die Breite der einzelnen Arbeitsblätter so an, dass alle Spalten eines Arbeitsblattes auf einer Seite im PDF-Dokument angezeigt werden.

Eine E-Mail-basierte Überprüfung beginnen

Über die Schaltfläche »Erstellen und zur Überprüfung senden« in der Acrobat-Multifunktionsleiste (Excel 2007 und 2010) bzw. die Schaltfläche »In Adobe PDF konvertieren und zur Überprüfung senden« in früheren Office-Versionen können Sie eine Datei zur Überprüfung per E-Mail versenden. Der Empfänger erhält eine E-Mail mit Anweisungen zur Teilnahme an der Überprüfung und zum Hinzufügen und Zurücksenden von Kommentaren über den Acrobat.com-Service.

Außerdem können Sie das Überprüfungsprotokoll verwenden, um weitere Korrektoren in den Überprüfungsvorgang einzubinden oder um Erinnerungsnachrichten an Korrektoren zu senden. Und Sie können auch Anwender am Überprüfungsvorgang teilhaben lassen, die nur über den Adobe Reader verfügen. Weitere Informationen zur Verwendung von Acrobat in Überprüfungs- und Kommentierungsvorgängen finden Sie in Lektion 9, »Acrobat in der Dokumentüberprüfung«.

1 In Excel 2007 oder 2010 klicken Sie in der Acrobat-Multifunktionsleiste auf die Schaltfläche »Erstellen und zur Überprüfung senden« (🗐). In Office 2003 oder früheren Versionen wählen Sie **Adobe PDF: In Adobe PDF konvertieren und zur Überprüfung senden**.

2 Im Dialogfenster »Acrobat PDFMaker« wählen Sie »Gesamte Arbeitsmappe«.

In diesem Dialogfenster legen Sie fest, welche Materialien oder Arbeitsblätter konvertiert werden sollen.

3 Klicken Sie auf »In PDF konvertieren«.

4 Klicken Sie im Dialogfenster »Adobe PDF-Datei speichern unter« auf »Speichern«, um die Datei unter **Financial2008_final.pdf** im Ordner *Lektion05* zu sichern.

Acrobat ruft das Dialogfenster »Zur gemeinsamen Überprüfung senden« auf, das Sie durch den weiteren Ablauf führen soll.

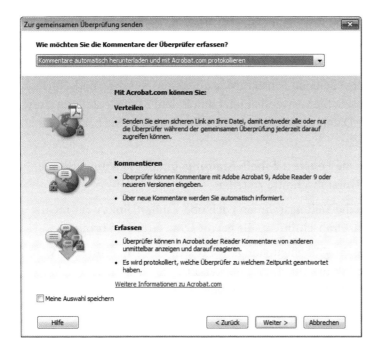

5 Wählen Sie im Einblendmenü, ob Acrobat.com oder Ihr interner
   Server für den Überprüfungsvorgang verwendet werden soll, und
   klicken Sie auf »Weiter«.

Die nachfolgenden Schritte hängen davon ab, wie Sie die Daten von
Ihren Korrektoren erfassen.

6 Wenn Sie die Schritte im Assistenten ausgeführt und Ihre Datei
   per E-Mail verschickt haben, schließen Sie die PDF-Datei und
   beenden Sie Microsoft Excel.

Auch wenn Sie diese Schritte allein mit mehreren eigenen E-Mail-
Adressen ausführen könnten, lässt sich die E-Mail-Überprüfung
nicht sinnvoll ohne die Hilfe von mindestens einem weiteren
Teilnehmer durchführen. Wir empfehlen Ihnen, diese Funktion mit
einer Dokumentüberprüfung durch Kollegen zu üben.

Die Ansicht »Tabellenteilung«

Beim Arbeiten mit Tabellen wäre es oft praktisch, wenn die Spalten-
und Zeilenbeschriftungen auch beim Blättern durch Spalten und
Zeilen sichtbar sind. Mit dem Befehl »Tabellenteilung« in Acrobat ist
genau das möglich.

1 Wählen Sie in Acrobat **Datei: Öffnen**, navigieren Sie zum Ordner *Lektion05* und öffnen Sie die Datei *GE_Schedule.pdf*.

Dieser Ablaufplan lässt sich mit seiner kleinen Schrift in der Ansicht »Vollständige Seite an Fenstergröße anpassen« auf dem Bildschirm schlecht lesen. Sie verwenden jetzt den Befehl »Tabellenteilung«, um sich einige Daten genauer anzusehen. Dazu ändern Sie zuerst die Seitenansicht.

2 Wählen Sie **Fenster: Tabellenteilung**, um das Dokumentfenster in vier Unterabschnitte zu teilen.

Ziehen Sie die Teilungsrahmen nach oben, unten, links oder rechts, um die Fensterabschnitte in die gewünschte Größe zu bringen.

In der Ansicht »Tabellenteilung« wirkt sich eine Änderung des Vergrößerungsfaktors auf alle Teilfenster aus. (In der Ansicht »Teilung« können Sie dagegen in jedem der beiden Fensterabschnitte unterschiedliche Vergrößerungen einstellen.)

3 Ziehen Sie den senkrechten Teilungsrahmen nach links, bis die Kategorien das linke Teilfenster ausfüllen.

4 Ziehen Sie den waagerechten Teilungsrahmen nach oben, bis er sich unmittelbar unterhalb der Spaltenüberschriften befindet.

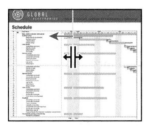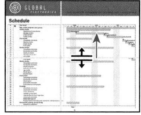

5 Richten Sie die Teilungsrahmen an den Spaltenüberschriften und Zeilenbeschriftungen aus.
Mit dem senkrechten Rollbalken können Sie nach unten durch die Kategorien blättern. Da die Spaltenüberschriften sichtbar bleiben, lässt sich der Ablaufplan mühelos für jede Aufgabe auswerten.

6 Wenn Sie damit fertig sind, wählen Sie **Datei: Schließen**, um die Datei *GE_Schedule.pdf* ohne Speichern der Änderungen zu schließen.

PowerPoint-Präsentationen konvertieren

Sie können Microsoft PowerPoint-Präsentationen genau wie Microsoft Word-Dokumente in PDF konvertieren. Es stehen sogar weitere Optionen zur Verfügung, um das Erscheinungsbild der Präsentation beizubehalten. Sie konvertieren als Nächstes eine einfache Präsentation und bewahren dabei die Folienübergänge.

1   Starten Sie PowerPoint. Wählen Sie **Datei: Öffnen**, navigieren Sie zum Ordner *Lektion05*, wählen Sie die Datei *Projector Setup.ppt* und klicken Sie auf »Öffnen«.

Die Folien in dieser Datei sind mit Schieben-Übergängen versehen.

2   Klicken Sie in der Acrobat-Multifunktionsleiste auf »Grundein-stellungen« (PowerPoint 2007 oder 2010) oder wählen Sie **Adobe PDF: Konvertierungseinstellungen ändern** (frühere Versionen).

3   Klicken Sie auf das Register »Einstellungen« und wählen Sie dort »Multimedia konvertieren« sowie »Folienübergänge beibehalten«. Achten Sie außerdem darauf, dass auch »Adobe PDF-Ergebnis anzeigen« eingeschaltet ist.

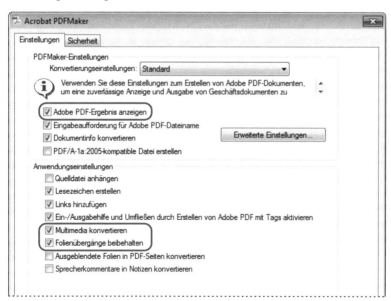

4   Klicken Sie auf OK.

Sie können Vortragsnotizen sowie die Referentenansicht beibehalten und weitere Einstellungen vornehmen.

5 Klicken Sie in der Acrobat-Multifunktionsleiste auf »PDF erstellen« (PowerPoint 2007 oder 2010) oder wählen Sie **Adobe PDF: In Adobe PDF konvertieren** (frühere Versionen). Klicken Sie im Dialogfenster »Adobe PDF speichern« auf »Speichern«. Acrobat öffnet die PDF-Datei nach der Konvertierung.

6 Wählen Sie in Acrobat **Anzeige: Vollbildmodus** und blättern Sie mit den Pfeiltasten durch die Präsentation. Die PDF-Datei hat die Schieben-Übergänge beibehalten. Schließen Sie dann die PDF-Datei und PowerPoint.

Adobe Presenter (Acrobat Suite)

Mit Adobe Presenter (Bestandteil der Acrobat Suite und Ergänzung für Microsoft PowerPoint) wandeln Sie statische PowerPoint-Folien in eindrucksvolle Multimedia-Dateien für Präsentationen, Training und Ausbildung um. In Presenter-Präsentationen können Sie Videos, Begleitkommentare, interaktive Fragebögen und andere dynamische Multimedia-Inhalte übernehmen. Presenter ermöglicht auch technisch weniger versierten Anwendern, ansprechende Präsentationen vollständig innerhalb der PowerPoint-Umgebung zu erstellen. Mit Presenter lassen sich Präsentationen unter Beibehaltung aller Präsentationsinhalte in PDF konvertieren, online veröffentlichen und jederzeit aufrufen. Dabei verringert sich die Dateigröße der PDF-Datei, die sich die Betrachter auch ohne eine Verbindung zum Internet ansehen können. Zum Öffnen von Presenter PDF-Dateien ist mindestens Adobe Reader 9 oder Acrobat 9 erforderlich.

Webseiten aus Internet Explorer heraus konvertieren

Acrobat X fügt in die Symbolleiste des Microsoft Internet Explorers (ab Version 6) eine Schaltfläche und ein Menü ein, mit denen Sie die aktuelle Webseite oder einen Teil davon in eine Adobe PDF-Datei konvertieren können. Sie können sie in einem einzigen komfortablen Vorgang konvertieren und drucken oder per E-Mail versen-

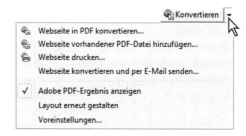

den. Wenn Sie eine bereits in Adobe PDF konvertierte Webseite drucken, formatiert Acrobat die Seite neu auf die Standardseitengröße des Druckers und sorgt für sinnvolle Seitenumbrüche. Ihre gedruckte Kopie verfügt auf jeden Fall über den vollständigen Inhalt der Webseite, die Sie auf dem Bildschirm sehen.

Weitere Informationen zum Konvertieren von Webseiten aus Internet Explorer heraus finden Sie in Lektion 3, »Adobe PDF-Dateien erstellen«.

PDF-Dateien als Word-Dokumente speichern

Sie können PDF-Dateien als Word-Dokumente (als .docx- oder .doc-Dateien) speichern – unabhängig vom Erstellungsprogramm der Originaldokumente. Sie speichern nun ein Referentenanmelde-formular als Word-Dokument.

1 Wählen Sie in Acrobat **Datei: Öffnen**, navigieren Sie zum Ordner *Lektion05*, wählen Sie die Datei *Speaker Reg.pdf* und klicken Sie auf »Öffnen«.

2 Wählen Sie **Datei: Speichern unter: Microsoft Word: Word-Dokument**. (Wenn Sie mit Word 2003 oder einer früheren Version arbeiten, wählen Sie die Option »Word 97-2003-Dokument« und speichern das Dokument als .doc-Datei.)

3   Klicken Sie im Dialogfenster »Speichern unter« auf
    »Einstellungen«.

4   Wählen Sie im Dia-
    logfenster »Als DOC
    speichern – Einstellun-
    gen« bzw. »Als DOCX
    speichern – Einstellun-
    gen« die Option »Sei-
    tenlayout beibehalten«.
    Achten Sie darauf, dass
    alle übrigen Optionen
    eingeschaltet sind und
    klicken Sie auf OK.

5   Klicken Sie auf »Spei-
    chern«, um die Datei zu sichern.

Acrobat informiert während der Konvertierung über den Fortgang
des Vorgangs. Die Konvertierung komplexer PDF-Dokumente in
Word kann einen längeren Zeitraum in Anspruch nehmen.

6   Navigieren Sie im Windows Explorer zum Ordner *Lektion05* und
    öffnen Sie die Datei *Speaker Reg.doc* bzw. *Speaker Reg.docx* in
    Word.

7   Blättern Sie durch das Dokument, um zu prüfen, ob der Text und
    die Bilder richtig gespeichert wurden.

In den meisten Fällen speichert Acrobat beeindruckend fehlerfreie
Word-Dokumente aus PDF-Dateien. Trotzdem müssen Sie je nach
Herkunft des Originaldokuments eventuell noch Anpassungen an
Laufweite und Abständen sowie andere geringfügige Korrekturen
vornehmen. Gewöhnen Sie sich an, aus Acrobat gespeicherte Word-
Dokumente anschließend sorgfältig in Microsoft Office zu prüfen.

8   Schließen Sie die PDF-Datei in Acrobat und beenden Sie Word.

PDF-Tabellen als Excel-Arbeitsmappen exportieren

Sie können Tabellen aus einem PDF-Dokument als Excel-Arbeitsmappe exportieren. Als Nächstes exportieren Sie eine Restaurantliste
aus einem PDF-Dokument in eine neue Excel-Datei.

1 Wählen Sie in Acrobat **Datei: Öffnen**, navigieren Sie zum Ordner *Lektion05*, wählen Sie die Datei *Venues.pdf* und klicken Sie auf »Öffnen«.

Das PDF-Dokument enthält eine Tabelle mit Restaurants in der fiktiven Stadt Meridien. Sie exportieren diese Tabelle nun in eine Excel-Datei.

2 Wählen Sie das Auswahl-Werkzeug (I➤) in der Werkzeugleiste für allgemeine Werkzeuge.

3 Ziehen Sie mit gedrückter Maustaste diagonal von oben links nach unten rechts über die Tabelle, so dass die gesamte Tabelle markiert ist.

4 Klicken Sie mit der rechten Maustaste in die markierte Tabelle und wählen Sie »Auswahl exportieren als«.

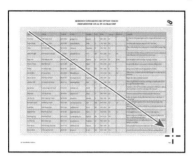

5 Wählen Sie im Dialogfenster »Auswahl exportieren als« im Einblendmenü »Dateityp« (Windows) bzw. »Format« (Mac OS) die Option »Excel-Arbeitsmappe (*.xlsx)« (Windows) bzw. »Excel-Arbeitsmappe« (Mac OS). Geben Sie der Datei den Namen **Venues.xlsx** und klicken Sie auf »Speichern«.

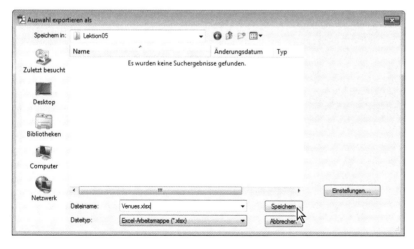

Acrobat zeigt den Fortgang der Konvertierung an.

6 Nachdem Acrobat den Export des Dokuments abgeschlossen hat, öffnen Sie Excel, wählen **Datei: Öffnen**, navigieren zum Ordner *Lektion05* und öffnen die Datei *Venues.xlsx*. Acrobat hat die Tabellenfelder angemessen konvertiert.

Name	Address	Telephone	Website	Category
Gary's Gari	5793 Oceanic Drive	490 65 8569	garysgari.mer	Japanese
Acqua e Farina	3663 Garden Circle	490 32 3880	acquaefarina.mer	Italian
Celery	249 West Stalk Road	490 52 4798	celery.mer	Vegeteria
Gabel and Loffel	3220 Glenlyon Boulevard	490 46 8997	gabeandloffel.mer	Café
Happy Fish	1252 Alabaster Road	490 27 9435	happyfish.mer	Japanese
Il Piatto di Pasta	9950 Villa Road	490 32 3880	ilpiatto.mer	Italian

7 Schließen Sie alle geöffneten Dokumente, Office-Anwendungen und Acrobat.

Fragen

1 Wie stellen Sie sicher, dass Word-Formate und -Überschriften beim Konvertieren in Adobe PDF mit PDFMaker in Acrobat-Lesezeichen umgewandelt werden?

2 Wie konvertieren Sie ein PDF-Dokument in ein Word-Dokument?

3 Können Sie Folienübergänge beim Speichern einer PowerPoint-Präsentation als PDF-Dokument beibehalten?

Antworten

1 Wenn Sie Word-Überschriften und -Formate in Acrobat-Lesezeichen konvertieren möchten, müssen Sie zunächst die entsprechenden Überschriften und Formate für die Konvertierung im Dialogfenster »Acrobat PDFMaker« festlegen. In Microsoft Word klicken Sie in der Acrobat-Multifunktionsleiste auf »Grundeinstellungen« (in älteren Word-Versionen wählen Sie **Adobe PDF: Konvertierungseinstellungen ändern**) und klicken auf das Register »Lesezeichen«. Vergewissern Sie sich, dass die entsprechenden Überschriften und Formate eingeschaltet sind.

2 Um eine PDF-Datei in ein Word-Dokument zu konvertieren, wählen Sie **Datei: Speichern unter: Microsoft Word: Word-Dokument** (bzw. **Word 97-2003-Dokument**).

3 Ja. Um Folienübergänge beizubehalten, klicken Sie in der Acrobat-Multifunktionsleiste auf »Grundeinstellungen« (oder wählen in älteren PowerPoint-Versionen **Adobe PDF: Konvertierungseinstellungen ändern**) und achten darauf, dass die Option »Folienübergänge beibehalten« eingeschaltet ist. PDFMaker verwendet diese Einstellungen, bis Sie sie ändern.

6 PDF-DOKUMENTE MODIFIZIEREN

Überblick

In dieser Lektion lernen Sie Folgendes:

- Seiten in einem PDF-Dokument neu anordnen
- Seiten drehen und löschen
- Seiten in ein PDF-Dokument einfügen
- Mit Verknüpfungen und Lesezeichen arbeiten
- Seiten in einem PDF-Dokument neu nummerieren
- Video- und andere Multimedia-Dateien in eine PDF-Datei einfügen
- Text und Abbildungen aus einem PDF-Dokument kopieren
- Dokumenteigenschaften für eine PDF-Datei festlegen und Metadaten einfügen

 Für diese Lektion benötigen Sie ungefähr 45 Minuten. Falls nötig, kopieren Sie jetzt den Ordner *Lektion06* auf Ihre Festplatte.

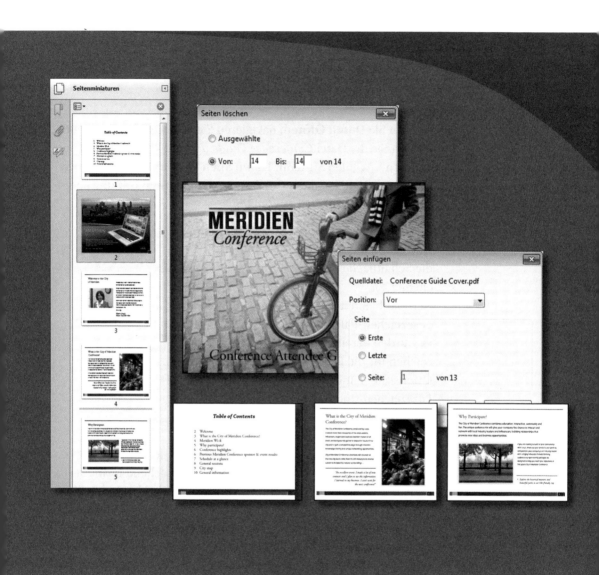

Sie können PDF-Dokumente durch neues Anordnen, Beschneiden, Löschen oder Einfügen von Seiten modifizieren sowie durch Bearbeiten von Text und Bildern oder durch Einfügen von Multimedia-Dateien. Außerdem können Sie Inhalte aus PDF-Dateien für andere Anwendungen kopieren.

Die Arbeitsdatei

In dieser Lektion arbeiten Sie an einer Präsentation der fiktiven Firma *Meridien Conference*. Die Präsentation wurde sowohl für den Druck als auch für das Lesen am Bildschirm entworfen und in Adobe PDF konvertiert. Da sich diese Online-Präsentation« noch in der Entwicklungsphase befindet, enthält sie zahlreiche Fehler. Sie korrigieren in dieser Lektion die fehlerhaften Stellen im PDF-Dokument mit Acrobat und werten es mit einer Videodatei auf.

1 Starten Sie Acrobat.

2 Wählen Sie **Datei: Öffnen**, navigieren Sie zum Ordner *Lektion06*, wählen Sie die Datei *Conference Guide.pdf* und klicken Sie auf »Öffnen«. Wählen Sie dann **Datei: Speichern unter: PDF**, geben Sie der Datei den Namen **Conference Guide_final.pdf** und speichern Sie sie im Ordner *Lektion06*.

3 Klicken Sie im Navigationsfenster auf die Schaltfläche »Lesezeichen« (📑).
Acrobat blendet die Lesezeichen-Palette ein; es wurden bereits Lesezeichen für die Präsentationsseiten angelegt. Lesezeichen sind Verknüpfungen (Hyperlinks), die automatisch aus den Inhaltsverzeichniseinträgen von Dokumenten der meisten Desktop-Publishing-Anwendungen oder aus entsprechend formatierten Überschriften in Programmen wie zum Beispiel Microsoft Word erzeugt werden können. Sie können auch eigene Lesezeichen definieren, um Leser auf bestimmte Abschnitte in Ihrem Dokument zu verweisen. Außerdem können Sie das Erscheinungsbild der Lesezeichen festlegen und ihnen Aktionen hinzufügen.

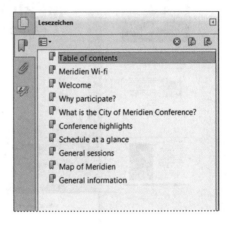

4 Blättern Sie mit der Schaltfläche »Nächste Seite« (⊙) durch das Dokument.

Acrobat hebt das Lesezeichen der entsprechenden Seite hervor, während Sie durch die Seiten blättern. (Die vorhandenen Lesezeichenfehler korrigieren Sie im Verlauf dieser Lektion.)

5 Klicken Sie mit dem Hand-Werkzeug (✋) oder dem Auswahl-Werkzeug (⬩) auf das Symbol für das Lesezeichen *Table of contents*, um wieder zurück auf die erste Seite der Präsentation zu gelangen, zum Inhaltsverzeichnis.

6 Bewegen Sie den Mauszeiger im Dokumentfenster auf die unter *Table of contents* aufgeführten Listenelemente. Die Überschriften in der Liste wurden bereits verknüpft (das Hand-Symbol ändert sich in eine Hand mit ausgestrecktem Zeigefinger).

7 Klicken Sie auf den Eintrag »Meridien Wi-fi« im Dokumentfenster, um der Verknüpfung zu folgen. (Achten Sie darauf, im Dokument-fenster auf den Eintrag im Inhaltsverzeichnis zu klicken, nicht auf das entsprechende Lesezeichen in der Lesezeichen-Palette.)

Sie sehen, dass die Seitennummer im Dokumentfenster »2« ist, während im Inhaltsverzeichnis die Seite »4« angegeben wird. Die Seite befindet sich also nicht an der richtigen Stelle.

8 Wählen Sie **Anzeige: Seitennavigation: Vorherige Ansicht**, um wieder zum Inhaltsverzeichnis zu gelangen.

Seiten mit Seitenminiaturen verschieben

Seitenminiaturen bieten eine bequeme Vorschau auf Ihre Seiten. In Lektion 2 navigierten Sie mit Seitenminiaturen durch Ihr PDF-Dokument. Jetzt ordnen Sie mit ihnen schnell die Seiten in einem Dokument neu an

1 Klicken Sie im Navigationsfenster auf die Schaltfläche »Seitenmi-niaturen« (▢).

Die Seite »Meridien Wi-fi« befindet sich nicht in der korrekten Seitenfolge. Laut Inhaltsverzeichnis soll sie auf die Seite mit der Überschrift »What is the City of Meridien Conference?« folgen.

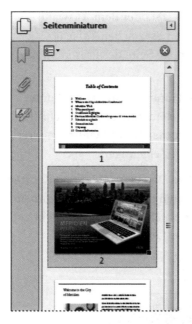

2 Klicken Sie auf die Seitenminiatur der Seite 2, um sie zu
markieren.

3 Ziehen Sie die markierte Seitenminiatur so nach unten, dass
Acrobat zwischen den Seitenminiaturen der Seiten 4 und 5 eine
Einfügemarke anzeigt.

4 Lassen Sie die Maustaste los, um die Seitenminiatur an ihrer
neuen Position einzufügen.

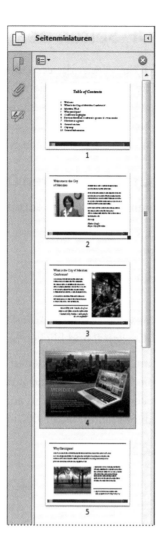

Nun folgt auf die Seite »What is the City of Meridien Conference?«
die Seite »Meridien Wi-fi«, auf die wiederum die Seite »Why participate?« folgt.

5 Um die Seitenreihenfolge zu überprüfen, wählen Sie **Anzeige:
   Seitennavigation: Erste Seite**, so dass Sie zur ersten Seite der
   Präsentation gelangen. Blättern Sie dann mit der Schaltfläche
   »Nächste Seite«(⊙) durch die Präsentation.

6 Wenn die Seitenreihenfolge stimmt, schließen Sie die Seitenminiaturen-Palette und wählen dann **Datei: Speichern**, um Ihre
   Arbeit zu sichern.

Adobe PDF-Seiten bearbeiten

Falls nötig, rufen Sie wieder die erste Seite der Präsentation (Seite 1 von 13) auf. Die erste Seite mit dem Inhaltsverzeichnis sieht ein wenig langweilig aus. Um die Präsentation attraktiver zu gestalten, haben wir eine neue Titelseite für Sie erstellt, die Sie nun einfügen und drehen, damit sie zu den übrigen Seiten der Präsentation passt.

Eine Seite aus einer anderen Datei einfügen

▶ **Tipp:** Falls Sie eine Seite einfügen, die größer als die übrigen Seiten im Dokument ist, können Sie sie mit dem Zuschneiden-Werkzeug entsprechend anpassen und überflüssige Seitenbereiche beschneiden. Das Zuschneiden-Werkzeug finden Sie in der Seiten-Palette.

Sie beginnen damit, die Titelseite einzufügen.

1 Öffnen Sie das Werkzeuge-Fenster und erweitern Sie dort die Seiten-Palette.

2 Wählen Sie im Abschnitt »Seiten einfügen« die Option »Aus Datei einfügen«.

3 Navigieren Sie zum Ordner *Lektion06*, wählen Sie die Datei *Conference Guide Cover.pdf* und klicken Sie auf »Auswählen«.

4 Wählen Sie im Dialogfenster »Seiten einfügen« im Einblendmenü »Position« die Option »Vor« und im Bereich »Seite« die Option »Erste«. Klicken Sie anschließend auf OK. Diese PDF-Datei soll vor allen anderen Seiten in Ihr Dokument eingefügt werden.

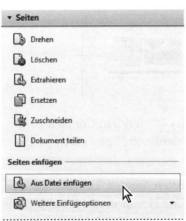

Acrobat fügt die Titelseite als Seite 1 in das Dokument *Conference Guide_final.pdf* ein.

5 Wählen Sie **Datei: Speichern**, um Ihre Arbeit zu sichern.

Eine Seite drehen

Jetzt befindet sich die Titelseite im Konferenzdokument, allerdings ist sie falsch ausgerichtet. Sie drehen die neue Seite, um sie an das Dokument anzupassen.

1 Wählen Sie in der Seiten-Palette die Option »Drehen«.

2 Wählen Sie im Einblendmenü »Richtung« die Option »90 Grad gegen UZS«.

3 Wählen Sie im Bereich »Seitenbereich« die Option »Seiten«, achten Sie darauf, dass die Drehung sich nur auf Seite 1 bis 1 beschränkt, und klicken Sie auf OK.

▶ **Tipp:** Falls Sie einmal alle Seiten in einer Datei nur zu Ansichtszwecken drehen möchten, wählen Sie **Anzeige: Ansicht drehen: Im UZS** bzw. **Gegen UZS**. Sobald Sie die Datei schließen, kehren die Seiten wieder zu ihrer ursprünglichen Ausrichtung zurück.

Acrobat dreht die Seite und passt sie damit an die Ausrichtung der übrigen Seiten im Dokument an. Um sicher zu gehen, dass nur die erste Seite gedreht wurde, klicken Sie in der Werkzeugleiste für allgemeine Werkzeuge auf die Schaltfläche »Nächste Seite«, um durch das Dokument zu blättern.

Eine Seite löschen

Die letzte Dokumentseite passt nicht zu den übrigen in der Präsentation, und der Ausschuss hat entschieden, diese Seite gesondert zu verteilen. Daher löschen Sie sie nun aus dem Dokument.

1 Navigieren Sie auf die letzte Seite im Dokument (Seite 14).

2 Wählen Sie in der Seiten-Palette die Option »Löschen«.

3 Achten Sie darauf, dass im Dialogfenster »Seiten löschen« die Option »Von« gewählt ist und Sie nur die Seite 14 löschen. Klicken Sie dann auf OK.

4 Klicken Sie auf »Ja«, um zu bestätigen, dass Sie die Seite 14 löschen möchten.

Acrobat löscht die Seite aus der Datei *Conference Guide_final.pdf*.

5 Wählen Sie **Datei: Speichern**, um Ihre Arbeit zu sichern.

Seitennummerierung ändern

Vielleicht haben Sie bemerkt, dass die Seitenzahlen auf den Dokumentseiten nicht immer mit den Seitenzahlen der Seitenminiaturen und in der Werkzeugleiste übereinstimmen. Acrobat nummeriert die Seiten automatisch mit arabischen Ziffern, beginnend mit Seite 1 für die erste Seite in einem Dokument usw. Allerdings können Sie bestimmen, wie Acrobat die Seiten in einem Dokument nummeriert. Sie vergeben jetzt für die Titelseite eine römische Ziffer, damit die Inhaltsverzeichnisseite die Seite 1 wird.

1 Klicken Sie im Navigationsfenster auf die Schaltfläche »Seitenminiaturen« (🗋), um die Seitenminiaturen einzublenden.

2 Klicken Sie auf die Seitenminiatur der Seite 1, um auf die Titelseite zu gelangen.

Sie nummerieren die erste Seite im Dokument – die Titelseite – jetzt neu und verwenden dafür eine römische Ziffer (als Kleinbuchstabe).

3   Klicken Sie oben in der Seitenminiaturen-Palette auf die Schaltfläche »Optionen« und wählen Sie »Seiten nummerieren«.

4   Wählen Sie im Dialogfenster »Seitennummerierung« im Bereich »Seiten« die Option »Von« und geben Sie in die zugehörigen Textfelder die Werte **1** bis **1** ein. Im Bereich »Nummerierung« wählen Sie die Option »Neuer Abschnitt«, im Einblendmenü »Stil« den Eintrag »i, ii, iii« und in das Textfeld »Start« geben Sie den Wert **1** ein. Klicken Sie anschließend auf OK

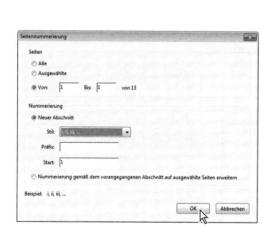

5   Wählen Sie **Anzeige: Seitennavigation: Seite**, geben Sie **1** ein und klicken Sie auf OK.

Tipp: Sie können über den Befehl »Kopf- und Fußzeilen hinzufügen« zusätzliche Seitenzahlen in die Seiten Ihres PDF-Dokuments einfügen. Außerdem können Sie eine Bates-Nummerierung zuweisen.

Acrobat hat die arabische Ziffer 1 im Seitenzahl-Feld jetzt der Inhaltsverzeichnisseite des Dokuments zugeordnet.

6 Schließen Sie die Seitenminiaturen-Palette.

7 Wählen Sie **Datei: Speichern**, um Ihre Änderungen zu sichern.

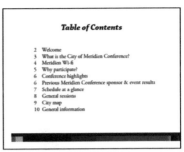

Verknüpfungen bearbeiten

Tipp: Mit der Schaltfläche »Vorherige Ansicht« gelangen Sie schnell wieder zurück zu Ihrer vorherigen Ansicht. Sie können Sie mit **Anzeige: Ein-/ Ausblenden: Werkzeugleistenelemente: Seitennavigation: Vorherige Ansicht** der Werkzeugleiste zufügen.

Als Nächstes korrigieren Sie die unterbrochenen bzw. fehlerhaften Verknüpfungen auf der Inhaltsverzeichnisseite und fügen eine fehlende Verknüpfung ein.

1 Falls nötig, gehen Sie auf Seite 1, die Seite mit dem Inhaltsverzeichnis.

2 Klicken Sie auf die Verknüpfungen jedes einzelnen Inhaltsverzeichniseintrags, um die fehlerhaften Einträge zu ermitteln. Die Verknüpfung für die Seite 3 und die zweite Verknüpfung für Seite 6 führen auf falsche Seiten. Außerdem fehlt eine Verknüpfung für den letzten Eintrag.

Sie korrigieren zunächst die fehlerhaften Verknüpfungen.

3 Öffnen Sie die Inhalt-Palette im Werkzeuge-Fenster und wählen Sie das Verknüpfung-Werkzeug. Acrobat zeigt die Verknüpfungen auf der Seite schwarz umrahmt an.

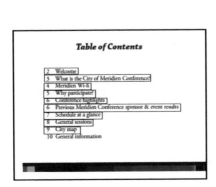

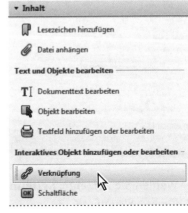

4 Doppelklicken Sie auf die Verknüpfung für die Seite 3, »What is the City of Meridien Conference?«

5 Klicken Sie im Dialogfenster »Verknüpfungseigenschaften« auf das Register »Aktionen«. Die mit dieser Verknüpfung verbundene Aktion soll den Leser auf die Seite 3 führen. Klicken Sie deshalb auf »Bearbeiten«.

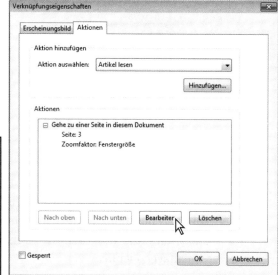

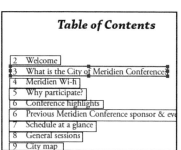

6 Wählen Sie im Dialogfenster »Gehe zu einer Seite in diesem Dokument« die Option »Seitenzahl verwenden«. Geben Sie in das Textfeld »Seite« **3** ein und klicken Sie auf OK.

Jetzt verweist die aufgeführte Aktion auf die Seite 4. Da Sie die Seiten neu nummeriert haben, ist die Seite 3 die vierte Seite in der PDF-Datei.

7 Klicken Sie auf OK.

8 Wählen Sie das Auswahl-Werkzeug und klicken Sie damit auf die Verknüpfung für die Seite 3. Jetzt führt Sie die Verknüpfung auf die richtige Seite. Kehren Sie wieder zurück zum Inhaltsverzeichnis.

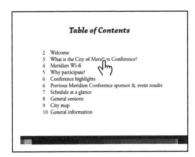

9 Führen Sie die Schritte 3 bis 7 aus, korrigieren Sie diesmal die Verknüpfung auf die Seite »Previous Meridien Conference sponsor & event results« und ändern Sie die verknüpfte Seitenzahl in Seite 6.

Jetzt erstellen Sie eine Verknüpfung für den letzten Eintrag.

10 Falls nötig, gehen Sie auf Seite 1, und wählen Sie das Verknüpfung-Werkzeug in der Inhalt-Palette.

11 Ziehen Sie einen Verknüpfungsrahmen um den letzten Eintrag im Inhaltsverzeichnis auf, »10 General information«.

12 Wählen Sie im Dialogfenster »Verknüpfung erstellen« im Einblendmenü »Verknüpfungstyp« die Option »Unsichtbares Rechteck« und wählen Sie im Bereich »Verknüpfungsaktion« die Option »Gehe zu einer Seitenansicht«. Klicken Sie dann auf »Weiter«.

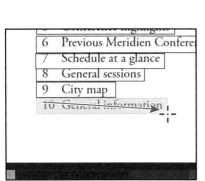 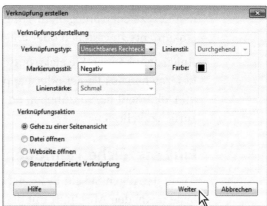

13 Blättern Sie auf die Seite 10. Wenn Acrobat die Seite »General Information« anzeigt, klicken Sie im Dialogfenster »"Gehe zu"-Ansicht erstellen« auf die Schaltfläche »Verknüpfung festlegen«. Acrobat springt wieder zurück auf die Inhaltsverzeichnisseite.

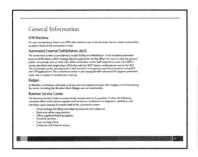 

14 Wählen Sie das Auswahl-Werkzeug und klicken Sie damit zur Prüfung auf die gerade angelegte Verknüpfung.

15 Wählen Sie **Datei: Speichern**, um Ihre Arbeit zu sichern.

Mit Lesezeichen arbeiten

Ein Lesezeichen ist eine Verknüpfung, die Acrobat bzw. der Adobe Reader durch Text in der Lesezeichen-Palette darstellt. Während Lesezeichen, die in vielen Quellanwendungen automatisch erzeugt werden, im Allgemeinen mit Überschriften im Text oder mit Bildunterschriften verknüpft sind, können Sie in Acrobat auch Ihre eigenen Lesezeichen anlegen, um mit ihnen eine kurze Gliederung eines Dokuments zu erstellen oder andere Dokumente zu öffnen.

Außerdem können Sie elektronische Lesezeichen wie »normale« Lesezeichen aus Papier oder Pappe verwenden – um eine Stelle im Dokument hervorzuheben oder um später wieder dorthin zurückzukehren.

Ein Lesezeichen einfügen

Als Erstes fügen Sie ein Lesezeichen für das zweite Thema auf der Seite 6 ein, den Abschnitt mit der Überschrift »Previous Meridien Conference sponsor & event results«.

1 Gehen Sie auf die Seite 6 im Dokument, um den Text zu sehen.

2 Öffnen Sie die Lesezeichen-Palette und klicken Sie dort auf das Lesezeichen »Conference highlights«. Das neue Lesezeichen wird unmittelbar unterhalb des gewählten Lesezeichens hinzugefügt.

3 Klicken Sie oben in der Lesezeichen-Palette auf die Schaltfläche »Neues Lesezeichen« (📑). Acrobat fügt ein neues unbenanntes Lesezeichen ein.

4 Geben Sie in das Textfeld des neuen Lesezeichens *Previous confe-rence results* ein und drücken Sie die Eingabetaste.

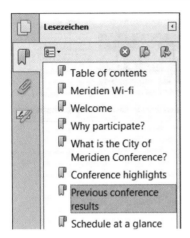

Ein Lesezeichenziel ändern

Einige Lesezeichen verknüpfen nicht mit den richtigen Seiten. Dies korrigieren Sie nun.

1 Klicken Sie in der Lesezeichen-Palette auf das Lesezeichen *Why participate?*. Das Dokumentfenster zeigt die Seite »What is the City of Meridien Conference?« an.

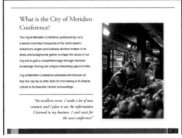

2 Klicken Sie zweimal auf die Schaltfläche »Nächste Seite«(●), um auf Seite 5 (6 von 13) des Dokuments zu gelangen – die Seite, mit der das Lesezeichen verknüpfen soll.

3 Wählen Sie oben in der Lesezeichen-Palette im Einblendmenü »Optionen« die Option »Lesezeichenziel festlegen«. Klicken Sie im aufgerufenen Dialogfenster auf »Ja«, um das Lesezeichenziel zu aktualisieren.

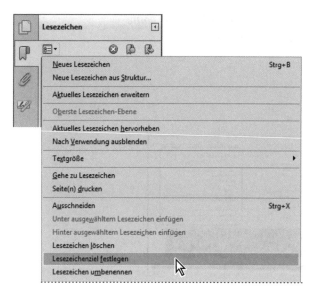

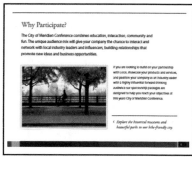

4 Wiederholen Sie den Vorgang, um auch das Lesezeichenziel des Lesezeichens *What is the City of Meridien Conference?* zu korrigieren, das auf die Seite 3 (4 von 13) verknüpfen soll.

5 Wählen Sie **Datei: Speichern**, um die Datei *Conference Guide_final.pdf* zu speichern.

Lesezeichen automatisch bezeichnen

Sie können ein Lesezeichen durch Markieren von Text im Dokumentfenster automatisch erstellen, bezeichnen und verknüpfen.

1 Wählen Sie das Auswahl-Werkzeug in der Werkzeugleiste.

2 Platzieren Sie die Einfügemarke im Dokumentfenster und markieren Sie den als Lesezeichen gewünschten Text mit gedrückter Maustaste.

Achten Sie darauf, dass die Vergrößerungsansicht der Seite Ihren Vorstellungen entspricht. Das Lesezeichen übernimmt automatisch die eingestellte Vergrößerungsansicht.

3 Klicken Sie oben in der Lesezeichen-Palette auf die Schaltfläche »Neues Lesezeichen«. Acrobat erzeugt in der Lesezeichenliste ein neues Lesezeichen und setzt den markierten Text aus dem Dokumentfenster als Lesezeichenbezeichnung ein. Außerdem verknüpft das neue Lesezeichen standardmäßig mit der gegenwärtigen Seitenansicht im Dokumentfenster.

Lesezeichen verschieben

Wenn Sie ein Lesezeichen angelegt haben, können Sie es in der Lesezeichen-Palette einfach an die richtige Position ziehen. Außerdem
können Sie einzelne Lesezeichen oder gruppierte Lesezeichen in der
Lesezeichenliste nach oben oder unten verschieben und Lesezeichen
verschachteln.

Einige Lesezeichen befinden sich im aktuellen Dokument nicht in der
richtigen Reihenfolge. Sie ordnen Sie nun korrekt an.

1   Ziehen Sie in der Lesezeichen-Palette das Symbol für das Lesezei-
    chen *Welcome* unmittelbar unterhalb des Symbols für das Lesezei-
    chen *Table of contents*.

2   Ziehen Sie die übrigen Lesezeichensymbole in die im Inhaltsver-
    zeichnis aufgeführte Reihenfolge.

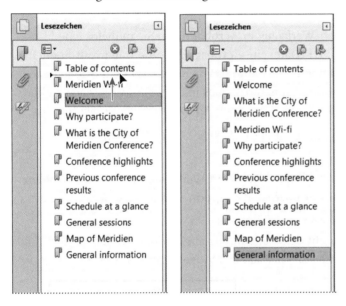

3   Wählen Sie **Datei: Speichern**, um Ihre Arbeit zu sichern.

Multimedia-Dateien einfügen

Mit Acrobat können Sie Ihre PDF-Dateien durch Einfügen von Video, Audio und Flash-Animationen mühelos in fesselnde mehrdimensionale Kommunikationswerkzeuge verwandeln. Um diese Multimedia-Inhalte betrachten zu können, benötigen Sie lediglich Acrobat oder Adobe Reader X unter Windows oder Mac OS.

Beim Einfügen einer Videodatei in eine PDF können Sie das Startverhalten und andere Optionen festlegen, die bestimmen, wie die Videodatei im PDF-Dokument aussieht und wie sie abgespielt wird. Sie fügen nun eine Videodatei in Ihr PDF-Dokument ein, legen ihr Startverhalten fest und bestimmen das zugehörige Standbild im Dokument.

Eine Videodatei in eine PDF-Datei einfügen

Mit dem Video-Werkzeug in Acrobat fügen Sie mühelos eine FLV-Datei in eine PDF-Datei ein. Acrobat bettet die Datei vollständig in das PDF-Dokument ein, damit es von jedem mit dem Adobe Reader betrachtet werden kann; um Videos in der PDF-Datei sehen zu können, sind weder QuickTime noch Adobe Flash Player erforderlich.

1 Gehen Sie in der Datei *Conference Guide_final.pdf* auf Seite 5 (6 von 13).

2 Öffnen Sie die Inhalt-Palette im Werkzeuge-Fenster und wählen Sie unter »Multimedia« die Option »Video«. Der Mauszeiger ändert sich in ein Fadenkreuz.

3 Ziehen Sie mit dem Fadenkreuz einen Videorahmen auf dem Bild auf der Seite auf. Hier soll das Video abgespielt werden.

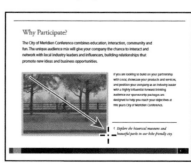

4 Klicken Sie im Dialogfenster »Video einfügen« auf »Durchsuchen«. Navigieren Sie zum Ordner *Lektion06*, wählen Sie die Datei *Welcome Video.flv* und klicken Sie auf »Öffnen«.

5 Schalten Sie das Kontrollkästchen vor »Erweiterte Optionen anzeigen« ein, um das Dialogfenster »Video einfügen« zu erweitern.

6 Das Register »Starteinstellungen« ist gewählt. Wählen Sie im Einblendmenü »Aktivierung wenn« die Option »Nach Klicken auf Inhalt«.

7 Wählen Sie im Einblendmenü »Deaktivierung wenn« die Option »Die Seite mit dem Inhalt ist geschlossen«. Für »Art der Wiedergabe« wählen Sie »Inhalt auf Seite abspielen«.

8 Wählen Sie im Bereich »Standbild« die Option »Standbild aus Mediendatei abrufen«. Das Standbild wird angezeigt, wenn das Video nicht abspielt; außerdem wird es beim Drucken der Seite mit ausgegeben.

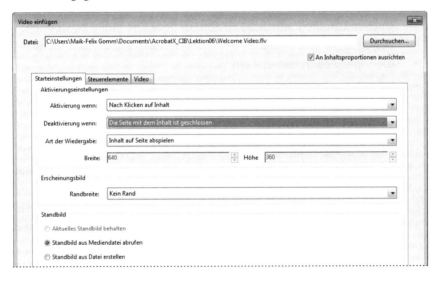

9 Klicken Sie auf das Register »Steuerelemente«. Wählen Sie im Einblendmenü »Skin« die Option »Wiedergabe, Stopp, Suchen, Ton aus und Lautstärke«. Mit dem Skin bestimmen Sie, welche Steuerelemente dem Betrachter für die Interaktion mit dem Video angeboten werden und wie sie auf der Seite dargestellt werden.

10 Wenn Sie mit den gewählten Optionen zufrieden sind, klicken Sie auf OK.

Das Video erscheint auf der Seite an der Stelle, an der Sie den Rahmen aufgezogen haben. Wenn Sie die Position, die Größe oder die Form des Videorahmens oder die Video-Optionen ändern möchten, wählen Sie wieder das Video-Werkzeug. Dann können Sie damit einen neuen Videorahmen aufziehen oder auf das Video doppelklicken, um das Dialogfenster »Video bearbeiten« aufzurufen.

11 Klicken Sie auf die Abspielen-Schaltfläche, um das Video zu starten. Um die Lautstärke zu ändern oder das Video zu stoppen, bewegen Sie Ihren Mauszeiger auf das Video und blenden damit die Videosteuerelemente ein.

12 Wählen Sie **Datei: Speichern**, um Ihre Arbeit zu sichern.

Eine Flash-Animation einfügen

Sie können auch Flash-Animationen (SWF-Dateien) in Adobe PDF-Dateien einfügen. Wählen Sie dazu in der Inhalt-Palette **Multimedia: SWF** und ziehen Sie auf der Seite einen Rahmen für die Animation auf. Wählen Sie die zu importierende Datei und bestimmen Sie die Starteinstellungen und das Standbild wie beim Import einer Videodatei.

Präsentationen einrichten

Präsentationen für Ihr Publikum sollten über den gesamten Bildschirm angezeigt werden, ohne störende Menü- und Werkzeugleisten oder andere Fensterbedienelemente.

Sie können jede beliebige PDF-Datei im Vollbildmodus anzeigen lassen, zahlreiche Übergangs- und Audioeffekte zwischen den Seiten festlegen und sogar die Geschwindigkeit für das »Umblättern« der Seiten bestimmen. Außerdem können Sie Präsentationen in PDF konvertieren, die Sie in anderen Anwendungen wie zum Beispiel PowerPoint erstellt haben, und dabei viele Spezialeffekte der ursprünglichen Anwendung beibehalten. Weitere Informationen finden Sie in der Adobe Acrobat X-Hilfe.

Text bearbeiten

Auch wenn Sie keine umfangreichen Textabsätze überarbeiten sollten, können Sie in Acrobat einfache Textbearbeitungen in PDF-Dokumenten erledigen. So können Sie Text bearbeiten und Textattribute wie zum Beispiel Zeichenabstand und -größe sowie die Textfarbe ändern. Um Textinhalte bearbeiten zu können, muss die jeweilige lizenzierte Schrift auf Ihrem System installiert sein; Textattribute lassen sich dagegen auch ohne die lizenzierte Schrift ändern, falls diese Schrift in die PDF-Datei eingebettet wurde.

Vielleicht sind Ihnen im Text der Präsentation auch einige Schreibfehler und andere peinliche Fehler aufgefallen. Sie korrigieren als Nächstes die fehlerhaften Textstellen.

1 Gehen Sie auf Seite 6 (7 von 13). Die Überschrift »Conference Highlights« enthält einen Buchstaben zuviel.

2 Öffnen Sie die Inhalt-Palette im Werkzeuge-Fenster und wählen Sie dort das Dokumenttext-bearbeiten-Werkzeug. Acrobat lädt anschließend die Systemschriften, was einen Moment dauern kann.

▶ **Tipp:** Das Dokument enthält noch weitere Fehler, beispielsweise überflüssige Apostrophe. Wenn Sie die Textbearbeitung weiter üben möchten, können Sie damit auch auf den übrigen Seiten fortfahren.

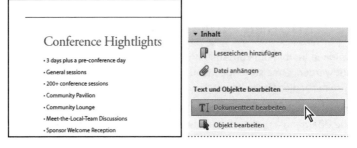

3 Markieren Sie das Wort »Hightlights«.

4 Geben Sie **Highlights** ein und klicken Sie in einen leeren Bereich der Seite, um die Textauswahl aufzuheben.

5 Gehen Sie auf Seite 1 (2 von 13), die Seite mit dem Inhaltsverzeichnis. Sie ändern nun die Farbe der Überschrift, um die Seite etwas lebendiger zu gestalten.

6 Wählen Sie wieder das Dokumenttext-bearbeiten-Werkzeug und markieren Sie damit die Überschrift »Table of Contents«.

7 Klicken Sie mit der rechten Maustaste auf den Text und wählen Sie im Kontextmenü die Option »Eigenschaften«.

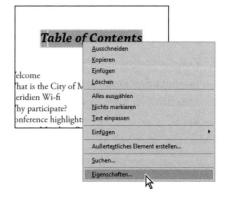

8 Wählen Sie im Dialogfenster »TouchUp-Eigenschaften« das Register »Text«.

9 Klicken Sie in das Feld »Füllfarbe« und dann auf »Andere Farbe«.

10 Wählen Sie im Dialogfenster »Farbe« eine Farbe, die zum Schmuckstreifen unten auf der Seite passt. (Wir haben uns für ein dunkles Rot entschieden.) Klicken Sie auf OK und dann auf »Schließen«, um die Änderung auszuführen.

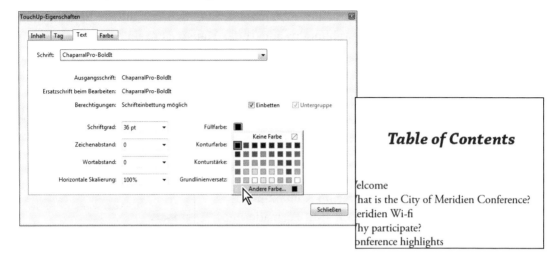

11 Wählen Sie **Datei: Speichern**, um Ihre Arbeit zu sichern.

Text und Bilder aus einer PDF-Datei kopieren

Selbst wenn Sie keinen Zugriff mehr auf die Originaldatei Ihrer PDF-Dateien haben, können Sie den Text und die Bilder noch in anderen Anwendungen verwenden. Vielleicht möchten Sie mit dem gleichen Text und den Bildern eine Webseite vorbereiten. Dann können Sie den Text auch aus der PDF-Datei im RTF-Format (*Rich Text Format*) oder als reinen Text kopieren bzw. exportieren, um ihn anschließend in einer anderen Anwendung wiederverwenden zu können. Bilder aus der PDF-Datei können Sie im JPEG-, TIFF- oder PNG-Format speichern.

Falls Sie nur kleine Textmengen bzw. nur ein oder zwei Bilder verwenden möchten, können Sie mit dem Auswahl-Werkzeug den Text aus einer PDF-Datei kopieren und einfügen und Bilder in die Zwischenablage oder in eine Bilddatei kopieren. (Falls die Befehle Kopieren, Ausschneiden und Einfügen ausgegraut, das heißt nicht anwählbar, sind, hat der Ersteller der PDF-Datei das Bearbeiten des Dokuments möglicherweise eingeschränkt.)

● **Hinweis:** Sie können eine PDF-Datei auch als Microsoft Word-Dokument speichern. Weitere Informationen finden Sie in Lektion 5, »Microsoft Office-Dateien konvertieren (Windows)«.

Eine Vertriebsleiterin hat darum gebeten, Text aus der Präsentation für eine E-Mail-Kampagne verwenden zu dürfen. Sie kopieren jetzt den Text für sie.

1 Gehen Sie auf Seite 3 (4 von 13) und wählen Sie das Auswahl-Werkzeug (⟋) in der Werkzeugleiste für allgemeine Werkzeuge.

2 Bewegen Sie Ihren Mauszeiger über den Text auf der Seite. Im Textauswahlmodus ändert der Mauszeiger sein Aussehen.

● **Hinweis:** Wenn Sie einen Text in einer PDF-Datei nicht markieren können, ist er möglicherweise Bestandteil eines Bilds. Text in Bildern können Sie mit der Texterkennung-Palette in bearbeitbaren Text konvertieren. Weitere Informationen über die Texterkennung erhalten Sie in Lektion 3.

3 Ziehen Sie mit gedrückter Maustaste mit dem Auswahl-Werkzeug über die Überschrift und die ersten beiden Absätze, um den Text zu markieren.

4 Klicken Sie mit der rechten Maustaste auf den Text und wählen Sie im Kontextmenü die Option »Mit Formatierung kopieren«, um das Spaltenlayout beizubehalten.

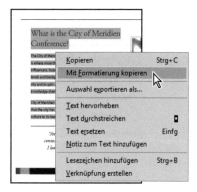

5 Minimieren Sie das Acrobat-Fenster, öffnen Sie ein neues oder ein vorhandenes Dokument in einer Textverarbeitung, etwa TextEdit oder Microsoft Word, und wählen Sie **Bearbeiten: Einfügen**.

Der Text fließt in das Dokument in Ihrer Textverarbeitung ein. Hier können Sie ihn jetzt beliebig bearbeiten und formatieren. Sollte eine Schriftart aus einem PDF-Dokument nicht auf dem anzeigenden Computer vorhanden sein, ersetzt Acrobat diese Schriftart durch eine andere auf dem System verfügbare Schriftart.

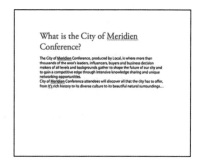

Sie können einzelne Bilder mit dem Schnappschuss-Werkzeug für den Gebrauch in anderen Anwendungen kopieren.

6 Klicken Sie im Acrobat-Dokumentfenster außerhalb von eventuell gewähltem Text, um die Textauswahl aufzuheben.

7 Wählen Sie **Bearbeiten: Schnappschuss erstellen**.

Mit dem Schnappschuss-Werkzeug können Sie sowohl Text als auch Bilder kopieren. Allerdings kopiert Acrobat den Text und die Bilder dabei im Bitmap-Format (als Bild); der so kopierte Text ist nicht bearbeitbar.

8   Ziehen Sie mit dem Schnappschuss-Werkzeug einen Auswahlrahmen um die Früchte aussuchende Dame auf. Acrobat kopiert das Bild in Ihre Zwischenablage. Klicken Sie auf OK, um das Dialogfenster zu schließen.

Wenn Sie, statt mit dem Schnappschuss-Werkzeug einen Rahmen aufzuziehen, beliebig auf die Seite klicken, kopiert Acrobat die gesamte Seite in die Zwischenablage.

9   Wählen Sie **Datei: Erstellen: PDF aus Zwischenablage**. Acrobat fügt das Bild in eine neue PDF-Datei ein. Klicken Sie in eventuell eingeblendeten Dialogfenstern jeweils auf OK.

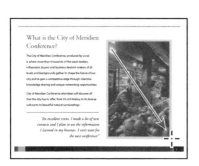 

● **Hinweis:** Mit dem Befehl »Alle Bilder exportieren« in der Dokumentverarbeitung-Palette können Sie alle Abbildungen in einer PDF-Datei in die Formate JPEG, PNG, TIFF oder JPEG2000 speichern. Dabei sichert Acrobat jedes Bild in einer eigenständigen Datei.

10 Schließen Sie alle geöffneten Dokumente in anderen Anwendungen und Ihre neue PDF-Datei, die Sie nicht zu speichern brauchen. Lassen Sie die Datei *Conference Guide_final.pdf* geöffnet.

Bilder und andere Objekte bearbeiten

In Acrobat Pro können Sie mit dem Objekt-bearbeiten-Werkzeug letzte Korrekturen an Bildern und Objekten in Adobe PDF-Dokumenten durchführen. Für umfangreiche Änderungen sollten Sie allerdings die Quellanwendung benutzen und das PDF-Dokument anschließend neu erzeugen.

Mit dem Kontextmenü des Objekt-bearbeiten-Werkzeugs können Sie einige Bearbeitungsvorgänge an Bildern vornehmen, ohne dafür eine externe Anwendung zu öffnen. Wenn Sie das Kontextmenü einblenden möchten, klicken Sie bei der Verwendung des Objekt-bearbeiten-Werkzeugs mit der rechten Maustaste auf den Text. Mit dem Objekt-bearbeiten-Werkzeug können Sie den Textfluss eines Dokuments ändern und damit dessen Lesbarkeit verbessern. Wenn Sie beispielsweise die Position eines Objekts ändern, beeinflusst dies die Reihenfolge, in der das Objekt (oder der Alternativtext) von einem Bildschirmlesegerät erfasst wird.

■ **Video:** Das Video »Hintergrund und Briefpapier« zeigt mehr zu diesem Themenbereich. Weitere Informationen finden Sie unter »Video-Training« auf Seite 8.

Um ein Bild oder ein Objekt mit dem Objekt-bearbeiten-Werkzeug zu bearbeiten, wählen Sie in der Inhalt-Palette das Objekt-bearbeiten-Werkzeug, klicken mit der rechten Maustaste auf das zu bearbeitende Bild oder Objekt und wählen einen Befehl aus dem Kontextmenü.

- Ausschnitt löschen – Mit dem Befehl »Ausschnitt löschen« werden Objekte gelöscht, die das ausgewählte Objekt verdecken. Wenn Sie z.B. Text vergrößern und die Buchstaben nach dem Vergrößern teilweise verdeckt sind, werden sie durch Aktivieren dieser Option wieder vollständig angezeigt.

- Außertextliches Element erstellen – Mit diesem Befehl entfernen Sie ein Objekt aus der Lesereihenfolge, so dass es nicht von einem Sprachausgabeprogramm oder vom Befehl »Sprachausgabe« erfasst wird.

- Bild bearbeiten – Der Befehl ist nur verfügbar, wenn ein Bitmap-Bild ausgewählt ist; er öffnet ein Bildbearbeitungsprogramm wie Adobe Photoshop.

- Objekt bearbeiten – Der Befehl ist nur verfügbar, wenn ein Vektorbild ausgewählt ist; er öffnet ein Vektorzeichenprogramm wie Adobe Illustrator.

- Eigenschaften – Dieser Befehl ermöglicht das Bearbeiten der Eigenschaften des Inhalts, von Tags und des Textes sowie das Hinzufügen eines Alternativtextes zu einem Bild, damit auf das Bild zugegriffen werden kann.

Dokumenteigenschaften und Metadaten festlegen

Sie sind mit der Bearbeitung dieser Präsentation beinahe fertig. Abschließend stellen Sie jetzt noch die Ansicht beim Öffnen ein, um festzulegen, was die Betrachter beim ersten Öffnen der Datei sehen, und fügen noch Metadaten in das Dokument ein.

1 Wählen Sie **Datei: Eigenschaften**.

2 Klicken Sie im Dialogfenster »Dokumenteigenschaften« auf das Register »Ansicht beim Öffnen«.

3 Wählen Sie im Einblendmenü »Navigationsregisterkarte« die Option »Lesezeichen-Fenster und Seite«. Damit werden beim Öffnen der Datei die Seite und die Lesezeichen eingeblendet.

4 Klicken Sie auf das Register »Beschreibung«.

Der Dokumentautor hat bereits einige Metadaten und ein paar Stichwörter für die Datei eingegeben. Metadaten sind Informationen über das Dokument, die Sie für die Suche nach Dokumenten verwenden können. Sie fügen jetzt noch weitere Stichwörter ein.

5 Geben Sie in das Textfeld »Stichwörter« nach den vorhandenen Stichwörtern **; map; vendors** ein. Stichwörter müssen durch Semikolons oder Kommas getrennt werden.

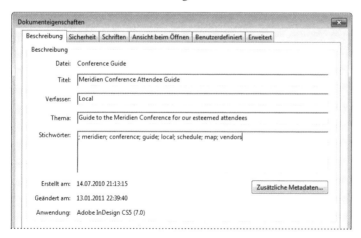

6 Klicken Sie auf OK, um die Änderungen im Dialogfenster »Dokumenteigenschaften« zu übernehmen.

7 Wählen Sie **Datei: Speichern**, um Ihre Arbeit zu sichern, schließen Sie dann alle geöffneten Dateien und beenden Sie Acrobat.

Fragen

1 Wie ändern Sie die Seitenreihenfolge in einem PDF-Dokument?

2 Wie fügen Sie eine ganze PDF-Datei in eine andere PDF-Datei ein?

3 Wie fügen Sie eine Videodatei in ein PDF-Dokument ein?

4 Welche Textattribute können Sie in Acrobat ändern?

5 Wie kopieren Sie Text aus einer PDF-Datei?

Antworten

1 Sie ändern die Seitenreihenfolge, indem Sie die entsprechenden Seitenminiaturen der zu verschiebenden Seiten markieren und sie in der Seitenminiaturen-Palette an ihre neue Position bewegen.

2 Um alle Seiten einer PDF-Datei vor oder nach einer Seite in eine andere PDF-Datei einzufügen, wählen Sie in der Seiten-Palette die Option »Aus Datei einfügen« und anschließend im aufgerufenen Dialogfenster »Datei zum Einfügen auswählen« die gewünschte Datei.

3 Um eine Videodatei einzufügen, wählen Sie in der Inhalt-Palette **Multimedia: Video** und ziehen auf der Seite einen Videorahmen auf. Wählen Sie die einzufügende Datei und legen Sie die gewünschten Eigenschaften fest, beispielsweise den Zeitpunkt des Abspielens und wie die Betrachter auf Steuerelemente zugreifen können.

4 Mit dem Dokumenttext-bearbeiten-Werkzeug können Sie die Textformatierung – Schriftart, Größe, Farbe, Zeichenabstände und -ausrichtung – oder den Text selbst bearbeiten.

5 Zum Kopieren einzelner Wörter oder Sätze und zum Einfügen in eine andere Anwendung benutzen Sie das Auswahl-Werkzeug.

7 DATEIEN IN PDF-PORTFOLIOS ZUSAMMENFÜHREN

Überblick

In dieser Lektion lernen Sie Folgendes:

- Unterschiedliche Dateitypen schnell und mühelos zu einem PDF-Portfolio zusammenführen (nur Acrobat Pro)

- Ein PDF-Portfolio optisch und inhaltlich anpassen

- Ein PDF-Portfolio verteilen

- Ein PDF-Portfolio durchsuchen

- Ein PDF-Portfolio vor unbefugtem Zugriff sichern

- Dateien in einer PDF-Datei zusammenfassen, ohne ein PDF-Portfolio zu erstellen

 Für diese Lektion benötigen Sie ungefähr 45 Minuten. Falls nötig, kopieren Sie jetzt den Ordner *Lektion07* auf Ihre Festplatte.

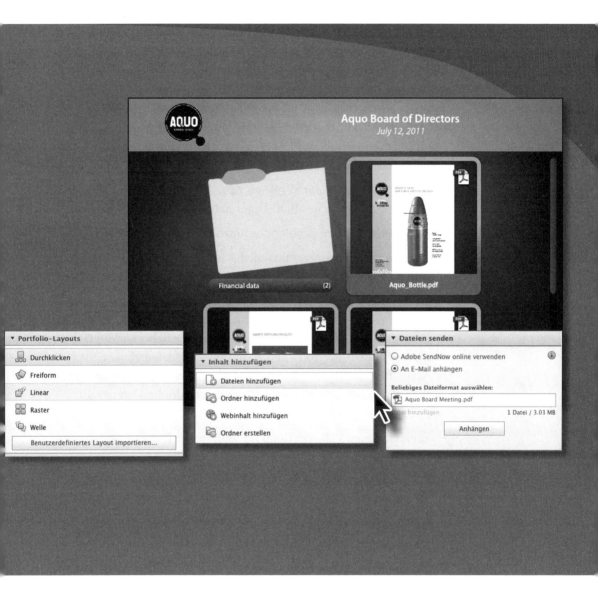

Ein PDF-Portfolio führt mehrere Dokumente – PDF oder andere Formate – zu einem zusammenhängenden Dokument zusammen. Dabei bestimmen Sie, wie die Dokumente dem Betrachter präsentiert werden.

PDF-Portfolios

Mit Acrobat X Pro können Sie mehrere Dokumente zu einem zusammenhängenden PDF-Portfolio zusammenführen. Die Dateien in einem Portfolio können in verschiedenen Formaten aus verschiedenen Anwendungsprogrammen vorliegen, ohne sie in PDF konvertieren zu müssen. So können Sie beispielsweise alle Dokumente wie Texte, E-Mail-Nachrichten, Kalkulationsblätter, CAD-Zeichnungen und PowerPoint-Präsentationen für ein bestimmtes Projekt zusammenfassen. Die Originaldateien bleiben mit ihren spezifischen Eigenschaften erhalten, obwohl sie zu einem Teil der PDF-Portfolio-Datei werden. Jede Komponentendatei kann unabhängig von den übrigen Komponentendateien im PDF-Portfolio geöffnet, gelesen, bearbeitet und formatiert werden.

PDF-Portfolios bieten im Vergleich zum Zusammenführen mehrerer Dateien in ein klassisches PDF-Dokument verschiedene Vorteile:

- Sie können Dateien problemlos hinzufügen oder entfernen.

- Sie können Komponentendateien schnell in der Vorschau anzeigen, ohne sie in ihren jeweiligen Anwendungen öffnen zu müssen.

- Sie können einzelne Dateien im PDF-Portfolio ohne Auswirkungen auf andere Dateien ändern. Sie können beispielsweise Seiten in einem Dokument neu nummerieren, ohne dabei andere Dokumente im PDF-Portfolio neu zu nummerieren. Sie können auch Nicht-PDF-Dateien in ihren jeweiligen Anwendungen in einem PDF-Portfolio ändern. Jede Änderung wird in der Datei im PDF-Portfolio gespeichert.

- Sie können ein PDF-Portfolio für andere bereitstellen und dafür sorgen, dass sie alle Komponententeile erhalten.

- Sie können Komponentendateien nach Kategorien sortieren, die Sie anpassen können.

- Sie können eine, alle oder eine beliebige Komponentenkombination in einem Portfolio drucken.

- Sie können eine oder alle Dateien in einem PDF-Portfolio durchsuchen, sogar Nicht-PDF-Komponentendateien.

- Sie können Dateien, die nicht als PDF vorliegen, einem vorhandenen PDF-Portfolio hinzufügen, ohne sie zuvor in PDF zu konvertieren.

- Die Quelldateien eines PDF-Portfolios werden bei der Erstellung nicht verändert, und Änderungen, die Sie an den

Komponentendateien innerhalb eines PDF-Portfolios vornehmen, wirken sich nicht auf die Originaldateien aus.

Ein PDF-Portfolio erstellen

In dieser Lektion erstellen Sie ein PDF-Portfolio mit Dokumenten für die Aufsichtsratssitzung eines fiktiven Getränkeunternehmens. Das PDF-Portfolio soll ein Microsoft Excel-Arbeitsblatt, ein Microsoft Word-Dokument, eine Microsoft PowerPoint-Präsentation und mehrere PDF-Dateien aufnehmen. Später fügen Sie noch eine Kopfzeile und ein animiertes Firmenlogo in das PDF-Portfolio ein.

1   Starten Sie Acrobat Pro.

2   Wählen Sie im Startbild-schirm **PDF-Portfolio erstellen**.

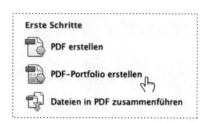

Es erscheint das Dialogfenster »PDF-Portfolio erstellen«.

3   Wählen Sie »Linear« als Portfolio-Layout.

Acrobat Pro zeigt eine Vorschau nebst Beschreibung für das gewählte Layout. Das Layout »Linear« präsentiert die Dokumente in der von Ihnen festgelegten Reihenfolge. Wählen Sie andere Layouts, um andere Präsentationsmöglichkeiten zu prüfen. Anschließend wählen Sie wieder »Linear«.

4   Klicken Sie unten rechts im Dialogfenster auf »Dateien hinzufügen«.

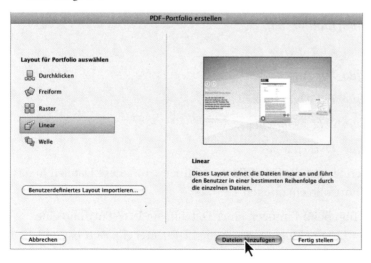

5   Navigieren Sie zum Ordner *Lektion07*.

Der Ordner enthält ein Excel-Arbeitsblatt, eine PowerPoint-Präsentation, ein Word-Dokument und mehrere PDF-Dateien.

6 Markieren Sie die Datei *Aquo_Bottle.pdf* und klicken Sie auf »Öffnen« (Windows) bzw. »Fertigstellen« (Mac OS).

Acrobat erstellt und öffnet die Datei *Portfolio1.pdf* mit *Aquo_Bottle.pdf* in der Mitte des Fensters.

Das Acrobat-Programmfenster ändert sich und zeigt die speziellen Optionen für die Arbeit mit PDF-Portfolios.

7 Klicken Sie rechts im Layout-Fenster in der Palette »Inhalt hinzufügen« auf die Option »Dateien hinzufügen«.

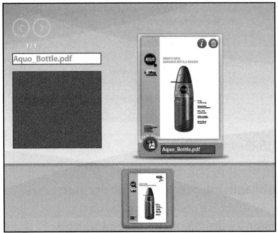
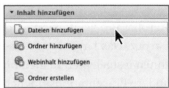

8 Navigieren Sie zum Ordner *Lektion07* und klicken Sie mit gedrückter Strg- (Windows) bzw. Befehlstaste (Mac OS) auf die folgenden Dateien, um sie auszuwählen:

- *Aquo_Building.pdf*
- *Aquo_Costs.pdf*
- *Aquo_Fin_Ana.xls*
- *Aquo_Fin_Data.pptx*
- *Aquo_Mkt_Summ.doc*
- *Aquo_Overview.pdf*

9 Klicken Sie auf die Schaltfläche »Öffnen«, um diese Dateien in das PDF-Portfolio einzufügen.

Acrobat fügt beim Einfügen einer Datei in ein PDF-Portfolio eine Kopie des Originaldokuments in die PDF-Datei ein. Acrobat und

Adobe Reader unterstützen manche Dateiformate direkt, etwa TIFF. Für die Darstellung einiger Formate benötigen die Betrachter allerdings eine entsprechende Anwendung. Welche Formate das sind, hängt vom Betriebssystem des Anwenders ab. Wenn Sie z.B. eine PowerPoint-Präsentation in Ihr Portfolio einfügen, benötigt ein Windows XP- Anwender PowerPoint auf seinem System, um sie öffnen zu können, während ein Windows Vista-Anwender sich die Präsentation ohne PowerPoint unmittelbar ansehen kann.

Dateien in Ordnern verwalten

Sie können einen Ordner komplett in ein PDF-Portfolio einfügen oder vorhandene Dateien in einem neuen Ordner kombinieren. Sie erstellen jetzt einen Ordner für die Finanzdaten.

1 Klicken Sie in der Palette »Inhalt hinzufügen« auf die Option »Ordner erstellen«.

2 Geben Sie dem neuen Ordner den Namen **Financial data** und klicken Sie auf OK.

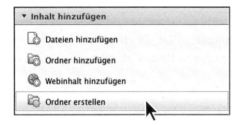 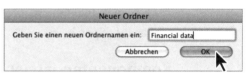

3 Klicken Sie oben rechts auf das Register »Details«, um die Palette »Details« zu öffnen. Acrobat zeigt die PDF-Portfolio-Dateien im Tabellenformat an, so dass Sie die Reihenfolge und die Art der einzelnen Dateien erkennen können.

4 Ziehen Sie die Dateien *Aquo_Fin_Ana.xls* und *Aquo_Fin_Data. pptx* in den neuen Ordner.

▶ **Tipp:** Doppelklicken Sie beim Betrachten eines PDF-Portfolios auf eine Komponente, um eine Vorschau zu erhalten. Klicken Sie anschließend in der oberen rechten Ecke auf »Datei öffnen«, um die Datei selbst zu öffnen.

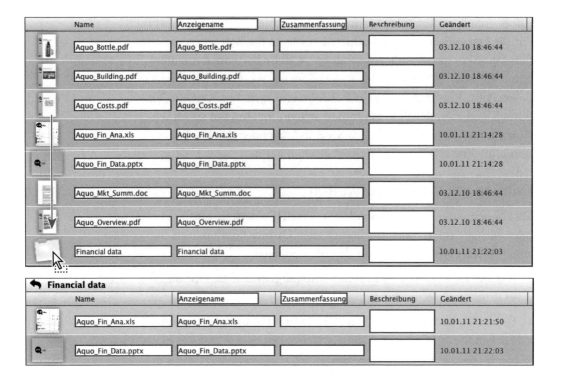

	Name	Anzeigename	Zusammenfassung	Beschreibung	Geändert
	Aquo_Bottle.pdf	Aquo_Bottle.pdf			03.12.10 18:46:44
	Aquo_Building.pdf	Aquo_Building.pdf			03.12.10 18:46:44
	Aquo_Costs.pdf	Aquo_Costs.pdf			03.12.10 18:46:44
	Aquo_Fin_Ana.xls	Aquo_Fin_Ana.xls			10.01.11 21:14:28
	Aquo_Fin_Data.pptx	Aquo_Fin_Data.pptx			10.01.11 21:14:28
	Aquo_Mkt_Summ.doc	Aquo_Mkt_Summ.doc			03.12.10 18:46:44
	Aquo_Overview.pdf	Aquo_Overview.pdf			03.12.10 18:46:44
	Financial data	Financial data			10.01.11 21:22:03

↩ Financial data

	Name	Anzeigename	Zusammenfassung	Beschreibung	Geändert
	Aquo_Fin_Ana.xls	Aquo_Fin_Ana.xls			10.01.11 21:21:50
	Aquo_Fin_Data.pptx	Aquo_Fin_Data.pptx			10.01.11 21:22:03

5 Wählen Sie **Datei: Speichern unter: PDF-Portfolio**. Geben Sie
dem PDF-Portfolio den Namen **Aquo Board Meeting** und klicken
Sie auf »Speichern«.

Komponentendateien mit Beschreibungen versehen

Sie können Dateien und Ordnern im PDF-Portfolio Beschreibungen
hinzufügen, um den Betrachtern die Suche nach den gewünschten
Dateien zu erleichtern.

1 Klicken Sie in die Spalte »Beschreibung« für den Ordner
Financial Data, um eine Einfügemarke zu platzieren.

2 Geben Sie **Financial analysis spreadsheet and financial presen-
tation** in das Beschreibungsfeld ein.

				Financial analysis spreadsheet and financial presentation	
	Financial data	Financial data			10.01.11 21:24:27

Sie bewegen jetzt den Ordner in der Liste nach oben, um ihn im
PDF-Portfolio zuerst anzuzeigen.

3 Ziehen Sie den Ordner *Financial Data* ganz nach oben in der
Liste.

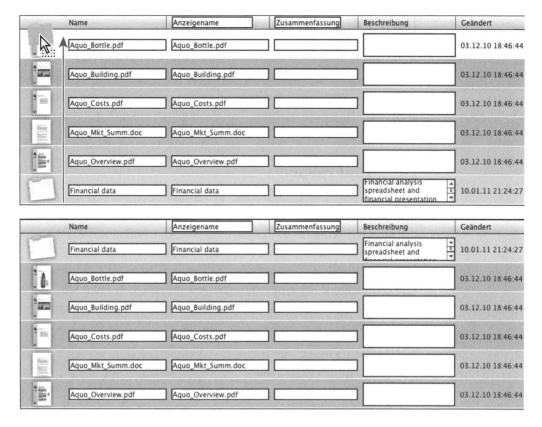

	Name	Anzeigename	Zusammenfassung	Beschreibung	Geändert
	Aquo_Bottle.pdf	Aquo_Bottle.pdf			03.12.10 18:46:44
	Aquo_Building.pdf	Aquo_Building.pdf			03.12.10 18:46:44
	Aquo_Costs.pdf	Aquo_Costs.pdf			03.12.10 18:46:44
	Aquo_Mkt_Summ.doc	Aquo_Mkt_Summ.doc			03.12.10 18:46:44
	Aquo_Overview.pdf	Aquo_Overview.pdf			03.12.10 18:46:44
	Financial data	Financial data		Financial analysis spreadsheet and financial presentation	10.01.11 21:24:27

	Name	Anzeigename	Zusammenfassung	Beschreibung	Geändert
	Financial data	Financial data		Financial analysis spreadsheet and	10.01.11 21:24:27
	Aquo_Bottle.pdf	Aquo_Bottle.pdf			03.12.10 18:46:44
	Aquo_Building.pdf	Aquo_Building.pdf			03.12.10 18:46:44
	Aquo_Costs.pdf	Aquo_Costs.pdf			03.12.10 18:46:44
	Aquo_Mkt_Summ.doc	Aquo_Mkt_Summ.doc			03.12.10 18:46:44
	Aquo_Overview.pdf	Aquo_Overview.pdf			03.12.10 18:46:44

4 Klicken Sie auf »Layout«, um das PDF-Portfolio wieder im Layout
»Linear« anzuzeigen.

5 Klicken Sie auf die Info-Schaltfläche(ⓘ) neben dem Ordnernamen.
Acrobat Pro zeigt Informationen über den Ordner einschließlich
der Beschreibung an.

6 Schließen Sie das Info-Feld, um wieder das Hauptlayout zu
erhalten.

Ihr PDF-Portfolio anpassen

▶ **Tipp:** Um ein PDF-Portfolio zu bearbeiten, öffnen Sie es und klicken Sie auf »Bearbeiten« in der PDF-Portfolio-Werkzeugleiste.

Acrobat Pro bietet zahlreiche Optionen zur Anpassung Ihres PDF-Portfolios. Sie wählen jetzt ein Layout und ein Farbschema, um dem Dokument ein professionelleres Aussehen zu verleihen. Sie fügen außerdem eine Kopfzeile mit dem Firmenlogo ein, um das Aussehen abzurunden.

Ein Layout wählen

Acrobat X Pro bietet zahlreiche Layout-Optionen für PDF-Portfolios. Mit dem Layout bestimmen Sie, wie Komponentendokumente auf der Startseite eines PDF-Portfolios angezeigt werden und wie die Betrachter durch den Inhalt navigieren. Standardmäßig ist das Layout »Durchklicken« zugewiesen. Sie hatten zwar beim Erstellen der PDF-Portfolios das Layout »Linear« gewählt, doch können Sie das Layout jederzeit ändern. Sie sehen sich jetzt die übrigen Layouts in der Vorschau an und wählen eines für dieses PDF-Portfolio aus.

1   Wählen Sie im Fenster »Portfolio-Layouts« das Layout »Durchklicken«.

Acrobat zeigt im Layout »Durchklicken« die Dokumente nacheinander an – mit einem Mini-Navigator unten im Bildschirm können sie ein beliebiges Dokument wählen.

2   Klicken Sie oben im Programmfenster auf »Vorschau«. Sie sehen das Layout jetzt so wie der Betrachter des fertigen PDF-Portfolios. Navigieren Sie mit den Pfeilsymbolen durch die Dokumente.

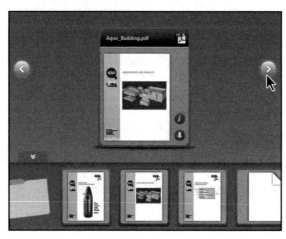

3   Klicken Sie oben im Fenster in der PDF-Portfolio-Werkzeugleiste auf »Bearbeiten«, um wieder in den Bearbeiten-Modus zu gelangen.

4   Wählen Sie nacheinander die anderen Layouts, klicken Sie jedes Mal auf »Vorschau« und beobachten Sie die Anzeige der Dokumente im PDF-Portfolio.

5   Wählen Sie für dieses Projekt das Layout »Raster«, in dem die Dokumente in einem Raster angezeigt werden.

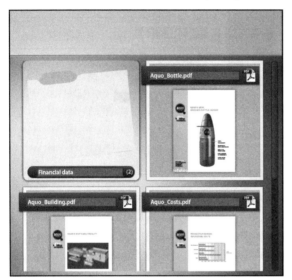

Ein Design wählen

Sie können ein PDF-Portfolio mit Farben für den Text, die Hintergründe und Bereiche für die Komponentendateien noch weiter anpassen. Sie wählen jetzt ein Design, das für die geplante Präsentation passt.

1   Öffnen Sie die Palette »Designs« – standardmäßig ist das Design »Neutral« gewählt.

2   Wählen Sie die einzelnen Designs und beachten Sie das unterschiedliche Aussehen des PDF-Portfolios.

3   Wählen Sie jetzt das Design »Tech Office«.

4   Öffnen Sie die Palette »Farbpaletten«. Klicken Sie auf die einzelnen Paletten und beachten Sie die Auswirkungen auf das PDF-Portfolio. Wählen Sie Ihre Lieblingspalette – wir haben die erste gewählt.

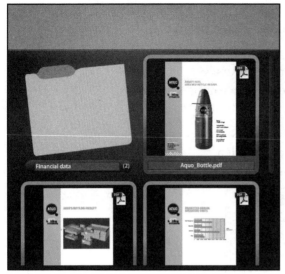

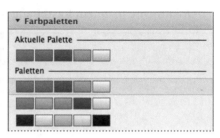

5 Wählen Sie **Datei: Portfolio speichern**.

Eine Kopfzeile einfügen

Sie können auch eine Kopfzeile in Ihr PDF-Portfolio einfügen, die oben im Layout angezeigt wird. Die Kopfzeile kann Text und eine Grafik enthalten sowie wichtige Informationen wie ein Logo, den Firmennamen oder Kontaktinformationen. Sie fügen jetzt das Firmenlogo sowie die Art und das Datum des nächsten Treffens in die Kopfzeile ein.

1 Klicken Sie in den leeren Bereich ganz oben im PDF-Portfolio. Die Palette »Kopfzeileneigenschaften« erscheint unten im Layout-Fenster.

2 Wählen Sie im Vorlagen-Menü die Option »Text und Bild«.

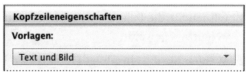

Acrobat verfügt über unterschiedliche Kopfzeilenvorlagen, einschließlich verschiedener Konfigurationen für Text und Grafik.

3 Klicken Sie im Bereich »Kopfzeilenelemente« auf die Option »Bild hinzufügen«.

4 Öffnen Sie im Ordner *Lektion07* die Datei *Logo.gif*. Das Logo erscheint in der oberen linken Ecke des PDF-Portfolios.

 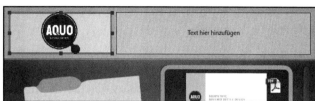

5 Doppelklicken Sie rechts neben dem Logo im Feld »Text hier hinzufügen«.

6 Geben Sie **Aquo Board of Directors** ein.

7 Drücken Sie die Eingabetaste und geben Sie **July 12, 2011** ein.

8 Markieren Sie den Text *Aquo Board of Directors*. Ändern Sie in der Palette »Textfeldeigenschaften« die Schriftgröße in 22 Punkt, klicken Sie auf die Schaltfläche »Fett« (B) und dann auf das Farbfeld. Wählen Sie Weiß als Textfarbe.

9 Markieren Sie den Text *July 12, 2011* und ändern Sie die Schriftgröße in 18 Punkt. Klicken Sie auf die Schaltfläche »Kursiv« (I) und wählen Sie Weiß als Textfarbe.

10 Klicken Sie auf »Vorschau« und sehen Sie sich die Kopfzeile oben im PDF-Portfolio an.

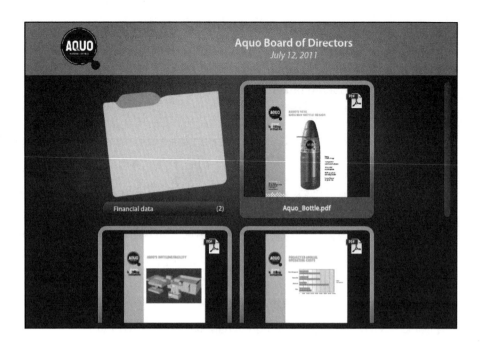

■ Video: Das Video
»PDF-Portfolio als
Webseite speichern«
zeigt mehr zu diesem
Themenbereich. Weitere
Informationen finden Sie
unter »Video-Training«
auf Seite 8.

11 Wählen Sie **Datei: Portfolio speichern**.

Dateidetails ansehen

Die Listenansicht für Dateidetails zeigt die Komponentendateien des
PDF-Portfolios in Tabellenform mit Spalten für z.B. Dateibeschreibung,
Größe und Änderungsdatum an. Um die Spalten für die Dateidetails
in der Listenansicht anzupassen, wählen Sie im Bearbeiten-Modus die
gewünschten Spalten im Fenster »Details«.

Gemeinsame PDF-Portfolios

Ein PDF-Portfolio ist eine PDF-Datei, die Sie genau wie jede andere PDF-Datei verbreiten können. Sie können die Datei speichern und per E-Mail an einen Empfänger verschicken, sie auf eine CD oder DVD brennen oder auf einen Server oder eine Website laden. Mit Acrobat können Sie Ihre PDF-Portfolios mühelos per E-Mail versenden oder auf *Acrobat.com*, einem sicheren webbasierten Service, veröffentlichen. In dieser Lektion senden Sie das PDF-Portfolio per E-Mail an sich selbst.

Hinweis: Um eine Datei von *Acrobat.com* herunterladen zu können, benötigen die Empfänger eine kostenlos erhältliche Adobe-ID. Einzelheiten zum Herauf-laden einer PDF-Portfoliodatei auf *Acrobat.com* finden Sie in der Adobe Acrobat X-Hilfe.

1 Klicken Sie im Bearbeiten-Fenster oben rechts auf »Freigeben«, um das Freigeben-Fenster zu öffnen.

2 Wählen Sie die Option »An E-Mail anhängen«.

3 Achten Sie darauf, dass die Datei *Aquo Board Meeting.pdf* als zu sendende Datei aufgelistet ist.

4 Klicken Sie auf »Anhängen«. Acrobat öffnet Ihr Standard-E-Mail-Programm mit einer neuen E-Mail-Nachricht, an welche die PDF-Portfoliodatei bereits als Anhang angehängt ist.

5 Geben Sie in das Texteingabefeld »An« Ihre E-Mail-Adresse ein und formulieren Sie eine Betreffzeile sowie eine kurze Nachricht.

6 Senden Sie die Nachricht.

Ein PDF-Portfolio durchsuchen

Sie können in allen Komponenten eines PDF-Portfolios nach bestimmten Wörtern suchen, auch in denen, die keine PDF-Dateien sind. Sie suchen nun nach dem Namen einer bestimmten Person

Hinweis: Acrobat kann jedes Dokument in einem PDF-Portfolio durchsuchen, solange es auf das Dokument zugreifen kann. Wenn Sie eine PDF-Portfolio-Komponente nicht betrachten können, weil die entsprechende Anwendung nicht auf Ihrem Rechner installiert ist, können Sie die Komponente auch nicht durchsuchen.

1 Klicken Sie oben rechts in der PDF-Portfolio-Werkzeugleiste in das Suchtexteingabefeld.

2 Geben Sie **Schneider** ein, um nach dem stellvertretenden Vorsitzenden der Firma zu suchen.

3 Klicken Sie auf das Fernglas-Symbol (🔍).

■ **Video:** Das Video »Dateianhänge in PDF« zeigt mehr zu diesem Themenbereich. Weitere Informationen finden Sie unter »Video-Training« auf Seite 8.

Das Suchergebnis erscheint unterhalb des Suchfeldes.

4 Klicken Sie auf das aufgeführte Dokument, um es zu erweitern, und dann auf die Instanz mit dem Namen *Schneider* – Sie öffnen das Dokument mit dem hervorgehobenen Namen.

5 Schließen Sie das PDF-Portfolio und alle anderen eventuell noch geöffneten Dateien.

Dateien in einer einzelnen PDF-Datei zusammenführen

Sie können mehrere Dateien in einer einzelnen PDF-Datei kombinieren, ohne dafür ein PDF-Portfolio zu erzeugen. In einer zusammengeführten PDF-Datei werden konvertierte Dokumente der Reihe nach in ein einzelnes PDF-Dokument eingebunden.

So erstellen Sie eine zusammengeführte PDF-Datei:

1 Wählen Sie **Datei: Erstellen: Dateien in einem einzigen PDF-Dokument zusammenführen**.

2 Vergewissern Sie sich, dass in der rechten oberen Ecke des Dialogfensters »Dateien zusammenführen« die Option »Einzelne PDF« gewählt ist.

3 Klicken Sie auf »Dateien hinzufügen« und dann auf »Dateien hinzufügen« oder »Ordner hinzufügen«.

4 Wählen Sie die Dateien bzw. Ordner und klicken Sie auf »Öffnen« (Windows) bzw. »Hinzufügen« oder »Wählen« (Mac OS).

5 Ordnen Sie die Dateien in der gewünschten Reihenfolge für die zusammengeführte PDF-Datei an. Zum Ändern der Reihenfolge der Dateien wählen Sie eine Datei aus und klicken auf »Nach oben« bzw. »Nach unten« oder ziehen die Datei an die gewünschte Position.

6 Um nur bestimmte Seiten eines Dokuments einzubinden, wählen Sie die Datei aus, und klicken Sie auf die Schaltfläche »Seiten wählen«. Sehen Sie sich die Seiten in der Vorschau an und treffen Sie Ihre Auswahl.

7 Klicken Sie auf »Optionen«, um Konvertierungseinstellungen festzulegen, z.B. Lesezeichen hinzufügen oder Ausgabe-/Eingabehilfen zu aktivieren.

8 Geben Sie eine Dateigröße an, indem Sie auf ein Seitensymbol klicken.

Die Komprimierungs- und Auflösungseinstellungen für »Kleinere Datei« eignen sich für die Bildschirmdarstellung, »Standardgröße« erzeugt PDF-Geschäftsdokumente, während »Größere Datei« für den qualitativ hochwertigen Druck von PDF-Dokumenten auf Desktop-Druckern bestimmt ist.

9 Klicken Sie auf »Dateien zusammenführen«.

In einem Statusdialogfeld wird der Fortschritt der Dateikonvertierungen angezeigt. Einige Ausgangsanwendungen werden dabei automatisch gestartet und geschlossen.

Fragen

1 Nennen Sie drei Vorteile eines PDF-Portfolios.

2 Müssen Sie Dokumente erst in PDF konvertieren, um sie in ein PDF-Portfolio einzufügen?

3 Wie bearbeiten Sie ein PDF-Portfolio?

4 Richtig oder falsch: Sie können alle Dokumente in einem PDF-Portfolio durchsuchen, selbst Komponenten, die nicht als PDF vorliegen.

Antworten

1 PDF-Portfolios bieten zahlreiche Vorteile:

- Sie können Komponentendokumente umgehend hinzufügen oder entfernen – auch Dateien, die nicht als PDF vorliegen.

- Komponentendateien lassen sich schnell in der Vorschau betrachten.

- Sie können einzelne Dateien im PDF-Portfolio unabhängig voneinander bearbeiten.

- PDF-Portfolios enthalten alle Komponenten und können daher leicht weitergegeben werden.

- Sie können Komponentendateien nach Kategorien sortieren und in der gewünschten Reihenfolge anordnen.

- Sie können eine, alle oder eine beliebige Kombination der Komponenten eines PDF-Portfolios drucken.

- Sie können das gesamte PDF-Portfolio durchsuchen, auch Komponentendateien, die nicht als PDF vorliegen.

- Die Quelldateien eines PDF-Portfolios werden nicht verändert, wenn Sie die PDF-Datei erstellen, und Änderungen, die Sie an den Komponentendateien vornehmen, beeinflussen nicht die Originaldateien.

2 Nein. Sie können beliebige Dokumente in einem PDF-Portfolio zusammenführen, die in ihrem Originalformat erhalten bleiben.

3 Um ein PDF-Portfolio zu bearbeiten, klicken Sie auf »Bearbeiten« in der PDF-Portfolio-Werkzeugleiste.

4 Richtig. Acrobat kann jedes Dokument in einem PDF-Portfolio durchsuchen, vorausgesetzt, es ist eine entsprechende Anwendung zum Öffnen der Datei auf dem Rechner installiert.

8 DIGITALE UNTERSCHRIFTEN UND SICHERHEIT

Überblick

In dieser Lektion lernen Sie Folgendes:

- Adobe Reader im geschützten Modus (nur Windows) verwenden
- Einer Datei ein Kennwort hinzufügen, um das Öffnen, die Ausgabe und die Bearbeitbarkeit der Datei auf bestimmte Personen zu beschränken
- Ein Dokument zertifizieren
- Eine digitale ID mit einer Abbildung erstellen
- Dokumente digital unterschreiben

 Für diese Lektion benötigen Sie ungefähr 45 Minuten. Falls nötig, kopieren Sie jetzt den Ordner *Lektion08* auf Ihre Festplatte.

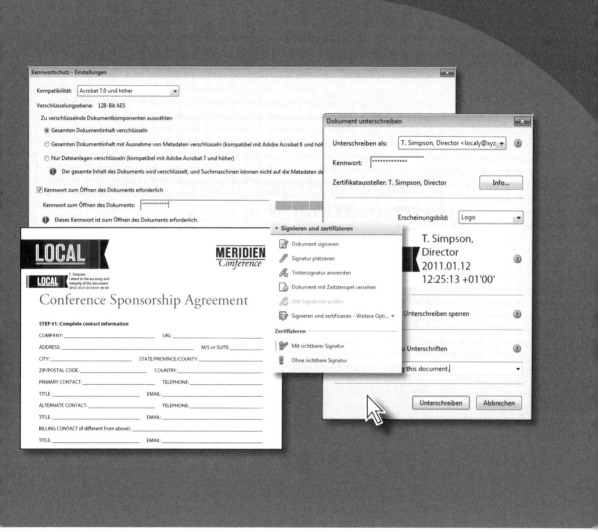

Sie können Ihre PDF-Dokumente mit Kennwörtern, Zertifizierungen und digitalen Unterschriften absichern.

Einleitung

Acrobat X bietet alle notwendigen Werkzeuge für den Schutz Ihrer PDF-Dokumente. So können Sie mit Kennwörtern das Öffnen, Drucken und Bearbeiten von PDF-Dokumenten durch unbefugte Anwender einschränken. Mit einem Zertifikat lassen sich Ihre PDF-Dokumente so verschlüsseln, dass nur berechtigte Anwender sie öffnen können. Ihre Sicherheitseinstellungen können Sie zur späteren Weiterverwendung in einer Sicherheitsrichtlinie speichern. Außerdem können Sie mit der Schwärzen-Funktion sensible Inhalte dauerhaft aus Ihren PDF-Dokumenten entfernen (siehe Lektion 12, »Acrobat in Justiz und Verwaltung«).

Sie beschäftigen sich zuerst mit dem geschützten Modus im Adobe Reader für Windows und dann mit den Sicherheitsmöglichkeiten in Acrobat selbst.

Dokumente im geschützten Modus betrachten (nur Windows)

Adobe Reader X für Windows öffnet PDF-Dateien standardmäßig im geschützten Modus. In diesem Modus beschränkt Adobe Reader alle Prozesse auf das Programm selbst, so dass möglicherweise bösartige PDF-Dateien keinen Zugriff auf Ihren Computer und die hier gespeicherten Systemdateien erhalten.

1 Öffnen Sie Adobe Reader X in Windows.

2 Wählen Sie **Datei: Öffnen**, um die Datei *Travel Guide.pd*f im Ordner *Lektion08* zu öffnen.

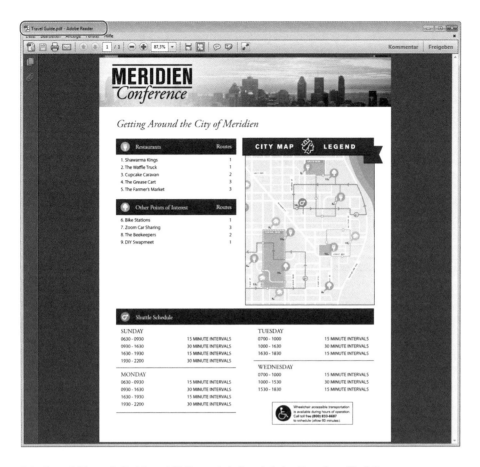

Die Datei *Travel Guide.pdf* öffnet sich im Adobe Reader. Sie können auf alle Menüs und Werkzeuge im Reader zugreifen. Allerdings kann die PDF-Datei keine Systemaufrufe außerhalb der Reader-Umgebung vornehmen.

3 Wählen Sie **Datei: Eigenschaften**.

4 Klicken Sie im Dialogfenster »Dokumenteigenschaften« auf das Register »Erweitert«.

5 Der Status »Geschützter Modus« unten im Dialogfenster ist standardmäßig eingeschaltet.

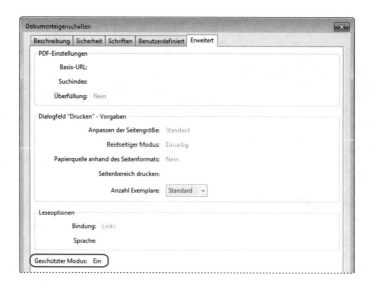

Sie können im Dialogfenster »Dokumenteigenschaften« immer prüfen, ob ein Dokument im geschützten Modus geöffnet ist.

6   Klicken Sie auf OK, um das Dialogfenster »Dokumenteigenschaften« zu schließen. Schließen Sie dann die Datei *Travel Guide.pdf* und beenden Sie den Adobe Reader.

Adobe empfiehlt, dass Sie den Adobe Reader im geschützten Modus benutzen. Einige Zugriffsmöglichkeiten könnten jedoch im Adobe Reader im geschützten Modus unter Windows XP nicht funktionieren. Das könnte auch bei einigen Plug-Ins von Drittanbietern der Fall sein. Wenn Sie deshalb den geschützten Modus ausschalten müssen, wählen Sie **Bearbeiten: Voreinstellungen** und dann die Kategorie »Allgemein«. Deaktivieren Sie die Option »Geschützten Modus beim Start aktivieren«. Sie müssen Adobe Reader neu starten, damit die Änderungen wirksam werden.

Sicherheit

Mit folgenden Sicherheitsmethoden können Sie eine PDF-Datei sichern:

- Schränken Sie das Öffnen, die Bearbeitung und das Drucken von PDF-Dateien durch Kennwörter und Sicherheitsoptionen ein.

- Verschlüsseln Sie Dokumente, damit nur bestimmte Benutzer darauf zugreifen können.

- Speichern Sie die PDF-Datei als zertifiziertes Dokument. Durch die Zertifizierung wird der PDF-Datei ein (sichtbares oder unsichtbares) Zertifikat hinzugefügt, wodurch der Verfasser Änderungen beschränken kann.

- Wenden Sie serverbasierte Sicherheitsrichtlinien auf PDF-Dateien an (beispielsweise *Adobe LiveCycle Rights Management*). Dies ist nützlich, wenn die Benutzer über einen bestimmten Zeitraum hinweg auf PDF-Dateien zugreifen sollen.

Mit einem so genannten Sicherheitsumschlag können Sie Ihre PDF-Dokumente – wie im Abschnitt »Übung: Sicherheitsumschläge verwenden« am Schluss dieser Lektion beschrieben – während der Übermittlung per E-Mail schützen.

Sicherheitssystem im FIPS-Modus (Windows)

In Acrobat und Reader (ab Version 8.1) steht ein FIPS-Modus zur Verfügung. Die Datensicherheit lässt sich damit auf den Federal Information Processing Standard (FIPS) begrenzen. Im FIPS-Modus werden genehmigte Algorithmen gemäß Norm FIPS 140-2 eingesetzt; dabei wird das Kryptografiemodul RSA BSAFE Crypto 2.1. verwendet.

Die folgenden Sicherheitsoptionen stehen im FIPS-Modus nicht zur Verfügung:

- Anwendung kennwortbasierter Sicherheitsrichtlinien auf Dokumente: Sie können auf öffentlichen Schlüsseln basierende Zertifikate oder Adobe LiveCycle Rights Management verwenden, um das Dokument zu schützen, Kennwortverschlüsselung ist jedoch nicht möglich.

- Erstellen selbst signierter Zertifikate: Sie können im FIPS-Modus keine selbst signierten Zertifikate erzeugen. Sie können im FIPS-Modus Dokumente öffnen und betrachten, die mit einem anderen als dem FIPS-Algorithmus geschützt sind. Es ist jedoch nicht möglich, Dokumentänderungen mit Kennwortschutz zu speichern. Wenn Sie entsprechend mit Sicherheitsrichtlinien arbeiten möchten, verwenden Sie entweder auf öffentlichen Schlüsseln basierende Zertifikate oder Adobe LiveCycle Rights Management.

Sicherheitseinstellungen anzeigen

Wenn Sie ein Dokument mit beschränkten Zugriffsfunktionen oder zugewiesenen Sicherheitsmerkmalen öffnen, erscheint links im

Dokumentfenster (und hier im Navigationsfenster) die Schaltfläche »Sicherheitseinstellungen« (🔒).

1 Starten Sie Acrobat. Wählen Sie **Datei: Öffnen** und öffnen Sie die Datei *Sponsor_secure.pdf* im Ordner *Lektion08*. Wenn Acrobat das Dialogfenster »Acrobat-Sicherheitseinstellungen« öffnet, klicken Sie auf »Abbrechen«.

2 Öffnen Sie im Werkzeuge-Fenster die Palette »Signieren und zertifizieren« – die Befehle sind ausgegraut (nicht verfügbar).

3 Öffnen Sie im Kommentar-Fenster die Palette »Anmerkungen« – die Werkzeuge sind ebenfalls nicht verfügbar.

4 Klicken Sie links im Navigationsfenster auf die Schaltfläche »Sicherheitseinstellungen« (🔒), um die Einstellungen anzuzeigen. Klicken Sie auf den Link »Details zu Berechtigungen« für weitere Informationen.

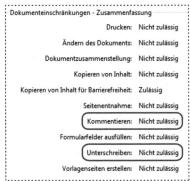

Das Dialogfenster führt alle zulässigen und nicht zulässigen Aktionen auf. Die Liste zeigt, dass Unterschreiben und Kommentieren nicht zulässig sind; daher sind die entsprechenden Werkzeuge und Befehle in den Menüs und der Werkzeugleiste ausgegraut und nicht anwählbar.

5 Wenn Sie mit dem Betrachten der Informationen fertig sind, klicken Sie auf »Abbrechen«, um das Dialogfenster »Dokumenteigenschaften« zu schließen.

6 Wählen Sie **Datei: Schließen**, um die Datei *Sponsor_secure.pdf* zu schließen.

PDF-Dateien Sicherheitsmerkmale hinzufügen

Sie können Ihren Adobe PDF-Dateien jederzeit Sicherheitsmerkmale hinzufügen, beim Erstellen oder danach. Sie können sogar Dateien, die Sie von Dritten erhalten haben, Sicherheitsmerkmale hinzufügen, es sei denn, der Verfasser des Dokuments hat die Änderungen von Sicherheitseinstellungen beschränkt.

In diesem Lektionsabschnitt fügen Sie einen Kennwortschutz hinzu, um den Zugriff auf Ihr Dokument und die Änderung der Sicherheitseinstellungen einzuschränken.

Kennwörter hinzufügen

Sie können Ihre Adobe PDF-Dokumente mit zwei unterschiedlichen Kennwörtern schützen. Mit einem *Kennwort zum Öffnen des Dokuments* erreichen Sie, dass das Dokument nur von Anwendern geöffnet werden kann, die über das Kennwort verfügen; mit einem *Berechtigungskennwort* können nur Anwender, die über das Kennwort verfügen, die Berechtigungen des Dokuments ändern.

Sie fügen nun einer Logo-Datei einen Kennwortschutz hinzu, damit niemand den Inhalt ändern kann und unbefugte Anwender die Datei weder öffnen noch verwenden können.

1 Wählen Sie **Datei: Öffnen** und öffnen Sie die Datei *Local_Logo.pdf* im Ordner *Lektion08*.

Da dem Dokument noch keine Sicherheitsmerkmale zugewiesen wurden, fehlt die Schaltfläche »Sicherheitseinstellungen« im Navigationsfenster.

2 Wählen Sie **Datei: Speichern unter: PDF**, geben Sie der Datei den neuen Namen **Local_Logo1.pdf** und sichern Sie sie im Ordner *Lektion08*.

3 Öffnen Sie im Werkzeuge-Fenster die Schutz-Palette.

4 Klicken Sie in der Schutz-Palette auf »Verschlüsseln« und wählen Sie die Option »2 Verschlüsseln mit Kennwort«. Klicken Sie im Fenster »Neue Sicherheitseinstellungen anwenden« auf »Ja«.

Acrobat öffnet nun automatisch das Dialogfenster »Kennwortschutz – Einstellungen«.

Die Standardkompatibilitätseinstellung ist die Kompatibilität mit Acrobat 7.0 und höher. Wenn Sie sicher sind, dass alle anvisierten Anwender über Acrobat 7.0 oder höher verfügen, ist diese Kompatibilitätseinstellung die richtige. Falls Sie davon ausgehen müssen, dass einige Anwender immer noch mit älteren Acrobat-Versionen arbeiten, sollten Sie die Kompatibilität mit einer niedrigeren Acrobat-Version wählen. Allerdings geht diese Einstellung mit einer geringeren Verschlüsselungssicherheit einher.

▶ **Tipp:** Sie sollten Ihre Kennwörter immer an einem sicheren Ort hinterlegen. Falls Sie Ihr Kennwort vergessen, können Sie es nicht mehr aus dem Dokument herleiten. Es kann daher sinnvoll sein, eine ungeschützte Dokumentkopie an einem sicheren Ort aufzubewahren.

5 Falls noch nicht vorgegeben, wählen Sie im Menü »Kompatibilität« die Option »Acrobat 7.0 und höher«.

6 Schalten Sie das Kontrollkästchen vor der Option »Kennwort zum Öffnen des Dokuments erforderlich« ein und geben Sie Ihr Kennwort ein. Wir haben **Logo1234;^bg** eingegeben.

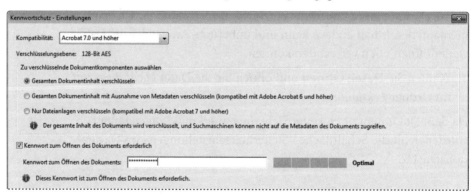

Acrobat beurteilt die Stärke des Kennworts. Stärkere Kennwörter umfassen Buchstaben in Groß- und Kleinschreibung, Zahlen,

Satzzeichen und Symbole. Längere Kennwörter lassen sich schwieriger erraten. Handelt es sich um vertrauliche Dokumente, müssen Sie ein starkes Kennwort verwenden. Das Kennwort teilen Sie anschließend jedem mit, der das Dokument öffnen soll. Denken Sie daran, dass Acrobat bei Kennwörtern zwischen Groß- und Kleinschreibung unterscheidet.

Jetzt fügen Sie ein zweites Kennwort hinzu, mit dem Sie das Ändern der Drucken-, Bearbeitungs- und Sicherheitseinstellungen für die Datei ermöglichen.

7 Aktivieren Sie im Bereich »Berechtigungen« die Option »Einschränkung für Bearbeitung und Drucken des Dokuments. Kennwort zum Ändern dieser Berechtigungseinstellungen erforderlich.« und geben Sie **Logo5678;^bg** in das dazugehörige Textfeld als weiteres Kennwort ein – die Kennwörter zum Öffnen des Dokuments und für die Berechtigung können gleich sein.

8 Wählen Sie im Einblendmenü »Zulässiges Drucken«, ob Drucken überhaupt nicht, in geringer Auflösung oder in hoher Auflösung zulässig sein soll. Wir haben den Eintrag »Niedrige Auflösung (150 dpi)« gewählt.

9 Wählen Sie im Einblendmenü »Zulässige Änderungen« die Änderungsmöglichkeiten, die Sie Anwendern erlauben möchten. Wir haben »Kommentieren, Ausfüllen von Formularfeldern und Unterschreiben vorhandener Unterschriftsfelder« gewählt, um den Anwendern das Kommentieren des Logos zu erlauben. Sie können sämtliche oder nur einige Änderungen unterbinden oder alle Änderungen bis auf das Extrahieren von Seiten erlauben.

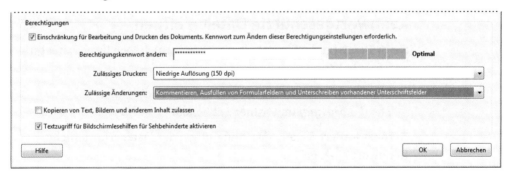

10 Klicken Sic auf OK, um Ihre Änderungen zuzuweisen.

11 Geben Sie in das erste Dialogfenster erneut Ihr Kennwort **Logo1234;^bg** zum Öffnen des Dokuments ein. Klicken Sie anschließend auf OK und im nachfolgenden Warnfenster ebenfalls auf OK, um es zu schließen.

12 Geben Sie im Dialogfenster »Adobe Acrobat - Berechtigungs-kennwort bestätigen« erneut Ihr Berechtigungskennwort **Logo5678;^bg** ein. Klicken Sie anschließend auf OK und im nachfolgenden Warnfenster erneut auf OK, um dieses Fenster zu schließen.

Die Sicherheitseinstellungen sind erst nach dem Speichern der Datei wirksam.

13 Wählen Sie **Datei: Speichern**.

14 Klicken Sie im Navigationsfens-ter (links) auf die Schaltfläche »Sicherheitseinstellungen« (🔒) und dann auf den Link »Details zu Berechtigungen«. Das Dialogfenster »Dokument-eigenschaften« zeigt, dass die gewählten Sicherheitseinstellun-gen wirksam sind.

15 Klicken Sie auf OK, um das Dialogfenster »Dokumenteigenschaf-ten« zu schließen. Wählen Sie **Datei: Schließen**, um die Datei *Local_Logo1.pdf* zu schließen.

Kennwortgeschützte Dateien öffnen

Sie prüfen jetzt die Sicherheitseinstellungen, die Sie Ihrer Datei hin-zugefügt haben.

1 Wählen Sie **Datei: Öffnen** und öffnen Sie die Datei *Local_Logo1.pdf* im Ordner *Lektion08*.

Acrobat fordert Sie auf, das zum Öffnen der Datei erforderliche Kennwort einzugeben.

2 Geben Sie das Kennwort (**Logo1234;^bg**) ein und klicken Sie auf OK.

Acrobat fügt dem Dateinamen oben in der Dokumentfensterleiste »(GESCHÜTZT)« hinzu.

Jetzt überprüfen Sie das Berechtigungskennwort.

3   Klicken Sie im Navigationsfenster auf die Schaltfläche »Sicher-
    heitseinstellungen« (🔒) und dann auf den Link »Details zu
    Berechtigungen«.

4   Versuchen Sie, im Dialogfenster »Dokumenteigenschaften« das
    Sicherheitssystem von »Kennwortschutz« in »Keine Sicherheit« zu
    ändern.

Acrobat fordert Sie auf, das Berechtigungskennwort einzugeben.

5   Geben Sie Ihr Kennwort (**Logo5678;^bg**) ein und klicken Sie auf
    OK. Klicken Sie erneut auf OK.

Damit haben Sie alle Beschränkungen der Datei aufgehoben.

6   Klicken Sie auf OK, um das Dialogfenster »Dokumenteigen-
    schaften« zu schließen.

7   Wählen Sie **Datei: Schließen**, um die Datei ohne Sichern der
    Änderungen zu schließen. Da Sie auf diese Weise eventuelle
    Änderungen nicht speichern, sind die Kennwörter weiterhin
    wirksam.

Digitale Unterschriften

Eine digitale Unterschrift identifiziert, wie eine von Hand ausge-
führte Unterschrift, die Person, die ein Dokument unterschreibt. Im
Gegensatz zur handschriftlichen Unterschrift ist eine digitale Unterschrift fast fälschungssicher, da sie verschlüsselte Informationen
enthält, die den Unterzeichnenden eindeutig ausweisen und leicht
überprüft werden können.

Die digitale Unterschrift bietet verschiedene Vorteile. Sie können das
unterschriebene Dokument unter anderem per E-Mail weiterleiten
und müssen es nicht faxen oder per Kurier versenden. Obwohl ein
digital unterschriebenes Dokument nicht unbedingt vor Veränderungen im Dokument schützt, lassen sich eventuelle Änderungen nach
dem Hinzufügen der Unterschrift verfolgen und in die ursprünglich
unterschriebene Version zurückwandeln. (Sie können das Verändern
von PDF-Dokumenten verhindern, indem Sie das Dokument mit
entsprechenden Sicherheitseinstellungen versehen.)

Um ein Dokument unterschreiben zu können, müssen Sie eine
digitale ID anfordern oder selbst in Acrobat erstellen. Die digitale ID
enthält einen privaten Schlüssel, den Sie benötigen, um die digitale
Unterschrift zu leisten, sowie ein Zertifikat, das Sie für diejenigen
freigeben, die Ihre Unterschrift überprüfen müssen.

Um weitere Informationen über die digitale ID von Adobe-Sicherheitspartnern und weitere Sicherheitslösungen zu erhalten, besuchen Sie die Adobe-Website unter *www.adobe.de*.

Digitale Unterschriften erstellen

■ **Video:** Das Video »Rechtsverbindliche Signatur« zeigt mehr zu diesem Themenbereich. Weitere Informationen finden Sie unter »Video-Training« auf Seite 8.

Sie verwenden in dieser Lektion eine selbst signierte digitale ID, die für das Unterschreiben von Dokumenten innerhalb eines Unternehmens meist ausreichend ist. In den Sicherheitsvoreinstellungen können Sie das Erscheinungsbild Ihrer digitalen Unterschrift und die von Ihnen bevorzugte Unterschriftsmethode festlegen und bestimmen, wie digitale Unterschriften überprüft werden. Sie sollten Acrobat außerdem für die Überprüfung von Unterschriften optimieren, bevor Sie ein unterzeichnetes Dokument öffnen.

Digitalen Unterschriften Bilder hinzufügen

Als Erstes fügen Sie Ihrer digitalen Unterschrift das Firmenlogo hinzu.

1 Wählen Sie **Bearbeiten: Voreinstellungen** (Windows) bzw. **Acrobat: Voreinstellungen** (Mac OS) und anschließend links im Dialogfenster die Kategorie »Sicherheit«. Eventuell müssen Sie nach unten rollen.

2 Klicken Sie im Bereich »Digitale Unterschriften« auf »Neu«, um das Dialogfenster »Erscheinungsbild der Unterschrift konfigurieren« zu öffnen.

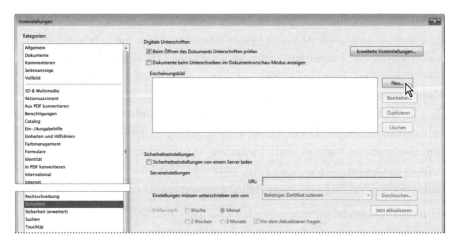

Sie können hier Ihre digitale Unterschrift mit einem Bild personalisieren – das Vorschaufenster zeigt das Standarderscheinungsbild der digitalen Unterschrift, also ausschließlich Text.

Sie geben zunächst einen Namen für Ihre digitale Unterschrift ein und fügen dem Unterschriftenblock dann das in dieser Lektion gebrauchte Firmenlogo hinzu.

3   Geben Sie in das Textfeld »Titel« den Namen **Logo** für das Erscheinungsbild Ihrer Unterschrift ein. Sie sollten eine Bezeichnung wählen, die sich an den Inhalt der Unterschrift anlehnt. Für sich selbst können Sie beliebig viele digitale Unterschriften anlegen.

4   Wählen Sie im Bereich »Grafik konfigurieren« die Option »Importierte Grafik« und klicken Sie auf die Schaltfläche »Datei«.

5   Klicken Sie im Dialogfenster »Bild auswählen« auf die Schaltfläche »Durchsuchen« und markieren Sie im Ordner *Lektion08* die Datei *Local_Logo.pdf*. (Acrobat führt die unterstützten Dateitypen im Menü »Dateityp« (Windows) bzw. »Anzeigen« (Mac OS) auf.) Klicken Sie auf »Öffnen« (Windows) bzw. »Auswählen« (Mac OS) und anschließend auf OK, um zum Dialogfenster »Erscheinungsbild der Unterschrift konfigurieren« zurückzukehren.

Jetzt legen Sie die Informationen für den Textblock Ihrer Unterschrift fest und geben Ihren Namen, den Grund für die Unterschrift des Dokuments sowie das Datum ein.

6 Lassen Sie im Dialogfenster »Erscheinungsbild der Unterschrift konfigurieren« im Bereich »Text konfigurieren« die Kontrollkästchen vor »Name«, »Datum« und »Grund« eingeschaltet und schalten Sie alle übrigen Optionen aus.

7 Wenn Sie mit dem Aussehen Ihres Unterschriftenblocks zufrieden sind, klicken Sie auf OK.

8 Schalten Sie im Dialogfenster »Voreinstellungen« das Kontrollkästchen vor »Dokumente beim Unterschreiben im Dokumentvorschau-Modus anzeigen« ein.

9 Klicken Sie auf »Erweiterte Voreinstellungen« und im aufgerufenen Dialogfenster auf den Reiter »Erstellung«. Schalten Sie die Option »Beim Unterschreiben Gründe anzeigen« ein und klicken Sie auf OK.

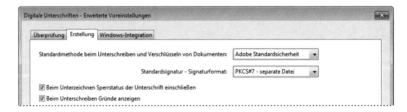

Signieren im Dokumentvorschau-Modus

Um zu analysieren, ob ein Dokument Inhalte enthält, die sein Aussehen nach Ihrer digitalen Unterschrift ändern können, verwenden Sie den Dokumentvorschau-Modus. Zu diesen Inhalten zählen beispielsweise Transparenzen, Skripte, Schriften und andere dynamische Inhalte. Im Dokumentvorschau-Modus werden diese Inhalte unterdrückt, wodurch Sie das Dokument in einem statischen und sicheren Status anzeigen und unterschreiben können.

Wenn Sie im Dokumentvorschau-Modus ein PDF-Dokument anzeigen, können Sie in einer Dokumentmeldungsleiste ablesen, ob die PDF-Datei dem Standard PDF/SigQ Level A und Level B entspricht. Level A bedeutet, dass das Dokument keinen dynamischen Inhalt enthält, der das Erscheinungsbild ändern kann. Level B bedeutet, dass es dynamischen Inhalt enthält, der beim Unterschreiben unterdrückt werden kann. Wenn das Dokument Level A oder B nicht entspricht, sollten Sie von seinem Unterschreiben absehen und den Dokumentverfasser auf das Problem ansprechen.

Mithilfe des Dokumentvorschau-Modus können Sie jederzeit die Integrität eines Dokuments überprüfen.

Acrobat prüft automatisch die Dokumentintegrität, bevor es zum Signieren in den Dokumentvorschau-Modus wechselt.

Sie können den Dokumentvorschau-Modus in den Sicherheit-Voreinstellungen aktivieren.

Unterschriftmethode wählen

Jetzt legen Sie eine Standardunterschriftmethode fest.

1   Klicken Sie im Dialogfenster »Voreinstellungen: Sicherheit« wieder auf die Schaltfläche »Erweiterte Voreinstellungen«.

In der Registerkarte »Überprüfung« des Dialogfensters »Digitale Unterschriften – Erweiterte Voreinstellungen« ist die Option »Beim Prüfen von Unterschriften nach Möglichkeit immer feststellen, ob das zugehörige Zertifikat gesperrt wurde« eingeschaltet. Dadurch werden Zertifikate während der Überprüfung immer mit einer Liste gesperrter Zertifikate abgeglichen.

2   Achten Sie darauf, dass die Option »Im Dokument angegebene Methode verwenden; bei Nichtverfügbarkeit Meldung ausgeben« gewählt ist. Sie werden dann mit einer Warnmeldung darauf

aufmerksam gemacht, wenn Sie beim Öffnen eines Dokuments nicht über die notwendige Software verfügen.

Außerdem befindet sich in der Registerkarte »Überprüfung« ein Einblendmenü, mit dem Sie die Standardmethode zum Überprüfen von Unterschriften wählen können. Acrobat zeigt dieses Menü ausgegraut an, bis Sie die Überprüfungsmethode durch die Wahl einer anderen Optionsschaltfläche ändern. Die Standardmethode für das Unterschreiben und Verschlüsseln von Dokumenten legen Sie in der Registerkarte »Erstellung« fest.

3 Klicken Sie auf das Register »Erstellung« und achten Sie darauf, dass für die Option »Standardmethode beim Unterschreiben und Verschlüsseln von Dokumenten« der Eintrag »Adobe Standardsicherheit« gewählt ist.

Unter Windows steht außerdem noch die Registerkarte »Windows-Integration« zur Verfügung, in der Sie bestimmen können, ob auch andere als eigene Zertifikate im Windows-Zertifikatspeicher gesucht werden dürfen und ob alle Stammzertifikate im Windows-Zertifikatspeicher vertrauenswürdig sind. Wir empfehlen Ihnen, die Standardeinstellungen in dieser Registerkarte zu übernehmen.

4 Klicken Sie nun auf OK und anschließend auch im Dialogfenster »Voreinstellungen«, um beide Dialogfenster zu schließen.

Digitale ID erstellen

Eine digitale ID hat die Funktion eines Personalausweises oder Reisepasses. Sie dient als Ihr Identifikationsnachweis für Personen oder Institutionen, mit denen Sie auf elektronischem Weg kommunizieren. Eine digitale ID enthält normalerweise Ihren Namen und Ihre E-Mail-Adresse, den Namen des Unternehmens, das die digitale ID ausgestellt hat, eine Seriennummer und ein Ablaufdatum.

Mit einer digitalen ID erstellen Sie eine digitale Unterschrift und entschlüsseln verschlüsselte PDF-Dokumente. Sie können für jede Ihrer unterschiedlichen Funktionen im Arbeits- und Privatleben mehr als eine digitale ID erzeugen. Für diesen Lektionsabschnitt erstellen Sie eine selbst signierte digitale ID für *T. Simpson*, Angestellter bei einer fiktiven lokalen Zeitschrift.

Zuerst öffnen Sie den Entwurf eines Reiseführers, um ihn zu unterzeichnen.

1 Wählen Sie **Datei: Öffnen**. Öffnen Sie die Datei *Travel Guide.pdf* im Ordner *Lektion08*. Wählen Sie **Datei: Speichern unter: PDF** und speichern Sie sie als **Travel Guide1.pdf** im Ordner *Lektion08*.

2 Öffnen Sie im Werkzeuge-Fenster die Palette »Schutz«.

3 Klicken Sie auf »Erweiterter Schutz« und wählen Sie »Sicherheitseinstellungen«.

4 Im Dialogfenster »Sicherheitseinstellungen« wählen Sie im linken Teilfenster »Digitale IDs« und klicken auf die Schaltfläche »Digitale ID hinzufügen« (🔧).

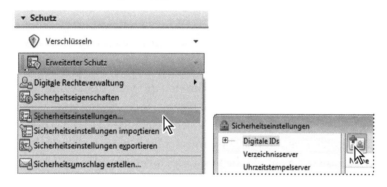

In dieser Lektion erstellen Sie eine selbst signierte digitale ID, mit der Sie Ihre Signaturinformationen über ein öffentliches Zertifikat an andere Anwender übermitteln können. (Ein Zertifikat ist eine Bestätigung Ihrer digitalen ID und enthält Informationen zum Schützen von Daten.) Für die meisten inoffiziellen Beziehungen ist diese Methode ausreichend; sicherer ist jedoch der Erwerb einer digitalen ID von einem Drittanbieter.

5 Wählen Sie im Dialogfenster »Digitale ID hinzufügen« die Option »Neue digitale ID, die ich jetzt erstellen möchte« und klicken Sie auf »Weiter«.

Wenn Sie unter Mac OS arbeiten, fahren Sie mit Schritt 7 fort. Wenn Sie unter Windows arbeiten, wählen Sie jetzt den Speicherort Ihrer digitalen ID. Mit der Option »Neue digitale ID-Datei im PKCS#12-Format« speichern Sie die Informationen in einer Datei, die Sie an andere weitergeben können. Mit »Windows-Zertifikatspeicher«

speichern Sie Ihre digitale ID entsprechend im Windows-Zertifikatspeicher. Da Sie Ihre digitale ID mühelos an Kollegen weitergeben wollen, verwenden Sie die Option »Neue digitale ID-Datei im PKCS#12-Format«.

6 Achten Sie darauf, dass die Option »Neue digitale ID-Datei im PKCS#12-Format« gewählt ist und klicken Sie auf »Weiter«.

Als Nächstes geben Sie Ihre persönlichen Daten ein.

7 Geben Sie den Namen ein, der im Fenster »Unterschriften« und in allen Unterschriftsfeldern erscheinen soll. Geben Sie außerdem einen Firmennamen (falls nötig) und eine E-Mail-Adresse ein. Wir haben den Namen **T. Simpson, Director**, den Firmennamen **Clarity** und die E-Mail-Adresse **localy@xyz.net** eingegeben. Wählen Sie außerdem ein Land, in unserem Beispiel »US - Vereinigte Staaten«.

8 Wählen Sie im Einblendmenü »Schlüsselalgorithmus« eine Sicherheitsebene. Wir haben uns für den Eintrag »1024-bit RSA« entschieden. Der Eintrag »2048-bit RSA« bietet zwar einen höheren Sicherheitsschutz, ist aber nicht so universell kompatibel wie 1024-bit RSA.

Jetzt legen Sie fest, auf welche Bereiche sich die Verschlüsselung beziehen soll. Sie können die digitale ID zur Überprüfung von digitalen Unterschriften, zur Datenverschlüsselung (Sicherheit) oder für beide Bereiche verwenden. Beim Verschlüsseln eines PDF-Dokuments bestimmen Sie eine Reihe von Empfängern aus der Liste Ihrer »vertrauenswürdigen Identitäten« und deren Zugriffsmöglichkeiten auf die Datei – beispielsweise, ob die Empfänger die Datei bearbeiten, kopieren oder drucken dürfen. Außerdem können Sie Dokumente mit Sicherheitsvereinbarungen verschlüsseln.

In dieser Lektion wählen Sie die Verwendung für digitale Unterschriften.

9 Wählen Sie im Einblendmenü »Digitale ID verwenden für« den Eintrag »Digitale Unterschriften« und klicken Sie auf »Weiter«.

Jetzt speichern Sie Ihre persönlichen Daten.

10 Übernehmen Sie den voreingestellten Ordner für Ihre Digitale-ID-Datei. Geben Sie als Kennwort **Local1234;^bg** ein. Geben Sie Ihr Kennwort in das untere Textfeld erneut ein, um es zu bestätigen. Beachten Sie, dass Acrobat bei Kennwörtern zwischen Groß- und Kleinschreibung unterscheidet. Merken Sie sich Ihr Kennwort gut und bewahren Sie es an einem sicheren Platz auf. Ohne dieses Kennwort haben Sie keinen Zugriff auf Ihre digitale ID.

11 Klicken Sie auf »Fertig stellen«, um Ihre Digitale-ID-Datei im Ordner *Security* zu speichern.

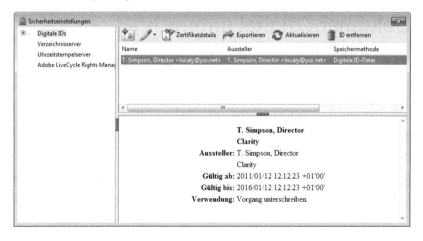

Ihre neue digitale ID erscheint im Dialogfenster »Sicherheitseinstellungen«. Unter Windows wählen Sie die digitale ID, um Detailinformationen aufzurufen; unter Mac OS doppelklicken Sie dafür auf die digitale ID. Wenn Sie mit der Überprüfung Ihrer digitalen ID fertig sind, schließen Sie das Dialogfenster.

Zertifikate mit anderen Benutzern gemeinsam verwenden

Zu Ihrer digitalen ID gehört ein Zertifikat, mit dem Dritte Ihre digitale Unterschrift prüfen und Dokumente für Sie verschlüsseln können. Wenn Sie bereits wissen, dass andere Ihr Zertifikat benötigen werden, können Sie es vorab senden, um Verzögerungen beim Austausch von geschützten Dokumenten zu vermeiden. Unternehmen, die Zertifikate für Unterschriften und geschützte Arbeitsabläufe verwenden, speichern diese Zertifikate oft auf einem Verzeichnisserver, auf den die Teilnehmer dieses Verfahrens zugreifen können, um ihre Liste von »vertrauenswürdigen Identitäten« zu erweitern.

Wenn Sie mit Sicherheitsmethoden von Drittanbiertern arbeiten, sollten Sie Zertifikate nicht mit anderen Benutzern gemeinsam verwenden. Drittbieter können Identitäten anders validieren oder die entsprechenden Methoden in Acrobat integrieren. Informationen finden Sie in den Unterlagen des Drittanbieters.

Wenn Sie ein Zertifikat erhalten, wird der Name des Zertifikateigners zu Ihrer Liste »vertrauenswürdiger Identitäten« als Kontakt hinzugefügt. Kontakte werden normalerweise einem oder mehreren Zertifikaten zugeordnet. Sie können auch bearbeitet, entfernt oder einem anderen Zertifikat zugeordnet werden. Wenn ein Kontakt vertrauenswürdig ist, können Sie die entsprechenden Einstellungen so definieren, dass alle digitalen Unterschriften und zertifizierten Dokumente, die mit diesem Zertifikat erstellt wurden, als vertrauenswürdig gelten.

Sie können auch Zertifikate aus einem Zertifikatspeicher, wie dem Windows-Zertifikatspeicher, importieren. Ein Zertifikatspeicher kann eine Vielzahl von Zertifikaten enthalten, die von unterschiedlichen Zertifizierungsstellen ausgestellt wurden.

Dokument digital unterschreiben

Da die Grafiker sicher sein sollen, dass die Änderungen von Ihnen beglaubigt wurden und dass das Dokument seit der digitalen Unterschrift gänzlich unverändert ist, erstellen Sie ein sichtbares Unterschriftenfeld und unterschreiben das Dokument digital.

1 Öffnen Sie im Werkzeuge-Fenster die Palette »Signieren und zertifizieren«.

2 Wählen Sie »Dokument signieren«. Acrobat macht Sie darauf aufmerksam, dass Sie ein Unterschriftenfeld erstellen müssen. Klicken Sie auf OK, um das Informationsfenster zu schließen.

3 Ziehen Sie mit der Maus einen Rahmen für das Unterschriftenfeld auf. Wir haben das Unterschriftenfeld im Bereich oberhalb der Karte angelegt.

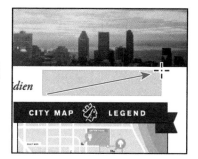

Acrobat wechselt automatisch in den Unterschriftsvorschau-Modus, prüft, ob das Dokument Elemente enthält, die sein Aussehen ändern können, und unterdrückt diese Inhalte, um Ihnen das Dokument in einem statischen und sicheren Zustand zur Unterschrift anzuzeigen.

4   Klicken Sie in der Unterschriftsvorschau-Werkzeugleiste oben im Dokumentfenster auf »Dokument unterschreiben«.

5   Geben Sie im Dialogfenster »Dokument unterschreiben« in das Textfeld »Kennwort« Ihr Kennwort ein. Wir haben **Local1234;^bg** eingegeben.

6   Wählen Sie im Menü »Erscheinungsbild« das Erscheinungsbild »Logo«.

7   Wenn Sie möchten, können Sie im Einblendmenü »Grund« eine Begründung für die Unterschrift wählen.

8   Klicken Sie dann auf »Unterschreiben« und anschließend auf »Speichern«, um die unterschriebene Datei zu sichern. Klicken Sie auf »Ja« bzw. »Ersetzen«, wenn Sie zum Ersetzen der Originaldatei aufgefordert werden.

Der Empfänger des unterschriebenen Dokuments benötigt Ihr Unterschriftszertifikat, um die digitale Unterschrift überprüfen zu können.

Unterschriebene Dokumente ändern

Sie fügen nun spaßeshalber einen Kommentar in das unterschriebene Dokument ein, um zu beobachten, wie sich daraufhin die Informationen zur digitalen Unterschrift ändern. Zuerst schauen Sie sich allerdings in der Registerkarte »Unterschriften« an, wie eine gültige Unterschrift aussieht.

1 Klicken Sie im Navigationsfenster auf die Schaltfläche »Unterschriften«, um das Unterschriften-Fenster einzublenden. Falls nötig, ziehen Sie den rechten Rand des Unterschriften-Fensters so weit auf, dass Sie alle Unterschriftsinformationen sehen, und erweitern Sie die Einträge »Unterschrift ist gültig« und »Unterschriftsinformationen«.

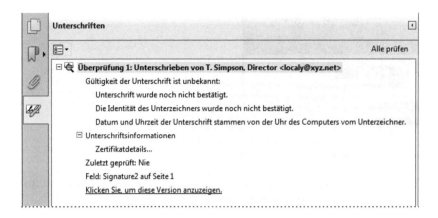

Jetzt fügen Sie dem Dokument eine Notiz hinzu und beobachten, wie sich dies auf die digitale Unterschrift auswirkt.

2   Wählen Sie in der Werkzeugleiste für Schnellwerkzeuge das Notiz-hinzufügen-Werkzeug (💬).

3   Klicken Sie irgendwo in die Dokumentseite, um eine Notiz einzufügen. Wir haben eine Notiz mit dem Text **Good work** eingefügt.

Falls nötig, ziehen Sie das Unterschriften-Fenster noch weiter auf, um den Status zu erkennen. Die Unterschrift hat sich durch das Hinzufügen der Notiz geändert.

Sie prüfen jetzt die Unterschrift.

4   Klicken Sie mit der rechten Maustaste in das Unterschriftenfeld im Dokumentfenster und wählen Sie »Unterschrift prüfen«.

▶ **Tipp:** Mit dem Unterschriften-Fenster können Sie sich den Änderungsverlauf eines Dokuments ansehen und Änderungen verfolgen, wenn ein Dokument mit mehreren digitalen Unterschriften versehen ist.

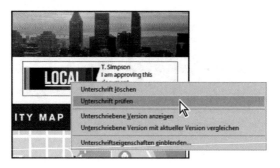

▶ **Tipp:** Klicken Sie mit der rechten Maustaste im Unterschriftenfeld im Dokumentfenster und wählen Sie »Unterschriftseigenschaften einblenden«.

5   Acrobat weist im Fenster »Unterschriftsvalidierungsstatus« darauf hin, dass trotz gültiger Unterschrift eine Änderung vorgenommen wurde. Klicken Sie auf »Schließen«.

6   Klicken Sie mit der rechten Maustaste im Unterschriftenfeld im Dokumentfenster und wählen Sie »Unterschriebene Version anzeigen«.

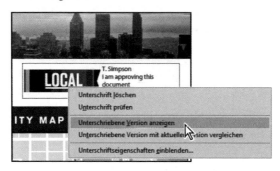

Mit der Option »Unterschriebene Version anzeigen« können Sie wieder Ihre ursprünglich unterschriebene Datei aufrufen. Wurde ein Dokument beispielsweise in mehreren Versionen unterschrieben, können Sie sich jede zuvor unterschriebene Dokumentversion anzeigen lassen, indem Sie die Unterschrift in der Registerkarte »Unterschriften« markieren und dann im Menü »Optionen« den Eintrag »Unterschriebene Version anzeigen« wählen.

7   Schließen Sie beide Dateien; Sie brauchen sie nicht zu sichern.

▶ **Tipp:** Bevor Sie ein Dokument verteilen, das andere unterschreiben oder ausfüllen sollen, sollten Sie die Verwendungsrechte für Adobe Reader-Anwender aktivieren (wählen Sie **Datei: Speichern unter: PDF mit erweiterter Reader-Funktion: Zusätzliche Funktionen aktivieren**).

PDF-Dateien zertifizieren

Sie können die Inhalte eines PDF-Dokuments auch zertifizieren. Das ist dann sinnvoll, wenn Sie möchten, dass andere Anwender bestimmte Änderungen am Dokument vornehmen dürfen. Wenn Sie ein Dokument zertifizieren und Anwender genehmigte Änderungen vornehmen, bleibt die Zertifizierung weiter gültig. So können Sie beispielsweise Formulare zertifizieren, um für den Inhalt zu garantieren, den Anwender erhalten. Sie als Urheber des Formulars können festlegen, welche Aufgaben die Anwender ausführen dürfen. So können Sie zum Beispiel bestimmen, dass die Leser die Formularfelder ausfüllen dürfen, ohne die Zertifizierung des Dokuments ungültig zu machen. Falls jedoch jemand versucht, ein Formularfeld hinzuzufügen oder zu entfernen, würde die Zertifizierung ungültig.

Sie zertifizieren nun ein Formular, das an die Sponsoren einer Tagung geschickt werden soll. Durch die Zertifizierung des Formulars stellen Sie sicher, dass die Kunden das Formular wie von Ihnen gewünscht ausfüllen, ohne den Formularfeldern etwas hinzuzufügen oder etwas wegzulassen.

1 Wählen Sie **Datei: Öffnen** und öffnen Sie die Datei *Sponsor.pdf* im Ordner *Lektion08*.

Informationen zur Formularnachrichten-Leiste finden Sie in Lektion 10, »PDF-Formulare erstellen«.

2 Wählen Sie **Datei: Eigenschaften** und klicken Sie auf das Register »Sicherheit«.

Die Informationen im Dialogfenster »Dokumenteigenschaften« zeigen, dass dem Dokument kein Sicherheitssystem und keine Dokumenteinschränkungen zugewiesen wurden.

3 Klicken Sie auf »Abbrechen«, um das Dialogfenster »Dokumenteigenschaften« ohne Änderungen zu schließen.

4 Öffnen Sie im Werkzeuge-Fenster die Palette »Signieren und zertifizieren«. Klicken Sie anschließend im Bereich »Zertifizieren« auf die Option »Mit sichtbarer Signatur«.

5 Klicken Sie auf »Neues Unterschriftsrechteck ziehen«. Klicken Sie im Dialogfenster »Als zertifiziertes Dokument speichern« auf OK und im Meldungsfenster erneut auf OK.

Sie verwenden für die Zertifizierung der Datei die digitale ID, die Sie bereits in dieser Lektion erzeugt haben.

6 Ziehen Sie an einer beliebigen Stelle im Dokument ein Unterschriftenfeld auf. Wir haben das Unterschriftenfeld in der oberen linken Ecke unter dem Logo *Local* angelegt.

7 Klicken Sie oben in der Dokumentnachrichten-Leiste auf »Dokument unterschreiben«.

8 Wenn Sie mehr als eine digitale ID eingerichtet haben, wählen Sie nun im Dialogfenster »Dokument zertifizieren« die zu verwendende digitale ID und klicken Sie auf OK. Wir haben *T. Simpson* gewählt.

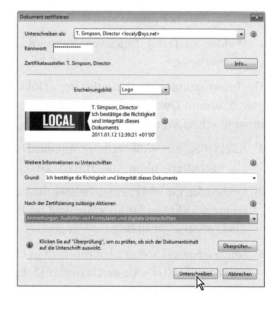

9 Geben Sie das Kennwort **Local1234;^bg** ein.

10 Wählen Sie im Einblendmenü »Erscheinungsbild« den Eintrag »Logo«.

11 Wählen Sie einen Grund für die Zertifizierung des Dokuments. Wir haben den Eintrag »Ich bestätige die Richtigkeit und Integrität dieses Dokuments« gewählt.

12 Wählen Sie im Menü »Nach der Zertifizierung zulässige Aktionen« den Eintrag »Anmerkungen, Ausfüllen von Formularen und digitale Unterschriften«.

13 Klicken Sie auf »Unterschreiben«, um den Zertifizierungsvorgang abzuschließen.

14 Speichern Sie Ihre Datei als **Sponsor_Cert.pdf**.

15 Klicken Sie auf die Schaltfläche »Unterschriften« (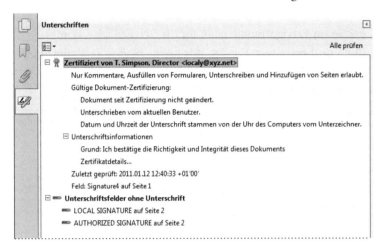) im Navigationsfenster, um zu sehen, welche Aktionen die Zertifizierung erlaubt. Eventuell müssen Sie dafür die Einträge erweitern.

Unterschriften

Alle prüfen

☐ 🖉 **Zertifiziert von T. Simpson, Director <localy@xyz.net>**

    Nur Kommentare, Ausfüllen von Formularen, Unterschreiben und Hinzufügen von Seiten erlaubt.

    Gültige Dokument-Zertifizierung:

        Dokument seit Zertifizierung nicht geändert.

        Unterschrieben vom aktuellen Benutzer.

        Datum und Uhrzeit der Unterschrift stammen von der Uhr des Computers vom Unterzeichner.

    ☐ Unterschriftsinformationen

        Grund: Ich bestätige die Richtigkeit und Integrität dieses Dokuments

        Zertifikatdetails...

        Zuletzt geprüft: 2011.01.12 12:40:33 +01'00'

        Feld: Signature4 auf Seite 1

  ☐ **Unterschriftsfelder ohne Unterschrift**

    ⬛ LOCAL SIGNATURE auf Seite 2

    ⬛ AUTHORIZED SIGNATURE auf Seite 2

> ▶ **Tipp:** Immer wenn Sie ein zertifiziertes Dokument öffnen, sehen Sie links in der Nachrichtenleiste ein blaues Zertifizierungssymbol. Sie können jederzeit auf dieses Symbol klicken, um die Zertifizierungsinformationen einzusehen.

16 Wenn Sie mit dem Betrachten der Zertifizierungsinformationen fertig sind, schließen Sie das Unterschriften-Fenster.

Zertifizierte Dokumente unterschreiben

Jetzt unterschreiben Sie das gerade von Ihnen zertifizierte Dokument, um zu überprüfen, ob das Ausfüllen eines Unterschriftenfeldes nicht die Zertifizierung ungültig macht.

1 Gehen Sie auf die zweite Seite des Dokuments.

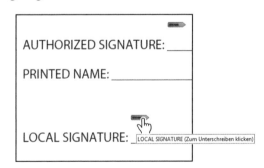

AUTHORIZED SIGNATURE: _____

PRINTED NAME: _____

LOCAL SIGNATURE: LOCAL SIGNATURE (Zum Unterschreiben klicken)

2 Falls nötig, wählen Sie das Hand-Werkzeug und klicken Sie damit unten in der Dokumentseite in das Unterschriftenfeld *Local Signature*. Klicken Sie anschließend in der Dokumentnachrichten-Leiste auf die Schaltfläche »Dokument unterschreiben«.

3 Wenn Sie mehr als eine digitale ID eingerichtet haben, wählen Sie im eingeblendeten Dialogfenster die gewünschte digitale ID und klicken Sie auf OK. Wir haben *T. Simpson* gewählt.

4 Geben Sie das Kennwort **Local1234;^bg** ein.

5 Übernehmen Sie die übrigen Werte, klicken Sie auf »Unterschreiben« und speichern Sie die Datei unter demselben Dateinamen im Ordner *Lektion08*. Klicken Sie auf »Ja« bzw. »Ersetzen«, um die Originaldatei zu ersetzen.

6 Klicken Sie im Navigationsfenster auf die Schaltfläche »Unterschriften« und erweitern Sie den durch das blaue Zertifizierungssymbol markierten Zertifizierungseintrag, indem Sie auf das Pluszeichen klicken.

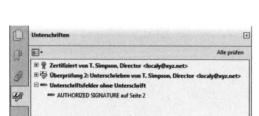

Die Zertifizierung ist immer noch gültig, obwohl eine Unterschrift hinzugefügt wurde.

7 Wählen Sie **Datei: Schließen**.

Übung: Sicherheitsumschläge verwenden

In Acrobat können Sie einem PDF-Dokument Dateien als Anlagen anhängen und nur diese Dateianlagen verschlüsseln. In einem solchen Fall fungiert das PDF-Dokument, in dem die Dokumente eingebettet sind, als Sicherheitsumschlag. Jeder kann den Sicherheitsumschlag öffnen und die Titelseite und sogar eine Auflistung des Inhalts betrachten, aber die Anlagen lassen sich nur im Rahmen der von Ihnen bestimmten Sicherheitseinstellung öffnen. Die geöffneten Dateien stimmen mit den ursprünglichen Dateianlagen exakt überein und sind nach dem Speichern nicht mehr verschlüsselt.

Angenommen, Sie möchten den Entwurf des Reiseführers an eine Zweigstelle schicken. Zu diesem Zeitpunkt ist der Entwurf noch vertraulich und Sie müssen sichergehen, dass niemand Unbefugtes ihn öffnen und Kenntnis von ihm erlangen kann. Daher erzeugen Sie einen Sicherheitsumschlag, betten das Dokument in diesen Sicherheitsumschlag ein und weisen Sicherheitsmerkmale zu. In diesem

Teil der Lektion nutzen Sie den Sicherheitsumschlag-Assistenten, der Sie durch den Vorgang führt; Sie können Sicherheitsumschläge allerdings auch manuell erzeugen.

1 Öffnen Sie in Acrobat die Datei *Travel Guide.pdf*.

2 Öffnen Sie im Werkzeuge-Fenster die Schutz-Palette.

3 Klicken Sie in der Schutz-Palette auf »Erweiterter Schutz« und wählen Sie »Sicherheitsumschlag erstellen«.

4 Die Datei *Travel Guide.pdf* ist im Dialogfenster »Sicherheitsumschlag erstellen« aufgeführt. Wählen Sie die Datei und klicken Sie auf »Weiter«.

Möchten Sie weitere Dateien hinzufügen, klicken Sie im Dialogfenster »Sicherheitsumschlag erstellen« auf »Zu sendende Datei hinzufügen«. Wählen Sie dann im Dialogfenster »Einzuschließende Dateien« die entsprechende(n) Datei(en). Dabei muss es sich nicht unbedingt um PDF-Dateien handeln. Sie können auch mehrere Dateien hinzufügen. Wenn Sie mit dem Hinzufügen von Nicht-PDF-Dateien experimentieren möchten, können Sie versuchen, einige der Dateien aus dem Ordner *Lektion03* hinzuzufügen.

5 Wählen Sie aus den verfügbaren Vorlagen die Umschlagsvorlage »eEnvelope mit Datumsstempel« und klicken Sie anschließend auf »Weiter«.

6 Wählen Sie die Liefermethode »Umschlag jetzt senden«. Klicken Sie auf »Weiter« und dann auf »Ja«, um das Meldungsfenster zu schließen.

7 Aktivieren Sie im Dialogfenster »Sicherheitsrichtlinie« die Option »Alle Richtlinien anzeigen«. Acrobat zeigt die verfügbaren Richtlinien an. Wählen Sie »Verschlüsselung mit Kennwort« und klicken Sie auf »Weiter«.

8 Vervollständigen Sie die Angaben zur Identität und klicken Sie anschließend auf »Weiter«.

9 Klicken Sie auf »Fertig stellen«.

Jetzt wählen Sie Ihre Sicherheitseinstellungen.

10 Wir haben uns im Dialogfenster »Kennwort – Sicherheitseinstellungen« für die Standardkompatibilität (Acrobat 7.0 und höher) und die Option »Gesamten Dokumentinhalt verschlüsseln« entschieden sowie die Option »Kennwort zum Öffnen des Dokuments erforderlich« eingeschaltet und ein entsprechendes Kennwort eingegeben.

11 Klicken Sie auf OK; falls Sie einen Kennwortschutz vergeben haben, fordert Acrobat Sie auf, das Kennwort erneut einzugeben.

Im Anschluss an diesen Vorgang startet Acrobat bei entsprechender Konfiguration Ihr Standard-E-Mail-Programm und erzeugt eine E-Mail mit angehängtem Sicherheitsumschlag. Schicken Sie die E-Mail an sich selbst, um sich das fertige Ergebnis anzusehen. (Unter Mac OS müssen Sie die Datei speichern, schließen und erneut öffnen, bevor Acrobat Ihr E-Mail-Programm startet.)

12 Wenn Sie fertig sind, schließen Sie alle geöffneten Dateien und beenden Sie Acrobat.

Fragen

1 Wo ändern Sie das Erscheinungsbild Ihrer digitalen Unterschrift?

2 Wie viele digitale Unterschriften können Sie erstellen?

3 Warum sollten Sie einer PDF-Datei einen Kennwortschutz hinzufügen?

4 Wann sollten Sie einen Berechtigungsschutz einrichten?

Antworten

1 Das Erscheinungsbild Ihrer digitalen Unterschrift ändern Sie im Dialogfenster »Erscheinungsbild der Unterschrift konfigurieren«. Sie erreichen dieses Fenster über das Dialogfenster »Grundeinstellungen – Sicherheit«. Außerdem können Sie das Erscheinungsbild Ihrer digitalen Unterschrift während des Unterzeichnungsvorgangs im Dialogfenster »Dokument unterschreiben« ändern.

2 Sie können nahezu beliebig viele digitale Unterschriften erzeugen und für jede Funktion, die Sie innehaben, eine eigene digitale Unterschrift erstellen, beispielsweise persönliche Unterschriften, Firmenunterschriften und Familienunterschriften.

3 Einem vertraulichen Dokument, das von anderen nicht gelesen werden soll, können Sie einen Kennwortschutz hinzufügen. Damit können nur die Anwender das Dokument öffnen, denen Sie das Kennwort mitteilen.

4 Ein Berechtigungsschutz schränkt die Änderungsmöglichkeiten von Anwendern Ihrer Adobe PDF-Datei ein. So können Sie beispielsweise festlegen, dass Anwender Inhalte Ihrer Dateien nicht drucken oder kopieren und einfügen können. Dadurch können Sie den Inhalt Ihrer Dateien mit anderen teilen, ohne dabei die Kontrolle über deren Verwendung zu verlieren.

9 ACROBAT IN DER DOKUMENT- ÜBERPRÜFUNG

Überblick

In dieser Lektion lernen Sie Folgendes:

- Acrobat auf verschiedene Arten in einer Dokumentüber-prüfung einsetzen

- Eine PDF-Datei mit den Kommentieren-und-markieren-Werkzeugen von Acrobat kommentieren

- Dokumentkommentare lesen, beantworten, zusammen-fassen und drucken

- Eine gemeinsame Überprüfung starten

- Eine Echtzeitzusammenarbeit starten

 Für diese Lektion benötigen Sie ungefähr 60 Minuten. Falls nötig, kopieren Sie jetzt den Ordner *Lektion09* auf Ihre Festplatte.

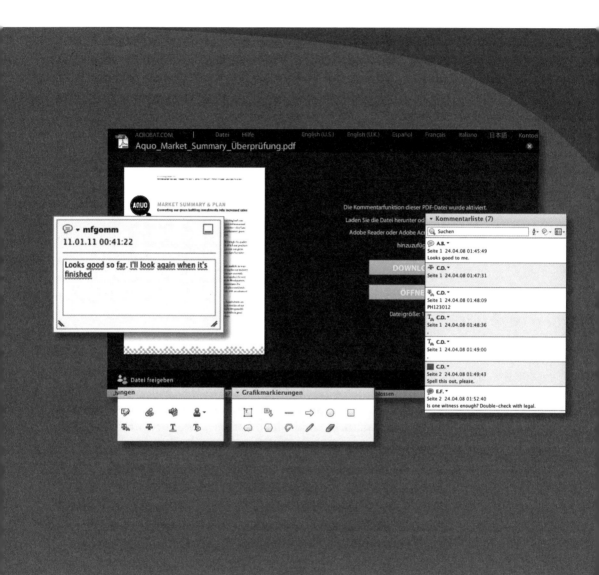

Die Werkzeuge für das Kommentieren und Zusammenarbeiten in Acrobat ermöglichen ein effizientes Überprüfen und vereinfachen daraus resultierende Rückmeldungen.

Der Überprüfungsvorgang

Acrobat lässt sich auf vielfältige Weise in Dokumentüberprüfungsvorgängen verwenden. Unabhängig davon, welche Methode Sie verfolgen, umfasst der Arbeitsablauf einige Schlüsselelemente: Der Initiator der Überprüfung lädt Teilnehmer ein und macht das Dokument für sie verfügbar, die Überprüfungsteilnehmer fügen Kommentare ein und der Initiator erfasst diese Kommentare und arbeitet mit ihnen.

■ **Video:** Das Video »PDF-Dokumente als Kommunikationsbasis – eine Übersicht« zeigt mehr zu diesem Themenbereich. Weitere Informationen finden Sie unter »Video-Training« auf Seite 8.

Sie können jedes PDF-Dokument per E-Mail verteilen, auf einem Netzwerkserver oder einer Website veröffentlichen und Teilnehmer zum Kommentieren mit Acrobat Standard oder Acrobat Pro einladen. Wenn Sie ein Dokument manuell veröffentlichen oder per E-Mail senden, müssen Sie zurückkommende Kommentare verwalten und selbst zusammenführen. Wenn Sie nur von ein oder zwei Personen Feedback erbitten, ist dies vermutlich am effektivsten. Für die meisten Überprüfungen können Sie Kommentare allerdings effizienter in einem protokollierten Überprüfungsvorgang erfassen. Außerdem können Überprüfungsteilnehmer in einer gemeinsamen Überprüfung oder während der Echtzeitzusammenarbeit auch die Kommentare der anderen lesen und beantworten.

Wenn Sie eine E-Mail-basierte Überprüfung in Acrobat starten, hilft Ihnen ein Assistent beim Senden der PDF-Datei als E-Mail-Anhang, protokolliert Antworten und verwaltet die eingehenden Kommentare. Jeder Anwender mit Acrobat 6 oder neuer kann der PDF-Datei Kommentare hinzufügen. Ermöglichen Sie bei Bedarf auch Überprüfungsteilnehmern, die mit Adobe Reader 7 oder neuer arbeiten, das Hinzufügen von Kommentaren.

Wenn Sie eine gemeinsame Überprüfung in Acrobat starten, hilft Ihnen ein Assistent beim Veröffentlichen der PDF-Datei in einem Netzwerkordner, WebDAV-Ordner, SharePoint-Workspace oder auf *Acrobat.com*, einem kostenlosen webbasierten Service. Über den Assistenten schicken Sie E-Mail-Einladungen an Überprüfungsteilnehmer, die dann auf das veröffentlichte Dokument zugreifen, Kommentare hinzufügen und, sofern sie mit Acrobat oder Adobe Reader arbeiten, auch die Kommentare von anderen Überprüfungsteilnehmern lesen können. Sie können einen Abgabetermin für die Überprüfung festlegen, nach dem Überprüfungsteilnehmer keine weiteren Kommentare mehr veröffentlichen können.

Mit Acrobat können Sie auch eine Echtzeitzusammenarbeit starten, in der Sie ein virtuelles Meeting in Verbindung mit einem einzelnen

Dokument abhalten. Sie und andere Teilnehmer können das Dokument gleichzeitig gemeinsam auf den Bildschirmen aller Beteiligten bewegen, so dass Sie sich buchstäblich alle auf der gleichen Seite befinden.

Vorbereitungen

In dieser Lektion fügen Sie einem PDF-Dokument Kommentare hinzu, lesen und verwalten Kommentare und starten eine gemeinsame Überprüfung. Zusammenarbeiten erfordert per Definition das gemeinsame Arbeiten mit anderen Personen. Viele Übungen in dieser Lektion sind deshalb sinnvoller, wenn Sie sie mit einem oder mehreren Kollegen oder Freunden durcharbeiten. Wenn Sie dagegen unabhängig und allein arbeiten, können Sie die Übungen mit alternativen E-Mail-Adressen ausführen, die Sie kostenlos auf Websites wie *Gmail.de* oder *Yahoo.de* einrichten können. (Bitte beachten Sie die Geschäftsbedingungen auf diesen E-Mail-Websites zur Verwendung der dort eingerichteten E-Mail-Adressen.)

Zuerst öffnen Sie das Dokument, mit dem Sie arbeiten.

1 Wählen Sie in Acrobat **Datei: Öffnen**.

2 Doppelklicken Sie im Ordner *Lektion09* auf die Datei *Curetall_Protocol.pdf* file.

Kommentare in ein PDF-Dokument einfügen

Mit Ausnahme von Dokumenten, denen entsprechende Sicherheitsfunktionen zugewiesen wurden, können Sie jeder PDF-Datei Kommentare hinzufügen. In den meisten Fällen verwenden Sie die Kommentarfunktionen, um dem Verfasser eines Dokuments eine Rückmeldung zukommen zu lassen, aber Sie können damit auch beim Lesen eines Dokuments für sich selbst Notizen anlegen. Acrobat bietet zahlreiche Kommentar-Werkzeuge, von denen Ihnen einige sicher aus der Schreibtischarbeit bekannt vorkommen. So sind beispielsweise das Notiz- und das Hervorheben-Werkzeug elektronische Versionen der Hilfsmittel, die Sie auch in Ihrem Büro verwenden.

In dieser Lektion nutzen Sie einige der Kommentar-Werkzeuge für ein Feedback zu einem medizinischen Versuchsprotokolldokument.

Kommentar-Werkzeuge

Acrobat verfügt über zahlreiche Werkzeuge zum Kommentieren und Markieren. Sie können damit die unterschiedlichsten Kommentierungsaufgaben durchführen. Die meisten Kommentare bestehen aus zwei Teilen: dem Symbol oder der Markierung, die auf der Seite angezeigt wird, und der Textnachricht, die in einer Popup-Notiz angezeigt wird, wenn Sie den Kommentar wählen.

Sie finden die Anmerkungen- und Grafikmarkierungen-Werkzeuge im Kommentar-Fenster in den entsprechenden Paletten. Ausführliche Informationen zur Verwendung der einzelnen Werkzeuge finden Sie in der Adobe Acrobat X-Hilfe.

- **Notiz-hinzufügen-Werkzeug** (⌨) – Erstellen Sie Notizen wie auf Papier. Klicken Sie im Dokument auf die Position, an der die Notiz erscheinen soll. Notizen eignen sich eher für allgemeine Kommentare zu einem Dokument oder Dokumentabschnitt als zu einem bestimmten Ausdruck oder Satz.

- **Text-hervorheben-Werkzeug** (⌨) – Heben Sie den zu kommentierenden Text hervor und geben Sie Ihren Kommentar ein.

- **Datei-anhängen-Werkzeug** (⌨) – Hängen Sie eine Datei beliebigen Formats an ein PDF-Dokument an.

- **Audio-aufzeichnen-Werkzeug** (⌨) – Verdeutlichen Sie Ihr Feedback in einer Tonaufzeichnung. Dazu muss Ihr Computer mit einem integrierten oder extern anschließbaren Mikrofon ausgestattet sein.

- **Stempel-Werkzeug** (⌨) – Bestätigen Sie ein Dokument mit einem virtuellen Stempel, kennzeichnen Sie es als vertraulich oder führen Sie andere Stempelaufgaben durch. Sie können außerdem benutzerdefinierte Stempel für Ihre Zwecke erstellen.

- **Text-einfügen-Werkzeug** (T⌨) – Fügt Text an der Einfügemarke ein. Wie bei allen Kommentar-Werkzeugen bleibt der Text im PDF-Dokument unverändert erhalten – Sie verdeutlichen nur Ihre Absicht.

- **Text-ersetzen-Werkzeug** (⌨) – Zeigt an, welcher Text entfernt und durch welchen Text ersetzt werden sollte.

- **Durchstreichen-Werkzeug** (⌨) – Markiert zu löschenden Text.

- **Unterstreichen-Werkzeug** ($\underline{\text{T}}$) – Zeigt an, welcher Text unterstrichen werden sollte.

- **Notiz-zu-Text-hinzufügen-Werkzeug** (🗒) – Heben Sie den Text hervor und fügen Sie eine Notiz hinzu, die sich auf die Hervorhebung bezieht.

- **Textfeld-Werkzeug** (🖾) – Mit dem Textfeld-Werkzeug können Sie ein Feld mit Text erstellen, es an einer beliebigen Stelle auf der Seite platzieren und seine Größe beliebig ändern. Ein Textfeld bleibt auf der Dokumentseite sichtbar; es wird nicht wie eine Popup-Notiz geschlossen.

- **Textlegende-hinzufügen-Werkzeug** (🖾) – Stellen Sie den zu kommentierenden Dokumentbereich heraus, ohne ihn zu verdecken. Legenden-Textfelder gliedern sich in drei Teile: ein Textfeld, eine Knicklinie und eine Endpunktlinie. Sie können durch Ziehen eines Anfassers jeweils die Größe ändern und die Markierung exakt positionieren.

▶ **Tipp:** Um einen benutzerdefinierten Stempel zu erstellen, klicken Sie auf das Stempel-Werkzeug und wählen Sie **Benutzerdefinierte Stempel: Benutzerdefinierten Stempel erstellen**. Wählen Sie anschließend das gewünschte Bild.

- **Linien-** (━), **Pfeil-** (⇨), **Oval-** (◯), **Rechteck-** (▢), **Kommentarwolke-** (☁), **Polygon-** (⬡), **Verbundene-Linien-** (⬡), **Bleistift-** (✎) und **Löschen-** (🖉) **Werkzeuge** – Mit den Grafikmarkierungen-Werkzeugen betonen Sie bestimmte Bereiche auf einer Seite oder teilen Ihre Gedanken künstlerisch mit, besonders beim Kommentieren von Grafikdokumenten.

Kommentieren in Adobe Reader

Adobe Reader X umfasst die Notiz- und Text-hervorheben-Werkzeuge zur Verwendung in allen PDF-Dokumenten. Sie können aber auch alle Kommentieren- und Grafikmarkierungen-Werkzeuge für Reader-Anwender in einem bestimmten Dokument bereitstellen, indem Sie es in Acrobat als PDF-Dokument mit erweiterten Reader-Funktionen speichern. Wählen Sie dazu **Datei: Speichern unter: PDF mit erweiterten Reader-Funktionen: Kommentieren und messen aktivieren**.

Notizen hinzufügen

Eine Notiz können Sie in einem Dokument beliebig anlegen. Da sich Notizen mühelos verschieben lassen, eignen sie sich am besten für allgemeine Kommentare zum Inhalt oder Layout eines Dokuments und weniger für bestimmte Formulierungen. Sie fügen nun auf der ersten Seite dieses Dokuments eine Notiz hinzu.

1 Klicken Sie auf »Kommentar«, um das Kommentar-Fenster zu öffnen.

2 Klicken Sie auf »Anmerkungen« (sofern diese Palette noch nicht geöffnet ist) und wählen Sie das Notiz-hinzufügen-Werkzeug.

3 Klicken Sie irgendwo auf der Seite.

Acrobat öffnet eine Notiz und fügt automatisch Ihren Anmelde-namen für Acrobat sowie das Datum und die Uhrzeit in die Notiz ein.

4 Geben Sie **Looks good so far. I'll look again when it's finished** ein.

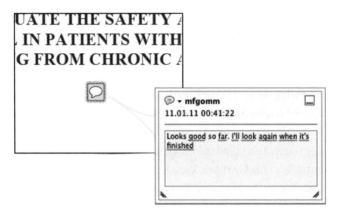

5 Klicken Sie im Notizfenster auf den Pfeil vor dem Namen und wählen Sie im Einblendmenü die Option »Eigenschaften«.

6 Falls nötig, klicken Sie auf das Register »Erscheinungsbild« und anschließend auf das Farbfeld.

7 Wählen Sie ein blaues Farbfeld. Die Notiz ändert automatisch ihre Farbe.

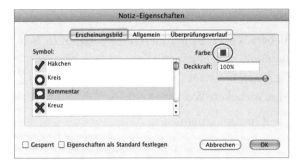

8 Klicken Sie auf das Register »Allgemein«.

9 Geben Sie in das Texteingabefeld »Verfasser« **Reviewer A** ein.

Sie können den zu einem Kommentar gehörenden Namen ändern. Sinnvoll ist das beispielsweise, wenn Sie nicht an Ihrem eigenen Rechner arbeiten.

10 Klicken Sie auf OK.

Die blaue Notiz auf der Seite ist geschlossen. Um sie wieder zu öffnen, doppelklicken Sie auf das Notiz-Symbol.

Text hervorheben

Mit dem Text-hervorheben-Werkzeug markieren Sie bestimmte Text-bereiche in einem Dokument; anschließend können Sie noch eine Nachricht einfügen. Sie fügen in dieses Dokument nun einen Kommentar mit dem Text-hervorheben-Werkzeug ein.

1   Blättern Sie zur Seite 2 im Dokument.

2   Klicken Sie auf das Text-hervorheben-Werkzeug () in der Werkzeugleiste für Schnellwerkzeuge.

Wählen Sie das Notiz-hinzufügen-Werkzeug und das Text-hervor-heben-Werkzeug im Kommentar-Fenster oder in der Werkzeugleiste für Schnellwerkzeuge. Sie können auch andere Anmerkungen- und Grafikmarkierungen-Werkzeuge in die Werkzeugleiste für Schnell-werkzeuge einfügen, indem Sie in der Werkzeugleiste für Schnell-werkzeuge auf das Symbol »Schnellwerkzeuge anpassen« klicken.

3   Ziehen Sie mit gedrückter Maustaste über den Text *Jocelyn M. Taget, RN* in der ersten Zeile der Tabelle. Acrobat hebt den Text gelb hervor.

4   Doppelklicken Sie auf den hervorgehobenen Text. Acrobat ruft ein Kommentarfeld auf.

5   Geben Sie **Double-check contact info.** (Kontaktinfo prüfen) ein.

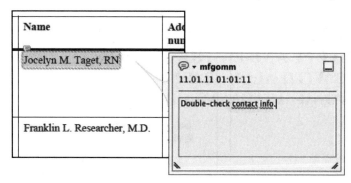

6   Klicken Sie auf das Schließen-Symbol (⊡) oben rechts im Nach-richtenfenster, um es zu schließen (Sie können stattdessen auch die Esc-Taste drücken).

Textänderungen mit den Textbearbeitung-Werkzeugen markieren

Mit den Textbearbeitung-Werkzeugen können Sie verdeutlichen, welche Textbereiche gelöscht, eingefügt oder ersetzt werden sollen. Sie schlagen jetzt einige Textänderungen im Protokolldokument vor.

1   Blättern Sie auf Seite 3 im Protokolldokument.

2 Klicken Sie im Kommentar-Fenster in der Anmerkungen-Palette auf das Ersetzen-Werkzeug (⬚ₐ) .

3 Markieren Sie das Wort *Patients* im Text zur Überschrift *Title of Study* (in der vierten Zeile der Tabelle).

4 Geben Sie **patients** als Ersatztext ein.

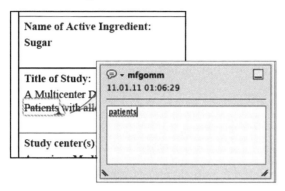

Acrobat zeigt ein Ersatztext-Fenster mit dem Text *patients* und streicht den Originaltext durch. Außerdem zeigt es am Originaltext ein Einfügemarke-Symbol.

5 Klicken Sie im Kommentarfeld auf das Schließen-Symbol.

6 Wählen Sie in der Anmerkungen-Palette das Text-einfügen-Werkzeug. Klicken Sie dann in der Zeile *Objective* in der Tabelle mit der Einfügemarke hinter *Evaluation of tolerability and evaluation of long-term*.

7 Geben Sie **efficacy** als einzufügenden Text ein.

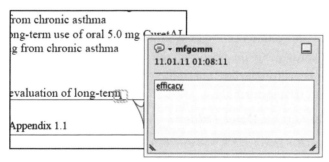

Acrobat öffnet das Kommentarfeld mit dem Wort *efficacy* und zeigt ein Einfügemarke-Symbol hinter dem Originaltext an.

8 Klicken Sie auf das Schließen-Symbol im Kommentarfeld.

9 Gehen Sie auf Seite 10 im Dokument.

10 Wählen Sie in der Anmerkungen-Palette das Durchstreichen-Werkzeug (⬚).

11 Wählen Sie unterhalb von *Potential Risks and Benefits* unten auf der Seite die Wörter *based on studies to date.*

Acrobat streicht den Text rot durch und zeigt damit an, dass dieser Text gelöscht werden soll.

12 Schließen Sie das Dokument. Sie können die Änderungen sichern oder das Dokument ohne Speichern der Änderungen schließen.

▶ **Tipp:** Um die Rechtschreibung in Ihren Kommentaren zu prüfen, wählen Sie **Bearbeiten: Rechtschreibprüfung: In Kommentaren, Feldern und bearbeitbarem Text**.

Kommentare

Sie können Kommentare auf der Seite, in einer Liste oder in einer Zusammenfassung lesen. Sie können sie importieren, exportieren und drucken. Und Sie können Kommentare beantworten, wenn Sie an einer gemeinsamen Überprüfung teilnehmen oder die PDF-Datei in einer E-Mail-basierten Überprüfung an einen Überprüfungsteilnehmer zurücksenden. In dieser Lektion importieren Sie Kommentare von Überprüfungsteilnehmern, sortieren sie, blenden sie aus und ein und ändern ihren Status.

Kommentare importieren

In einem protokollierten gemeinsamen Überprüfungsvorgang werden Kommentare automatisch importiert, während Sie in einem E-Mail-basierten Überprüfungsvorgang oder beim formlosen Sammeln von Kommentaren die Kommentare manuell importieren können. Sie im-portieren nun die Kommentare von drei Überprüfungsteilnehmern in den Entwurf eines Einverständniserklärungsformulars.

1 Wählen Sie in Acrobat **Datei: Öffnen**.

2 Doppelklicken Sie im Ord... *Curetall_Informed_Conse...*

3 Öffnen Sie das Kommentar-Fenster und anschließend die Kommentarliste-

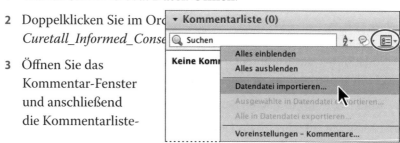

Palette (sofern sie noch geschlossen ist). Das Dokument enthält noch keine Kommentare.

4 Wählen Sie im Menü der Kommentarliste-Palette die Option »Datendatei importieren«.

5 Navigieren Sie zum Ordnerpfad *Lektion09/Comments*.

6 Klicken Sie mit gedrückter Umschalttaste auf folgende Dateien:

- *Curetall Informed Consent_ab.pdf*
- *Curetall Informed Consent_cd.pdf*
- *Curetall Informed Consent_ef.fdf*

7 Klicken Sie auf »Öffnen« (Windows) bzw. »Auswählen« (Mac OS).

Bei zwei Dokumenten handelt es sich um PDF-Dateien mit Kommentaren; die FDF-Datei ist eine Datendatei mit Kommentaren, die von einem Überprüfungsteilnehmer exportiert wurde.

Acrobat importiert die Kommentare und zeigt sie in einer Kommentarliste an.

▶ **Tipp:** Als Überprüfungsteilnehmer können Sie Kommentare zur Verringerung der Dateigröße in eine Datendatei (mit der Dateinamenerweiterung ».fdf«) exportieren; sinnvoll ist das besonders dann, wenn Sie Kommentare per E-Mail versenden. Wählen Sie dazu im Menü der Kommentarliste-Palette die Option »Alle in Datendatei exportieren« oder »Ausgewählte in Datendatei exportieren«.

Kommentare lesen

Acrobat zeigt nach dem Import von Kommentaren die Kommentarliste im Kommentar-Fenster. In der Kommentarliste führt Acrobat jeden Kommentar im Dokument mit dem Namen des Verfassers, dem Kommentartyp und dem Kommentar selbst auf.

1 Rollen Sie durch die Kommentarliste. Acrobat führt die Kommentare standardmäßig in der Reihenfolge ihres Vorkommens im Dokument auf und Sie können die Kommentare für jede Seite ein- oder ausblenden.

2 Klicken Sie in der Werkzeugleiste der Kommentarliste-Palette auf das Symbol »Kommentare sortieren« (ℓ-) und wählen Sie »Typ«.

Acrobat ordnet die Kommentare jetzt nach Typ an (wie Einfügungen, Hervorhebungen oder Notizen) statt nach Seitenzahl.

3 Klicken Sie auf den vierten Kommentar, eine Hervorhebung. Sobald Sie auf den Kommentar geklickt haben, springt Acrobat auf den Bereich der Seite mit dem Kommentar, damit Sie ihn im Zusammenhang sehen können.

4 Klicken Sie in das Kontrollkästchen neben dem Kommentar, um darin ein Häkchen zu setzen.

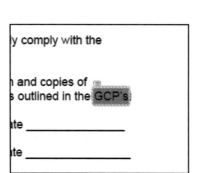 

Mit diesen Häkchen können Sie beispielsweise anzeigen, dass Sie den Kommentar gelesen, beantwortet, mit jemandem besprochen oder sonst etwas Wichtiges mit ihm ausgeführt haben.

5 Klicken Sie in der Werkzeugleiste der Kommentarliste-Palette auf das Symbol »Kommentar filtern (☜·) und wählen Sie **Aktiviert: Deaktiviert**.

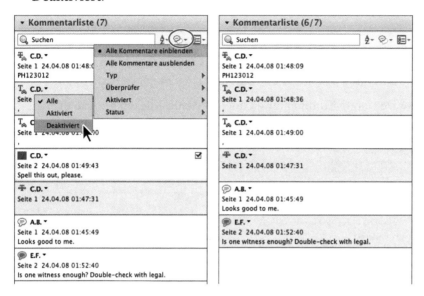

Acrobat führt den von Ihnen mit einem Häkchen versehenen Kommentar nicht mehr auf, obwohl er noch im Dokument vorhanden ist. Mit den Einblenden-Befehlen können Sie die Kommentarliste filtern und sich auf bestimmte Kommentare konzentrieren, je nachdem, ob Sie beispielsweise nur Textbearbeitungen, Kommentare eines bestimmten Überprüfungsteilnehmers oder Kommentare, die anderen Kriterien entsprechen, sehen möchten.

6 Klicken Sie erneut auf das Symbol »Kommentare filtern« und wählen Sie »Alle Kommentare einblenden«.

Wieder sind alle Kommentare aufgelistet.

7 Geben Sie in der Werkzeugleiste der Kommentarliste-Palette in das Suchen-Feld den Begriff **witness** ein.

Ein Kommentar erscheint in der Liste, der einzige Kommentar mit dem Wort *witness*. Sie können im Suchen-Feld nach beliebigem Text in den Kommentaren suchen.

8 Wählen Sie den Kommentar, klicken Sie dann auf den Pfeil im Kommentar und wählen Sie »Antwort«. Acrobat öffnet in der Kommentarliste ein Textfeld neben Ihrem Namen.

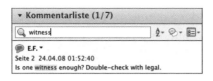

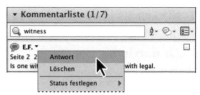

● **Hinweis:** Der Überprüfungsteilnehmer kann Ihre Antwort nur in einem gemeinsamen Überprüfungsvorgang sehen oder wenn Sie ihm eine Kopie der PDF-Datei per E-Mail senden.

9 Geben Sie **Legal says one witness is fine, per Janet**. (Die Rechtsabteilung hält einen Zeugen für ausreichend, von Janet.) ein.

10 Der letzte Kommentar ist noch gewählt. Klicken Sie erneut auf den Pfeil im Kommentar und wählen Sie **Status festlegen: Beendet**.

Sie können den Status für jeden Kommentar für Ihre eigenen Aufzeichnungen festlegen oder um Überprüfungsteilnehmern mitzuteilen, wie ihre Kommentare behandelt wurden.

11 Schließen Sie das Dokument, ohne Ihre Änderungen zu sichern.

Kommentare zusammenfassen

Sie können eine Zusammenfassung der Kommentare erstellen, entweder als Kommentarliste oder als Dokument mit Kommentarreferenzen. Klicken Sie in der Kommentarliste auf die Schaltfläche »Optionen« und wählen Sie »Kommentare zusammenfassen«. Wählen Sie im Dialogfenster »Optionen für Zusammenfassung« das Layout sowie andere Optionen für Ihre Zusammenfassung und klicken Sie auf »PDF-Kommentarzusammenfassung erstellen«. Acrobat erstellt und öffnet eine neue PDF-Datei im von Ihnen gewählten Kommentarzusammenfassungslayout, die Sie auf dem Bildschirm betrachten oder ausdrucken können, wenn Sie lieber mit Papierdokumenten arbeiten.

Gemeinsame Überprüfung starten

In einer gemeinsamen Überprüfung können alle Teilnehmer die
Kommentare der anderen lesen und beantworten. Damit können
Überprüfungsteilnehmer gegensätzliche Meinungen untereinan-
der diskutieren, Bereiche ausfindig machen, in denen noch wei-
ter geforscht werden muss, und kreative Lösungen während des
Überprüfungsvorgangs entwickeln. Sie können eine gemeinsame
Überprüfung in einem Netzwerkordner, WebDAV-Ordner, Share-
Point-Workspace oder auf *Acrobat.com*, einem neuen kostenlosen
Webservice, hosten. Für diese Übung verwenden Sie *Acrobat.com*
zum Hosten einer gemeinsamen Überprüfung. Sie müssen dafür
mindestens eine weitere Person zur Teilnahme einladen. Wenn
Sie alleine arbeiten, können Sie sich dafür eine alternative E-Mail-
Adresse bei einem kostenlosen Webservice, beispielsweise *Gmail.de*
oder *Yahoo.de*, einrichten.

Überprüfungsteilnehmer einladen

Sie laden die Überprüfungsteilnehmer jetzt mit dem »Zur gemeinsamen Überprüfung senden«-Assistenten zur Teilnahme an einer
gemeinsamen Überprüfung eines Dokuments ein.

1 Überlegen Sie, wen Sie zu der gemeinsamen Überprüfung einladen möchten, und vergewissern Sie sich, dass Sie über die entsprechenden E-Mail-Adressen verfügen. Wenn Sie diese Lektion
   alleine bearbeiten, erstellen Sie eine alternative E-Mail-Adresse,
   an die Sie die Einladung schicken können.

2 Wählen Sie **Datei: Öffnen**.

3 Navigieren Sie zum Ordner *Lektion09* und doppelklicken Sie auf
   die Datei *Aquo_market_summary.pdf*.

4 Öffnen Sie im Kommentar-
   Fenster die Überprüfung-
   Palette. Wählen Sie »Zur
   gemeinsamen Überprüfung
   senden«.

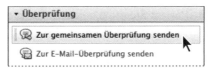

5 Falls nötig, wählen Sie im Einblendmenü oben im Dialogfenster »Zur gemeinsamen Überprüfung senden« den Eintrag
   »Kommentare automatisch herunterladen und mit *Acrobat.com*
   protokollieren«.

6 Klicken Sie auf »Weiter«.

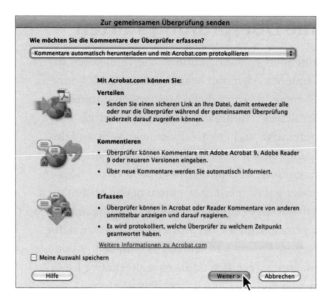

● **Hinweis:** Nach-
dem Sie eine Adobe
ID eingerichtet haben,
erhalten Sie eine E-Mail-
Bestätigung, die Sie
innerhalb von drei Tagen
beantworten müssen,
um Ihre Adobe ID zu
verifizieren. Sie brauchen
den Arbeitsablauf der
gemeinsamen Über-
prüfung dafür nicht zu
unterbrechen.

7 Wenn Sie zur Eingabe Ihrer Adobe ID und Ihres Kennworts
aufgefordert werden, geben Sie beides ein, klicken auf »Anmelden« und fahren mit Schritt 8 fort. Falls Sie noch keine Adobe ID
eingerichtet haben, klicken Sie auf »Adobe ID erstellen« und
füllen Sie das Online-Formular aus. Lesen Sie den Acrobat.com-
Dienstleistungsvertrag, schalten Sie die Option »Ich habe die
folgenden Dokumente gelesen und stimme zu« ein und klicken Sie
auf »Weiter«. Klicken Sie im eventuell eingeblendeten Dialogfenster auf »Ich stimme zu«.

Wenn Sie sich mit Ihrer Adobe ID angemeldet haben, authentifiziert
Acrobat.com Ihre Adobe ID oder erstellt Ihre Adobe ID, wenn Sie
eine neue eingerichtet haben.

8 Geben Sie die E-Mail-Adressen der Personen ein, die Sie einladen
möchten.

9 Passen Sie die Nachricht für die Teilnehmer nach Ihren Vorstellungen an oder übernehmen Sie die Standardnachricht.

10 Wählen Sie im Einblendmenü »Zugriffsebene« den Eintrag, der
mit »Freier Zugriff« beginnt, damit jeder, dem der URL bekannt
ist, an der Überprüfung teilnehmen kann.

Mit der Option, die mit »Eingeschränkter Zugriff« beginnt, können Sie den Zugriff auf die von Ihnen eingeladenen Teilnehmer
beschränken.

11 Klicken Sie auf »Senden«.

Der Acrobat.com-Server sendet E-Mail-Einladungen mit einer Verknüpfung zu dem Dokument auf Acrobat.com. Acrobat speichert das Dokument auf Acrobat.com und auf Ihrer Festplatte. Je nach E-Mail-Programm und Sicherheitseinstellungen öffnet sich Ihr E-Mail-Programm.

12 Schließen Sie das Dokument.

Acrobat.com

Acrobat.com ist ein sicherer webbasierter Service mit vielen kostenlosen Funktionen. Obwohl der Service mit Acrobat.com bezeichnet ist, ist er kein Bestandteil der Anwendung Acrobat. Sie können dort vielmehr beliebige Dateiformate und nicht nur PDF-Dateien veröffentlichen. Für den Zugriff auf Acrobat.com geben Sie in Ihren Webbrowser **www.acrobat.com** ein oder wählen Sie in der Aufgaben-Werkzeugleiste **Zusammenarbeiten: Gehe zu Acrobat.com**. Um kostenlose Funktionen wie den gemeinsamen Dateizugriff nutzen zu können, benötigen Sie nur eine kostenlose Adobe ID. Weitere Informationen zu Acrobat.com finden Sie unter *www.acrobat.com*.

An einer gemeinsamen Überprüfung teilnehmen

Nun nehmen Sie oder Ihre Kollegen oder Freunde an einer gemeinsamen Überprüfung teil und fügen Kommentare für andere ein.

1   Wenn Sie alleine arbeiten, öffnen Sie die E-Mail-Einladung, die Sie an eine alternative E-Mail-Adresse geschickt haben. Wenn Sie mit Kollegen oder Freunden zusammenarbeiten, bitten Sie sie, die von Ihnen verschickte E-Mail-Einladung zu öffnen und die nachfolgenden Schritte auszuführen.

2   Klicken Sie auf den URL, um auf Acrobat.com zu gelangen.

3   Melden Sie sich auf Acrobat.com mit Ihrer Adobe ID an.

4   Klicken Sie auf »Herunterladen«. Wenn Sie dazu aufgefordert werden, klicken Sie auf »Speicherort wählen« und wählen Sie für die Datei einen Speicherort auf Ihrem Computer.

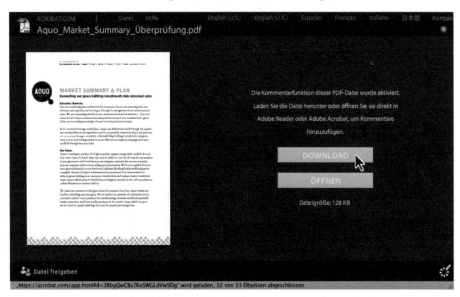

5   Öffnen Sie die heruntergeladene Datei oder doppelklicken Sie auf die Datei, um sie in Acrobat zu öffnen.

6   Falls Acrobat das Dialogfenster »Gemeinsame Überprüfung« aufruft, klicken Sie dort auf »Verbinden« und geben Sie gegebenenfalls Ihre Adobe ID ein.

7   Klicken Sie im Dialogfenster »Willkommen zur gemeinsamen Überprüfung« auf OK.

8   Fügen Sie mit den Kommentar-Werkzeugen mehrere Kommentare in die PDF-Datei ein.

9 Klicken Sie in der Dokumentmeldungsleiste auf »Kommentare veröffentlichen«, um die Kommentare auf dem Server zu speichern.

10 Schließen Sie das Dokument. Sie brauchen die Änderungen nicht zu sichern.

Überprüfungskommentare protokollieren

Sie können die Kommentare der Überprüfungsteilnehmer in Acrobat protokollieren und selbst beantworten. Sie öffnen jetzt die Überprüfungs-PDF-Datei und suchen nach neuen Kommentaren.

1 Wählen Sie in Acrobat **Datei: Öffnen**.

2 Navigieren Sie zum Ordner *Lektion09* und doppelklicken Sie auf die Datei *Aquo_Market_Summary_Überprüfung.pdf*.

3 Klicken Sie in den eventuell eingeblendeten Dialogfenstern »Gemeinsame Überprüfung« auf »Verbinden« bzw. in »Willkommen zur gemeinsamen Überprüfung« auf OK.

Acrobat hat eine Überprüfungsversion Ihres Dokuments gespeichert, als Sie es für die gemeinsame Überprüfung verschickt haben, und lädt automatisch alle von Ihnen neu hinzugefügten Kommentare herunter.

4 Klicken Sie in der Dokumentmeldungsleiste auf »Nach neuen Kommentaren suchen«.

Acrobat sammelt die neuen Kommentare und zeigt sie an.

5 Wählen Sie einen Kommentar, klicken Sie auf den Pfeil im Kommentar und wählen Sie »Antworten«.

6 Geben Sie eine Antwort für den Überprüfungsteilnehmer ein.

7 Klicken Sie in der Dokumentmeldungsleiste auf »Kommentare veröffentlichen«.

Acrobat veröffentlicht Ihre Antwort auf dem Server.

8 Wählen Sie in der Überprüfung-Palette die Option »Überprüfungen protokollieren«.

Acrobat öffnet das Hilfsprogramm *Tracker*.

9 Wählen Sie die Datei *Aquo_market_summary_Überprüfung.pdf* auf der linken Seite. Tracker zeigt die Liste der eingeladenen Überprüfungsteilnehmer und die Anzahl der von jedem einzelnen

▶ **Tipp:** Um die Unterschiede zwischen zwei Versionen eines PDF-Dokuments zu sehen, wählen Sie **Anzeige: Dokumente vergleichen**, wählen die entsprechenden Dokumente und die Dokumentbeschreibung. Acrobat hebt die Änderungen auf dem Bildschirm hervor.

abgegebenen Kommentare an; zusätzlich führt Tracker dort den Abgabetermin der Überprüfung auf und ermöglicht das Senden von E-Mail-Erinnerungen an Überprüfungsteilnehmer und das Hinzufügen weiterer Teilnehmer. Außerdem können Sie den Abgabetermin ändern.

10 Schließen Sie Tracker und anschließend das Dokument.

Eine E-Mail-basierte Überprüfung starten

Wenn Sie eine E-Mail-basierte Überprüfung starten, versenden Sie eine protokollierte Kopie der PDF-Datei, wodurch Sie auf einfache Weise Kommentare, die Sie erhalten, in die PDF-Datei aufnehmen können. Um eine E-Mail-basierte Überprüfung zu starten, wählen Sie **Kommentare: Zur E-Mail-Überprüfung anhängen**. Falls Acrobat noch nicht über entsprechende Informationen verfügt, geben Sie sie im Dialogfenster »Erste Schritte« ein. Wählen Sie die PDF für diese Überprüfung aus und klicken Sie auf »Weiter«. Die gewählte PDF-Datei wird automatisch zur Master-Datei, in der Sie die von den Überprüfungsteilnehmern erhaltenen Kommentare zusammenführen. Geben Sie die E-Mail-Adressen Ihrer Überprüfungsteilnehmer ein oder wählen Sie sie im Adressbuch Ihrer E-Mail-Anwendung aus. Passen Sie gegebenenfalls die E-Mail-Einladung an und klicken Sie auf »Einladung senden«. An die Überprüfer wird eine Kopie der PDF-Datei als Anlage gesendet. Beim Öffnen dieses PDF-Anhangs werden Kommentar-Werkzeuge und Anweisungen angezeigt.

Wenn Sie von einem Überprüfer Kommentare erhalten, öffnen Sie die angehängten Dateien in Ihrer E-Mail-Anwendung.

Übung: Echtzeitzusammenarbeit starten

Mit der Funktion »Live zusammenarbeiten« können Sie ein PDF-Dokument gemeinsam mit einem oder mehreren Anwendern, die an anderen Computern arbeiten, in einer gemeinsamen Sitzung online überprüfen. Im Rahmen der Live-Zusammenarbeit können Sie die Seiten eines Dokuments in einem Live-Chat-Fenster anzeigen und für alle dieselbe Dokumentseite und Vergrößerung verwenden, damit alle dasselbe sehen. Im Live-Chat-Fenster können Sie dann Ihre Gedanken und Meinungen austauschen. Obwohl zum Starten einer Live-Zusammenarbeit Acrobat Pro erforderlich ist, können die Teilnehmer auch Acrobat X oder Adobe Reader X einsetzen.

In dieser Übung sprechen Sie mit einem Kollegen über das Market-Summary-Dokument. Wenn Sie alleine arbeiten, verwenden Sie dafür eine alternative E-Mail-Adresse.

1 Wählen Sie in Acrobat **Datei: Öffnen**. Öffnen Sie erneut die Datei *Aquo_Market_Summary.pdf*.

2 Wählen Sie im Kommentar-Fenster und dann in der Überprüfung-Palette die Option »Live zusammenarbeiten«.

3 Klicken Sie im Begrüßungsdialogfenster auf »Weiter«.

4 Geben Sie Ihre Adobe ID sowie Ihr Kennwort ein und klicken Sie auf »Anmelden«. Wenn Sie noch keine Adobe ID erstellt haben, richten Sie nun eine ein und klicken auf »Weiter«, um fortzufahren.

Acrobat.com authentifiziert Ihre Adobe ID.

5 Geben Sie die E-Mail-Adressen der Personen ein, die Sie zur Echtzeitzusammenarbeit einladen möchten. Fügen Sie zwischen den E-Mail-Adressen ein Semikolon ein oder drücken Sie jeweils die Eingabetaste.

6 Optional passen Sie die Betreffzeile und die Nachricht der E-Mail nach Ihren Vorstellungen an.

7 Achten Sie darauf, dass die Option »Datei auf Acrobat.com speichern und Link an die Empfänger senden« für diese Übung ausgeschaltet ist.

Ist diese Option deaktiviert, sendet Acrobat die Datei als Anlage an die Empfänger.

8 Klicken Sie auf »Senden«.

Acrobat verschickt die E-Mail-Einladungen. Abhängig von den Sicherheitseinstellungen in Ihrem E-Mail-Programm müssen Sie die Nachrichten eventuell aus Ihrem E-Mail-Programm manuell versenden. Nachdem die Einladungen verschickt wurden, öffnet Acrobat das Navigationsfenster »Live zusammenarbeiten« im Dokument.

9 Bitten Sie Ihren Kollegen, die PDF-Anlage in der E-Mail-Einladung zu öffnen. Wenn Sie alleine arbeiten, rufen Sie Ihre E-Mails ab und öffnen Sie die PDF-Anlage.

Sobald ein Teilnehmer die PDF-Anlage öffnet, erscheint das Navigationsfenster »Live zusammenarbeiten«.

10 Bitten Sie die Teilnehmer, sich als Gast anzumelden. Wenn Sie alleine arbeiten, melden Sie sich in der zweiten Kopie des Dokuments als Gast an.

11 Klicken Sie auf die Schaltfläche »Anzeigen von freigegebenen Seiten beginnen«, um Seiten für andere freizugeben. Klicken Sie in den Meldungsfenstern mit dem Hinweis, dass alle Benutzer die gleiche Seite sehen können, auf OK.

12 Unten im Navigationsfenster »Live zusammenarbeiten« können Sie Chat-Nachrichten eingeben. Klicken Sie auf das Farbfeld unten rechts, um eine andere Farbe für Ihren Chat-Text wählen zu können.

13 Um Ihren Bildschirm in einem Adobe ConnectNow-Meeting freizugeben, wählen Sie im Menü »Optionen« den Eintrag »Eigenen Bildschirm freigeben«.

14 Wenn Sie mit Ihrer Echtzeitzusammenarbeit fertig sind, wählen Sie im Menü »Optionen« des Navigationsfensters »Live zusammenarbeiten« den Eintrag »Chat & Anzeigen von freigegebenen Seiten in allen Kopien deaktivieren«. Klicken Sie im Warndialogfenster auf OK.

15 Schließen Sie das Dokument und beenden Sie Acrobat.

Fragen

1 Wie fügen Sie Kommentare in ein PDF-Dokument ein?

2 Wie führen Sie Kommentare verschiedener Überprüfungsteilnehmer im selben Dokument zusammen?

3 Worin besteht der Unterschied zwischen einer E-Mail-basierten Überprüfung und einer gemeinsamen Überprüfung?

Antworten

1 Kommentare geben Sie in Acrobat mit den Anmerkungen- und Grafikmarkierungen-Werkzeugen in ein PDF-Dokument ein. Öffnen Sie das Kommentieren-Fenster, um auf alle verfügbaren Werkzeuge in den entsprechenden Paletten zuzugreifen. Um ein Werkzeug zu verwenden, klicken Sie darauf und klicken Sie dann damit auf die Seite oder wählen Sie damit den Text oder andere Objekte, die Sie kommentieren oder markieren möchten.

2 Öffnen Sie die Original-PDF-Datei, die Sie zur Überprüfung verschickt haben, und wählen Sie im Menü der Kommentarliste-Palette die Option »Datendatei importieren«. Wählen Sie die PDF- oder FDF-Dateien, die andere Überprüfungsteilnehmer an Sie zurückgesendet haben, und klicken Sie auf »Auswählen«. Acrobat importiert alle Kommentare in das Originaldokument.

3 In einer E-Mail-basierten Überprüfung erhält jeder Überprüfungsteilnehmer das PDF-Dokument per E-Mail, fügt Kommentare ein und sendet das PDF-Dokument per E-Mail zurück; die Überprüfungsteilnehmer können die Kommentare der anderen nicht sehen.

In einer gemeinsamen Überprüfung veröffentlichen Sie das PDF-Dokument auf einem Zentralserver oder in einem Ordner und laden Überprüfungsteilnehmer zum Kommentieren ein. Wenn Überprüfungsteilnehmer Kommentare veröffentlichen, können sie von allen anderen Überprüfungsteilnehmern gelesen werden, wodurch jeder auf alle Kommentare antworten kann. In einer gemeinsamen Überprüfung können Sie außerdem einen Abgabetermin einfacher durchsetzen, da die Kommentar-Werkzeuge mit Ablauf des Termins nicht mehr zur Verfügung stehen.

10 PDF-FORMULARE ERSTELLEN

Überblick

In dieser Lektion lernen Sie Folgendes:

- Ein interaktives Formular erstellen
- Formularfelder wie Text, Zahlen, Kontrollkästchen und Aktionsschaltflächen hinzufügen
- Ein Formular verteilen
- Ein Formular zur Feststellung seines Status verfolgen
- Formulardaten sammeln und zusammenstellen
- Formulardaten validieren und berechnen

 Für diese Lektion benötigen Sie ungefähr 45 Minuten. Falls nötig, kopieren Sie jetzt den Ordner *Lektion10* auf Ihre Festplatte.

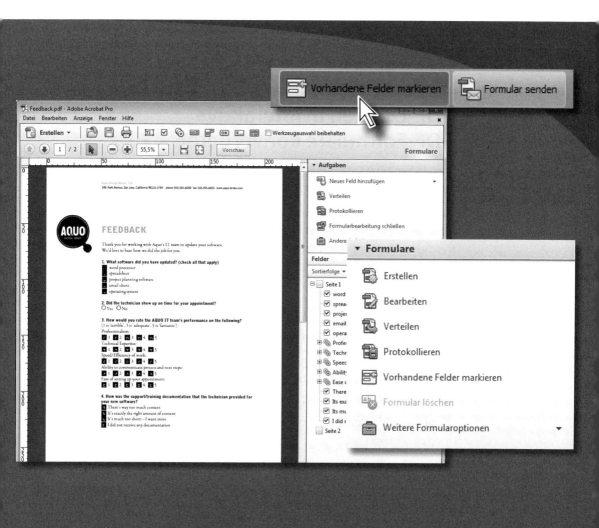

Sie können jedes Acrobat-Dokument, einschließlich gescannter Papiervorlagen, in ein interaktives Formular zur Online-Verteilung, zum Tracking und als Sammlung konvertieren.

Einleitung

In dieser Lektion bereiten Sie ein Feedback-Formular für die IT-Abteilung eines fiktiven Getränkeherstellers vor. Sie konvertieren ein vorhandenes PDF-Dokument in ein interaktives Formular und fügen mit den Formular-Werkzeugen in Acrobat X Formularfelder ein, die Ihre Anwender online ausfüllen können. Anschließend verteilen Sie das Formular, verfolgen es und sammeln und analysieren die Daten mit den in Acrobat zur Verfügung stehenden Werkzeugen.

PDF-Dateien in interaktive PDF-Formulare konvertieren

Mit Acrobat können Sie interaktive PDF-Formulare aus Dokumenten erzeugen, die Sie in anderen Anwendungen wie etwa Microsoft Word oder Adobe InDesign erstellt oder von vorhandenen Papierformularen gescannt haben. Zunächst öffnen Sie ein bereits in PDF konvertiertes Papierdokument und konvertieren es mit den Formular-Werkzeugen in ein interaktives Formular.

1 Starten Sie Acrobat.

2 Wählen Sie **Datei: Öffnen** und navigieren Sie zum Ordner *Lektion10*. Öffnen Sie die Datei *Feedback.pdf*.

Die PDF-Datei enthält den Text für das Formular, allerdings erkennt Acrobat noch keine Formularfelder im Dokument.

3 Öffnen Sie im Werkzeuge-Fenster die Formulare-Palette. Klicken Sie anschließend auf »Erstellen«.

4 Wählen Sie im Dialogfenster »Formular erstellen oder bearbeiten« die Option »Aktuelles Dokument verwenden oder Datei auswählen« (sofern deaktiviert) und klicken Sie auf »Weiter«.

5 Wählen Sie »Aktuelles Dokument verwenden« (sofern deaktiviert) und klicken Sie auf »Weiter«.

Acrobat analysiert das Dokument und fügt interaktive Formularfelder hinzu. Anschließend weist das Dialogfenster »Formularbearbeitung« darauf hin, dass der Formularbearbeitungsmodus aktiviert ist. Sie können im Formularbearbeitungsmodus das Formulardokument und die eingefügten Formularfelder prüfen und fehlende Felder manuell einfügen.

6   Klicken Sie auf OK, um das Dialogfenster »Formlarbearbeitung« zu schließen.

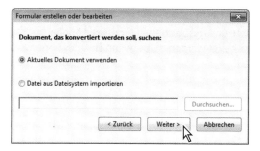
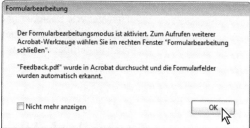

Acrobat führt rechts in der Felder-Palette die hinzugefügten Formularfelder auf. Die Aufgaben-Palette zeigt die verfügbaren Werkzeuge für die Arbeit mit Formularen im Formularbearbeitungsmodus.

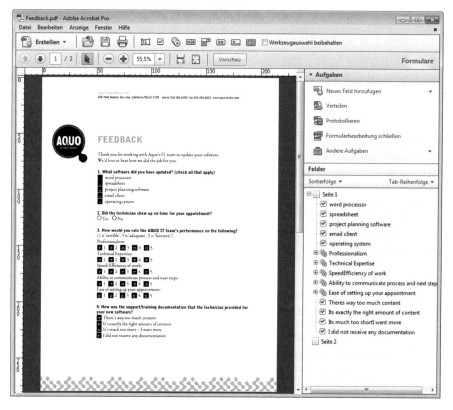

LiveCycle Designer

Adobe LiveCycle Designer ES ist als eigenständige Anwendung in Acrobat Pro für Windows enthalten. Verwenden Sie LiveCycle Designer ES zum Erstellen dynamischer Formulare, die je nach Datenmenge und Benutzerinteraktion angepasst werden. Ein LiveCycle Designer ES-Formular kann beispielsweise Bildobjektfelder enthalten, damit Sie Grafiken schnell und einfach zu einem Formular hinzufügen können, und Sie können dynamische Formulare erstellen, die variierende Datenmengen oder Anwenderinteraktionen zulassen.

In LiveCycle Designer geöffnete und gespeicherte Formulare können nur in LiveCycle Designer bearbeitet werden, selbst wenn sie ursprünglich in Acrobat erstellt wurden.

Formularfelder hinzufügen

● **Hinweis:** Ist ein Dokument mit einem Kennwortschutz vor der Bearbeitung geschützt, benötigen Sie zum Hinzufügen und Bearbeiten von Feldern das Kennwort. Sobald ein Formular mit erweiterten Berechtigungen in Adobe Reader aktiviert wurde, damit Anwender mit Adobe Reader ausgefüllte Formulare speichern können, lässt es sich nicht mehr bearbeiten.

Mit den Formular-Werkzeugen in Acrobat können Sie in jedes Dokument Formularfelder einfügen. Da Sie das Dokument mit dem Formularassistenten in ein interaktives PDF-Formular konvertiert haben, befindet sich Acrobat bereits im Formularbearbeitungsmodus. Um diesen Modus jederzeit aufzurufen, klicken Sie in der Formulare-Palette auf die Schaltfläche »Bearbeiten«.

Jedes Formularfeld hat einen Namen, der eindeutig und beschreibend sein sollte; Sie verwenden diesen Namen zum Erfassen und Analysieren der Daten, allerdings erscheint er nicht auf dem auszufüllenden Formular. Sie können den Anwendern aber durch Einfügen von QuickInfos und Beschriftungen beim Ausfüllen der Formularfelder helfen.

Ein Textfeld einfügen

■ **Video:** Das Video »Formularfelderkennung auf Basis fremder Dateiformate« zeigt mehr zu diesem Themenbereich. Weitere Informationen finden Sie unter »Video-Training« auf Seite 8.

Acrobat hat die meisten Formularfelder im Dokument erfasst, dabei aber einige Felder auf der zweiten Seite übersehen. Sie fügen jetzt ein Textfeld für eine E-Mail-Adresse hinzu. Über Textfelder können Anwender Informationen wie ihren Namen oder ihre Telefonnummer in ein Formular eingeben.

1 Falls Acrobat sich nicht im Formularbearbeitungsmodus befindet, klicken Sie in der Formulare-Palette auf »Bearbeiten«.

2 Rollen Sie zur zweiten Seite des PDF-Formulars.

3   Wählen Sie in der Aufgaben-Palette
    »Neues Feld hinzufügen« und dann
    »Textfeld«. Acrobat ändert den
    Mauszeiger in ein Fadenkreuz mit
    anhängendem Textrahmen.

4   Klicken Sie damit im Formular rechts von »Email address (optional):«, um das Textfeld dort zu platzieren.

5   Geben Sie in das Texteingabefeld »Feldname« **email address** ein.
    Schalten Sie nicht die Option »Erforderliches Feld« ein, da es sich
    um ein optionales Feld handelt.

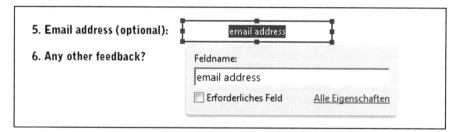

6   Ziehen Sie den rechten Rand des Textfeldes weiter auf, um es zu
    vergrößern.

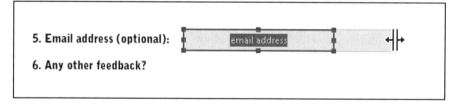

Mehrzeiliges Textfeld einfügen

Das nächste Feld soll zusätzliche Informationen aufnehmen und für
ein paar Worte bis hin zu mehreren Zeilen ausreichend groß sein. Sie
legen nun ein Textfeld an, das mehrere Zeilen aufnehmen kann.

1   Wählen Sie unter »Neues Feld hinzufügen« den Eintrag »Textfeld«.

2   Klicken Sie unterhalb von 6. *Any other feedback?*, um das Textfeld
    dort zu platzieren.

3   Geben Sie für »Feldname« **other feedback** ein. Auch dies ist ein
    optionales Feld, lassen Sie also die Option »Erforderliches Feld«
    ausgeschaltet.

4   Ziehen Sie den unteren rechten blauen Anfasser nach unten, um
    das Textfeld für mehrzeiligen Text zu vergrößern.

5   Doppelklicken Sie auf das Textfeld, um seine Eigenschaften bear-
    beiten zu können.

6 Klicken Sie im Dialogfenster »Textfeld - Eigenschaften« auf das Register »Optionen«.

7 Schalten Sie die Kontrollkästchen »Mehrere Zeilen« und »Bildlauf bei langem Text« ein.

8 Schalten Sie »Höchstens _ Zeichen« ein und geben Sie dort **750** ein.

9 Klicken Sie auf »Schließen«.

10 Klicken Sie oben in der Formular-Werkzeugleiste auf »Vorschau«. Falls nötig, klicken Sie auf »Vorhandene Felder markieren«, um sich anzusehen, wie die Felder auf dem Formular erscheinen werden.

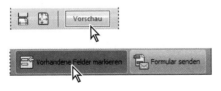

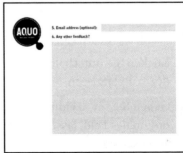

Ein Antwortformat festlegen

Mit einer besonderen Formatierung können Sie die Art der in ein Textfeld einzugebenden Daten einschränken oder automatisch in ein bestimmtes Format konvertieren. So können Sie ein Postleitzahlenfeld anlegen, das ausschließlich Zahlen annimmt, oder ein Datumsfeld, das nur ein bestimmtes Datumsformat akzeptiert. Und Sie können numerische Eingaben auf Zahlen in einem bestimmten Wertebereich beschränken.

Um das Format für ein Textfeld einzuschränken, rufen Sie seine Eigenschaften auf. Klicken Sie auf das Register »Format«, wählen Sie die Formatkategorie und dann die entsprechenden Optionen für Ihr Feld.

Optionsfelder einfügen

Die zweite Antwort im Formular erfordert eine Ja- oder Nein-Antwort. Sie legen jetzt Optionsfelder für diese Frage an. Optionsfelder ermöglichen dem Anwender nur eine einzige Antwort aus mehreren Optionen zu wählen.

1. Falls Acrobat sich noch im Vorschaumodus befindet, klicken Sie auf »Bearbeiten«, um zurück in den Formularbearbeitungsmodus zu gelangen.

2. Gehen Sie auf Seite 1 des Formulars.

3. Wählen Sie in der Aufgaben-Palette »Neues Feld hinzufügen« und dann »Optionsfeld«.

4. Klicken Sie unter Frage 2 auf den Kreis neben dem Wort *Yes*.

6. Aktivieren Sie »Erforderliches Feld«.

6. Geben Sie in das Optionsfeldauswahl-Feld das Wort **Yes** ein.

7. Geben Sie in das Gruppenname-Feld den Text **on time** ein.

8. Klicken Sie unten im Dialogfenster auf »Weitere Schaltfläche hinzufügen«. Der Mauszeiger ändert sich wieder in Fadenkreuz und Feld.

9 Klicken Sie auf den Kreis neben *No*.

10 Geben Sie im Optionsfeldauswahl-Feld das Wort **No** ein und bestätigen Sie, dass der Gruppenname *on time* lautet.

11 Wählen Sie »Vorschau«. Klicken Sie für die zweite Frage auf »Yes« und dann auf »No«. Sie können immer nur ein Optionsfeld auswählen.

Eine Aktionsschaltfläche einrichten

Schaltflächen ermöglichen das Ausführen von Aktionen, beispielsweise das Abspielen einer Filmdatei, das Wechseln auf eine andere Dokumentseite oder die Übertragung der Formulardatei. Sie legen jetzt eine Zurücksetzen-Schaltfläche an, mit der der Anwender die Inhalte der Formularfelder löschen kann, um neue Inhalte einzugeben.

1 Klicken Sie auf »Bearbeiten«, um wieder den Formularbearbeitungsmodus zu aktivieren.

2 Wählen Sie in der Aufgaben-Palette »Neues Feld hinzufügen« und dann »Schaltfläche«.

3 Klicken Sie oben links in das Formular, um dort eine Schaltfläche anzulegen.

4 Geben Sie **Reset** in das Feldname-Feld ein und klicken Sie anschließend auf »Alle Eigenschaften«.

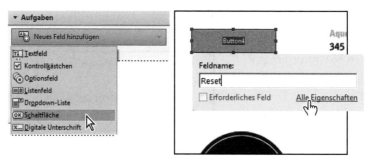

5 Klicken Sie im Dialogfenster »Schaltfläche-Eigenschaften« auf das Register »Optionen«.

6 Geben Sie **Start over** in das Beschriftung-Feld ein.

Mit dem Feldnamen, der auf dem Formular nicht erscheint, sammelt und analysiert Acrobat Daten. Die Beschriftung wird allerdings zu Beginn der Bearbeitung in jedem Feld eines Formulars eingeblendet.

7 Klicken Sie auf das Register »Aktionen«.

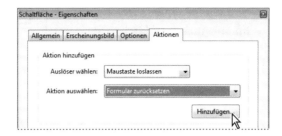

8 Wählen Sie im Einblendmenü »Auslöser wäh-len« den Ein-trag »Maustaste loslassen« und dann im Einblendmenü »Aktion auswählen« den Eintrag »Formular zurücksetzen«. Klicken Sie auf »Hinzufügen«.

Sobald der Anwender auf die Schaltfläche klickt und die Maustaste loslässt, wird das Formular zurückgesetzt.

9 Klicken Sie im Dialogfenster »Formular zurücksetzen« auf OK, damit beim Zurücksetzen die Inhalte aller markierten Felder gelöscht werden. Es sind standardmäßig alle Formularfelder gewählt.

10 Klicken Sie auf das Register »Erscheinungsbild«.

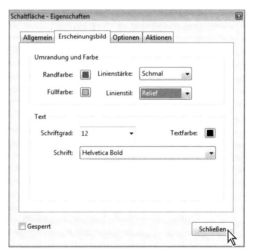

11 Klicken Sie auf das Farbfeld »Rand-farbe« und wählen Sie eine blaue Farbe, klicken Sie anschlie-ßend auf das Farb-feld »Füllfarbe« und wählen Sie einen Grauton.

12 Wählen Sie im Menü »Linienstil« den Eintrag »Relief«.

Die Schaltfläche hat nun einen grauen Hintergrund und einen blauen Rand, und durch das Relief wirkt sie dreidimensional.

13 Klicken Sie auf »Schließen«, um das Dialogfenster »Schaltfläche – Eigenschaften« zu schließen.

14 Klicken Sie auf »Vorschau«. Wählen Sie einige Optionen im Formular und klicken Sie anschließend auf die soeben erstellte Schaltfläche »Start over«. Acrobat setzt die Formularfelder zurück.

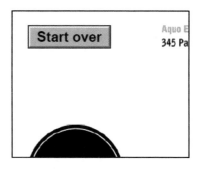

15 Wählen Sie **Datei: Speichern**. Falls Acrobat das Dialogfenster »Speichern unter« aufruft, sichern Sie die Datei unter demselben Namen.

Formularfeldtypen

Folgende Feldtypen können Sie in ein PDF-Formular einfügen, das Sie in Acrobat erstellen:

- **Barcode** setzt die Formulareingaben der Benutzer in ein sichtbares Muster um, das eingelesen und durch Software oder Hardware (separat erhältlich) interpretiert werden kann.

- **Schaltflächen** können auf dem Rechner des Anwenders eine Aktion auslösen, zum Beispiel eine Datei öffnen, einen Audio-Clip abspielen oder Daten an einen Webserver senden. Sie können sie mit Abbildungen, Text und visuellen Änderungen anpassen, die durch Überfahren oder Klicken mit der Maus ausgelöst werden.

- **Kontrollkästchen** bieten Ja- oder Nein-Auswahlen für einzelne Elemente. Enthält ein Formular mehrere Kontrollkästchen, kann der Anwender zumeist eine beliebige Anzahl von ihnen auswählen.

- **Kombinationsfelder** ermöglichen die Auswahl aus einem Einblendmenü oder die Eingabe eines Wertes.

- **Digitale Unterschriften** ermöglichen das elektronische Signieren von PDF-Dokumenten mit einer digitalen Signatur.

- **Listenfelder** zeigen eine Liste mit Optionen, aus denen der Anwender wählen kann. Mit einer Formularfeldeigenschaft können Sie festlegen, dass der Anwender mit gedrückter Umschalt- oder Strg- bzw. Befehlstaste mehrere Elemente in der Liste anklicken kann.

- **Optionsfelder** bieten mehrere Möglichkeiten, aus denen der Anwender jeweils nur eine Option auswählen kann. Alle Optionsfelder mit demselben Namen fungieren als Gruppe.

- **Textfelder** dienen der Eingabe von Text, beispielsweise Name, Adresse, E-Mail-Adresse oder Telefonnummer.

▶ **Tipp:** Beim Ausfüllen eines PDF-Formulars können Sie mit der Tabulatortaste zum nächsten Feld gelangen. Als Formularverfasser bestimmen Sie die Reihenfolge. Um die gegenwärtige Tabulatorreihenfolge einzublenden, schalten Sie den Formularbearbeitungsmodus ein und wählen in der Aufgaben-Palette »Andere Aufgaben: Felder bearbeiten: Tab-Nummern anzeigen«. Die Tab-Nummern erscheinen im Formular. Zum Ändern der Tab-Reihenfolge ziehen Sie die Felder entsprechend in der Felder-Palette.

Formulare verteilen

Nachdem Sie Ihr Formular entworfen und erstellt haben, können Sie es auf verschiedene Weise verteilen. In dieser Lektion senden Sie das Feedback-Formular an sich selbst (dafür benötigen Sie eine E-Mail-Adresse) und erfassen die Antwort per E-Mail. Sie verteilen das Formular mit den Werkzeugen in Acrobat, erweitern aber zunächst die Funktionen für Adobe Reader, damit dessen Anwender das ausgefüllte Formular sichern können.

1 Falls Acrobat sich noch im Formularbearbeitungsmodus befindet, klicken Sie in der Aufgaben-Palette auf »Formularbearbeitung schließen«.

2 Wählen Sie **Datei: Speichern unter: PDF mit erweiterten Reader-Funktionen: Zusätzliche Funktionen aktivieren**.

3 Lesen Sie die Informationen im Dialogfenster und klicken Sie auf »Jetzt speichern«.

4 Klicken Sie im Dialogfenster »Speichern unter« auf »Speichern«, um das Formular unter demselben Namen zu sichern.

5 Klicken Sie auf »Ja« bzw. »Ersetzen«, um die vorhandene Datei zu ersetzen.

Normalerweise können Adobe Reader-Anwender die von ihnen ausgefüllten PDF-Formulare nicht speichern. Aber mit dem Befehl »PDF mit erweiterten Reader-Funktionen« speichert Acrobat das Formular als erweiterte Reader PDF-Datei, damit auch Anwender mit dem kostenlosen Adobe Reader das ausgefüllte Formular sichern können.

● **Hinweis:** Ein Formular oder ein PDF-Dokument, für das Sie bereits die Funktionen in Adobe Reader erweitert haben, lässt sich nicht mehr bearbeiten. Erweitern Sie die Funktionen für Adobe Reader daher immer erst unmittelbar vor der Verteilung.

6 Klicken Sie in der Aufgaben-Palette auf »Verteilen«.

7 Wenn Sie dazu aufgefordert werden, klicken Sie auf »Speichern«, und klicken Sie auf »Ja«, wenn Acrobat Sie fragt, ob das Formular vor dem Verteilen zurückgesetzt werden soll.

8 Wählen Sie im Dialogfenster »Formular verteilen« im Einblendmenü die Option »Antworten manuell in meinem Posteingang sammeln«. Klicken Sie anschschließend auf »Weiter«.

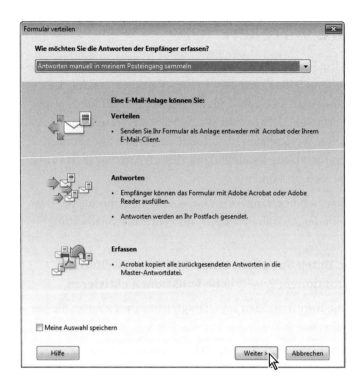

9　Falls nötig, wählen Sie die Option »Mit Adobe Acrobat automatisch senden«. Klicken Sie auf »Weiter«.

10　Wenn Sie dazu aufgefordert werden, geben Sie Ihre E-Mail-Adresse, Ihren Namen, Ihren Titel und den Namen Ihrer Firma ein (bzw. bestätigen Sie diese Angaben), und klicken Sie dann auf »Weiter«. Falls Sie diese Informationen bereits zuvor eingegeben haben, übernimmt Acrobat diese gespeicherten Informationen.

11　Geben Sie Ihre E-Mail-Adresse in das Texteingabefeld »An« ein. Achten Sie darauf, dass unten im Dialogfenster das Kontrollkästchen vor »Name & E-Mail-Adresse der Empfänger zur optimalen Nachverfolgung erfassen« eingeschaltet ist, und klicken Sie auf »Senden«.

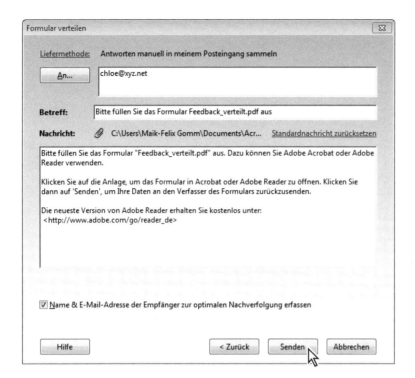

● **Hinweis:** Sie können die Betreffzeile und die E-Mail-Nachricht Ihres Formulars anpassen und das Formular an mehrere Empfänger zugleich senden. In dieser Lektion senden Sie das Formular allerdings mit der Standardnachricht und der Standardbetreffzeile nur an sich selbst.

Acrobat ruft Ihre Standard-E-Mail-Anwendung auf und verschickt die Nachricht mit dem angehängten Formular. Abhängig von den Sicherheitseinstellungen Ihrer E-Mail-Anwendung müssen Sie die E-Mail-Nachricht eventuell erst bestätigen, bevor sie verschickt wird.

Acrobat bewegt die eingegebene Adresse in Ihrem E-Mail-Programm vom An-Feld in das BCC-Feld (Blindkopie-Feld), um die Privatsphäre der Empfänger zu wahren.

Acrobat öffnet das Dialogfenster »Tracker«, das Ihnen beim Verwalten des verteilten Formulars helfen soll. Mit Tracker können Sie den Speicherort der Antwortdatei anzeigen und bearbeiten. Außerdem können Sie protokollieren, welche Empfänger geantwortet haben. Sie haben darüber hinaus die Möglichkeit, weitere Empfänger hinzuzufügen, E-Mail-Nachrichten an alle Empfänger zu senden und die Antworten für Formulare anzuzeigen.

● **Hinweis:** Sie können den Tracker jederzeit öffnen, indem Sie in der Formular-Palette die Option »Protokollieren« wählen.

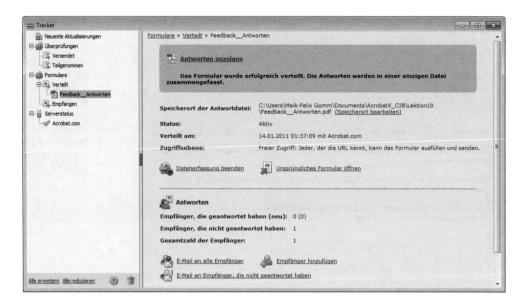

12 Öffnen Sie Ihre E-Mail sowie die angehängte PDF-Datei, um das Formular zu vervollständigen.

Das Formular öffnet sich in Acrobat und darüber befindet sich eine Dokumentmeldungsleiste.

● **Hinweis:** Wenn die Empfänger Ihres Formulars ältere Versionen von Acrobat oder Adobe Reader verwenden, ist die Dokumentmeldungsleiste möglicherweise nicht verfügbar oder kann abweichende Informationen enthalten.

Die Dokumentmeldungsleiste enthält Informationen zum Formular. Wenn das Formular keine »Formular senden«-Schaltfläche enthält, blendet Acrobat eine entsprechende Schaltfläche in der Dokumentmeldungsleiste ein. Außerdem informiert die Dokumentmeldungsleiste Anwender mit dem Adobe Reader über ihre Benutzerrechte im Formular und zeigt an, ob ein Formular zertifiziert wurde oder Unterschriftenfelder enthält.

Formulare zurückverfolgen

Wenn Sie Ihre Formulare mit Acrobat verteilt haben, können Sie anschließend die verteilten oder empfangenen Formulare mit dem Tracker verwalten. Mit dem Tracker können Sie den Speicherort der Anwendungsdatei anzeigen und bearbeiten. Sie können damit protokollieren, welche Empfänger geantwortet haben, weitere Empfänger hinzufügen, E-Mails an alle Empfänger senden und die Antworten für Formulare anzeigen.

Formulare mit dem Tracker zurückverfolgen:

1   Klicken Sie in der Formulare-Palette auf »Protokollieren«.

Der Tracker zeigt Überprüfungen, zu denen Sie eingeladen haben, und von Ihnen verteilte Formulare.

2   Erweitern Sie »Formulare« links im Navigationsfenster.

3   Wählen Sie das gewünschte Formular.

Der Tracker zeigt im Hauptfenster den Speicherort der Antwortdatei, die Art der Formularverteilung, das Datum der Verteilung, die Empfänger und welche Empfänger geantwortet haben.

4   Führen Sie einen oder mehrere dieser Punkte aus:

- Um alle Antworten für ein Formular anzuzeigen, klicken Sie auf »Antworten anzeigen«.

- Um den Speicherort für die Antwortdatei zu ändern, klicken Sie auf »Speicherort bearbeiten«.

- Um das Originalformular anzuzeigen, klicken Sie auf »Ursprüngliches Formular öffnen«.

- Um das Formular an mehrere Empfänger zu schicken, klicken Sie auf »Empfänger hinzufügen«.

- Um eine E-Mail an alle Empfänger zu schicken, klicken Sie auf »E-Mail an alle Empfänger«.

- Um alle Empfänger an das Ausfüllen des Formulars zu erinnern, klicken Sie auf »E-Mail an Empfänger, die nicht geantwortet haben.

Formulardaten erfassen

Elektronische Formulare sind nicht nur bequemer für den Anwender, sondern erleichtern auch Ihnen das Verwalten, Erfassen und Prüfen der Formulardaten. Wenn Sie ein Formular verteilen, erstellt Acrobat automatisch ein PDF-Portfolio zum Sammeln der Formulardaten. Diese Datei speichert Acrobat standardmäßig in demselben Ordner wie das Originalformular und nennt sie *[Dateiname]_Antworten*.

Optionen zur Verteilung von Formularen

Ihre Formulare können auf mehreren Wegen zu den Empfängern gelangen, die sie ausfüllen sollen. Sie können ein Formular zum Beispiel auf einer Website veröffentlichen oder direkt aus Ihrer E-Mail-Anwendung heraus senden. Um die Vorteile der Acrobat-Formularverwaltungswerkzeuge zum Verfolgen, Erfassen und Analysieren der Daten zu nutzen, wählen Sie eine der folgenden Optionen:

- Hosten Sie das Formular auf *Acrobat.com* und versenden Sie eine sichere Verknüpfung auf das Formular. Sie können aus Acrobat heraus ein Benutzerkonto für *Acrobat.com* einrichten und *Acrobat.com* dann für das Heraufladen und Verteilen der meisten Dokumenttypen verwenden.

- Senden Sie Ihr Formular als E-Mail-Anlage und sammeln Sie die Antworten anschließend manuell in Ihrem Posteingang.

- Senden Sie das Formular unter Verwendung eines Netzwerkordners oder eines Windows-Servers, auf dem Microsoft SharePoint Services ausgeführt werden. Sie können die Antworten auf dem internen Server automatisch erfassen.

Um ein Formular mit einer dieser Methoden zu versehen, klicken Sie in der Formulare-Palette auf »Verteilen« und befolgen Sie die Online-Anweisungen. Mehr über das Verteilen von Formularen finden Sie in der Acrobat X-Hilfe.

Sie füllen jetzt das Formular aus, senden es zurück und erfassen dann die Formulardaten.

1   Füllen Sie das geöffnete Formular aus und wählen Sie für jede Frage Optionen, so als ob Sie tatsächlich der Empfänger wären. Geben Sie ein paar Wörter in das mehrzeilige Feld unter Nummer 6 ein und klicken Sie auf »Formular senden«.

2   Prüfen Sie im Dialogfenster »Formular senden« die E-Mail-Adresse und den Namen, die Sie zum Senden der Daten verwenden, und klicken Sie auf »Senden«.

Hinweis: Je nach den Sicherheitseinstellungen in Ihrer E-Mail-Anwendung müssen Sie die Nachricht eventuell erst bestätigen, bevor sie gesendet wird.

3   Wählen Sie im Dialogfenster »E-Mail-Client wählen« die Option »Desktop-E-Mail-Anwendung«, wenn Sie eine Anwendung wie Microsoft Outlook, Eudora oder Apple Mail verwenden. Wählen Sie »Internet-E-Mail«, wenn Sie einen Internet-E-Mail-Service wie Yahoo oder Microsoft Hotmail verwenden. (Über einen Internet-E-Mail-Service müssen Sie die Datei manuell versenden.) Klicken Sie auf OK.

Falls Acrobat noch ein Dialogfenster zum Versenden der E-Mail öffnet, klicken Sie darin auf OK. Je nach den Einstellungen in Ihrer E-Mail-Anwendung müssen Sie die Nachricht eventuell manuell versenden.

4   Rufen Sie Ihre E-Mails ab. Das ausgefüllte Formular geht mit einer Nachricht mit der Betreffzeile »Ausgefülltes Formular wird gesendet« ein. Doppelklicken Sie auf den Anhang in dieser Nachricht.

5   Wählen Sie »Ausgefülltes Formular zu Antwortdatei hinzufügen«, übernehmen Sie den Standarddateinamen und klicken Sie auf OK.

Acrobat führt die Daten mit der Antwortdatei zusammen, die bei der Verwendung des Formular-verteilen-Assistenten zum Versenden des Formulars erstellt wurde.

6   Klicken Sie unten im PDF-Portfolio-Willkommensbildschirm auf die Schaltfläche »Erste Schritte«.

Acrobat führt die von Ihnen erfassten Formulardaten im PDF-Portfolio auf und listet dabei jede Antwort einzeln auf. Mit der PDF-Portfoliodatei können Sie Daten filtern, exportieren und archivieren.

Hinweis: Sie können der Antwortdatei mehrere Formularantworten zugleich hinzufügen. Klicken Sie auf »Hinzufügen« und navigieren Sie zu den Antworten, die Sie einfügen möchten.

Mit Formulardaten arbeiten

Nachdem Ihre Daten erfasst wurden, können Sie sich jede Antwort ansehen, nach bestimmten Fragen gefiltert aufführen, die Daten zur weiteren Verwendung in einer Tabellenkalkulations- oder Datenbankanwendung in eine CSV- oder XML-Datei exportieren oder für den späteren Zugriff archivieren. Sie filtern jetzt die Daten aus dem Feedback-Formular und exportieren sie in eine CSV-Datei.

1 Klicken Sie links im PDF-Portfolio auf »Filter«.

2 Rollen Sie im Menü »Feldname auswählen« ganz nach unten und wählen Sie »other Feedback«.

3 Wählen Sie im nächsten Menü die Option »ist nicht leer«.

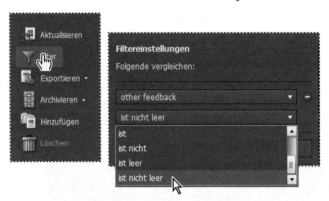

Acrobat führt das von Ihnen ausgefüllte Formular auf, da es Daten im Feld »other Feedback« enthält.

4 Wählen Sie im zweiten Menü den Eintrag »ist leer«.

● **Hinweis:** Sie können alle oder nur bestimmte Antworten in Ihrem PDF-Portfolio wählen.

Das von Ihnen ausgefüllte Formular wird nicht mehr in der Liste aufgeführt, weil es nun nicht den Filterkriterien entspricht. Sie können beliebig viele Filter zum Sortieren der Antworten wählen.

5 Wählen Sie wieder »ist nicht leer«, damit Ihr Formular wieder in der Liste erscheint.

6 Klicken Sie unten im Filter-Navigationsfenster auf »Fertig«.

7 Markieren Sie die Antwort.

8 Wählen Sie links im PDF-Portfolio **Exportieren: Ausgewählte exportieren**.

9 Wählen Sie als Dateityp »CSV« und klicken Sie auf »Speichern«.

Acrobat erzeugt eine durch Kommata getrennte Datendatei mit den Daten der ausgewählten Antworten. Eine CSV-Datei können Sie in Microsoft Excel oder einer anderen Tabellenkalkulations- oder Datenbankanwendung öffnen.

10 Schließen Sie alle geöffneten PDF-Dateien und das Dialogfenster »Tracker«.

Übung: Numerische Felder berechnen und validieren

Acrobat bietet zahlreiche Möglichkeiten, damit die Benutzer Ihre Formulare korrekt ausfüllen. Sie können experimentieren und Felder anlegen, in die Benutzer nur bestimmte Informationen eingeben dürfen, oder Felder erstellen, die automatisch Werte auf der Grundlage von Einträgen in anderen Feldern berechnen.

Numerische Felder validieren

Damit korrekte Daten in die Formularfelder eingegeben werden, verwenden Sie die Validierungsfunktion von Acrobat. Wenn eine Antwort beispielsweise eine Zahl zwischen 10 und 20 erfordert, können Sie Einträge auf diesen Bereich beschränken. In diesem Lektionsabschnitt beschränken Sie den Preis von Instrumenten auf maximal $ 1.000.

1 Wählen Sie **Datei: Öffnen**, navigieren Sie zum Ordner *Lektion10* und öffnen Sie die Datei *Order_Start.pdf*.

2 Öffnen Sie die Formulare-Palette innerhalb des Werkzeuge-Fensters und klicken Sie auf »Bearbeiten«, um den Formularbearbeitungsmodus zu aktivieren.

3 Doppelklicken Sie auf das Feld »Price.0« (die erste Zelle in der Spalte »Price Each«).

4 Klicken Sie im Dialogfenster »Textfeld – Eigenschaften« auf das Register »Format« und stellen Sie folgende Werte ein:

   • Für »Formatkategorie auswählen« wählen Sie »Zahlen«.

   • Für »Dezimalstellen« wählen Sie »2«, damit auch Centbeträge eingegeben werden können.

   • Für »Trennzeichen« wählen Sie »1,234.56«.

   • Für »Währungssymbol« wählen Sie »Dollar ($)«.

Jetzt bestimmen Sie eine Validierungseigenschaft für die in dieses Feld eingegebenen Daten.

5 Klicken Sie auf das Register »Validierung« und schalten Sie das Optionsfeld »Feldwert ist im Bereich« ein. Geben Sie in die Bereichsfelder folgende Werte ein: In das Feld »Von« den Wert **0** und in das Feld »bis« den Wert **1000**. Klicken Sie auf »Schließen«.

6 Klicken Sie auf »Vorschau«und geben Sie in das gerade erstellte Feld die Zahl **2000** ein. Acrobat weist Sie mit einem Dialogfenster darauf hin, dass der eingegebene Wert ungültigen ist.

Numerische Felder berechnen

Mit Acrobat können Sie neben dem Validieren und Formatieren von Formulardaten außerdem die in Formularfelder eingegebenen Werte berechnen. In Ihrem PDF-Bestellformular lassen Sie nun die Kosten für jeden Artikel auf der Grundlage der bestellten Anzahl berechnen. Anschließend lassen Sie Acrobat die Gesamtkosten aller bestellten Artikel berechnen.

1 Falls Acrobat sich noch im Vorschaumodus befindet, klicken Sie auf »Bearbeiten«.

2 Doppelklicken Sie auf das erste Feld in der Spalte »Item Total«. Das Textfeld hat die Bezeichnung »Total.0«.

3 Klicken Sie im Dialogfenster »Textfeld – Eigenschaften« auf das Register »Berechnung« und stellen Sie folgende Werte ein:

   • Wählen Sie die Option »Wert ist«.

   • Wählen Sie im zugehörigen Einblendmenü die Option »das Produkt (x)«. Es sollen zwei Felder miteinander multipliziert werden.

   • Klicken Sie auf die Schaltfläche »Auswählen«, um die miteinander zu multiplizierenden Felder zu bestimmen. Schalten Sie im Dialogfenster »Feldauswahl« die Kontrollkästchen links von »Price.0« und »Quantity.0« ein.

4 Klicken Sie auf OK, um das Dialogfenster »Feldauswahl« zu schließen, und klicken Sie auf »Schließen«, um das Dialogfenster »Textfeld – Eigenschaften« zu schließen.

5 Klicken Sie auf »Vorschau« und geben Sie in der ersten Zeile in die Spalte »Price Each« **1.50** und in die Spalte »Quantity« **2** ein und drücken Sie die Eingabetaste. Acrobat zeigt in der Spalte »Item Total« den Wert »$3.00«.

6 Wenn Sie fertig sind, schließen Sie alle geöffneten Dateien und beenden Sie Acrobat.

Fragen

1 Wie konvertieren Sie ein vorhandenes Dokument in ein interaktives PDF-Formular?

2 Was ist der Unterschied zwischen einem Optionsfeld und einer Schaltfläche?

3 Wie verteilen Sie ein Formular an mehrere Empfänger?

4 Wo sammelt Acrobat Formularantworten?

Antworten

1 Um ein vorhandenes Dokument in ein interaktives PDF-Formular zu konvertieren, öffnen Sie das Dokument in Acrobat. Öffnen Sie anschließend innerhalb des Werkzeuge-Fensters die Formulare-Palette und klicken Sie auf »Erstellen«. Wählen Sie das aktuelle Dokument und folgen Sie den Bildschirmanweisungen.

2 Optionsfelder erlauben dem Anwender die Auswahl genau einer Option aus zwei oder mehreren Optionen. Schaltflächen lösen Aktionen aus, etwa das Abspielen einer Filmdatei, das Springen auf eine andere Seite oder das Zurücksetzen von Formulardaten.

3 Sie können ein Formular auf *Acrobat.com* veröffentlichen und eine Einladung an die Empfänger senden, es per E-Mail an die Empfänger schicken oder auf einem internen Server veröffentlichen. Klicken Sie in der Formulare-Palette auf »Verteilen« und wählen Sie entsprechende Optionen.

4 Wenn Sie den Formular-verteilen-Assistenten verwenden, erstellt Acrobat automatisch eine PDF-Portfoliodatei für Ihre Antworten. Die Datei wird standardmäßig in demselben Ordner wie das Originalformular gespeichert und mit der Bezeichnung »_Antworten« als Anhang an den Dateinamen des Originalformulars erweitert.

11 AKTIONEN

Überblick

In dieser Lektion lernen Sie Folgendes:

- Eine Aktion auslösen (Acrobat Pro)
- Eine Aktion erstellen
- Eine Anweisung für eine Aktion erstellen
- Optionen in Schritten einrichten, so dass der Anwender auf Eingaben verzichten kann
- Bei bestimmten Schritten zur Eingabe auffordern
- Eine Aktion teilen

 Für diese Lektion benötigen Sie ungefähr 45 Minuten. Falls nötig, kopieren Sie jetzt den Ordner *Lektion11* auf Ihre Festplatte.

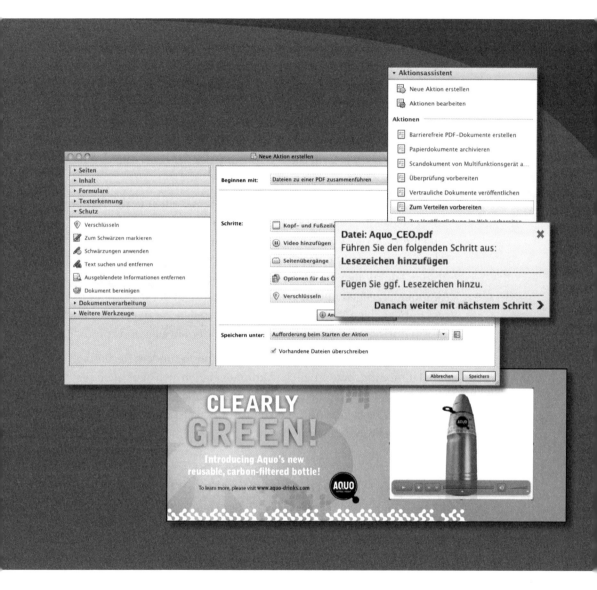

Aktionen in Adobe Acrobat X Pro automatisieren Aufgaben und vereinheitilichen Prozesse. Sie können die in Acrobat vorhandenen Aktionen nutzen oder eigene Aktionen erstellen, nutzen und teilen.

Aktionen

In Adobe Acrobat X Pro können Sie Aufgaben, die mehrere Schritte
beinhalten, automatisieren und Prozesse mit anderen teilen. Eine
Aktion besteht aus mehreren Schritten: Einige Schritte, wie das
Hinzufügen von Tags in einem Dokument, lassen sich von Acrobat
automatisch ausführen. Andere Schritte, wie das Entfernen ausgeblendeter Informationen, benötigen eine Eingabe bzw. Angabe darüber, welche Informationen entfernt oder hinzugefügt oder welche
Einstellung benutzt werden soll. Manche Schritte, beispielsweise das
Hinzufügen von Lesezeichen, lassen sich nicht automatisch ausführen – schließlich weiß nur der Anwender, welche Lesezeichen erstellt
und welchen Namen sie haben sollen; in solchen Fällen enthält eine
Aktion Anweisungen für die Ausführung des Schrittes und erst danach geht es mit der Aktion weiter.

Acrobat Pro umfasst mehrere vordefinierte Aktionen in der Aktionsassistent-Palette. Mit diesen Aktionen können Sie Acrobat übliche
Aufgaben wie das Vorbereiten von Dokumenten für die Weitergabe oder für das Erzeugen von PDF-Dokumenten mit erweiterten
Reader-Funktionen erledigen lassen. Sie können aber auch eigene
Aktionen erzeugen und die einzelnen Schritte in der für Ihren Prozess notwendigen Reihenfolge zusammenstellen. Dazu gehören auch
informatorische Schritte für die Benutzer der jeweiligen Aktion.

Aktionen mit automatisierten Schritten sind besonders für häufig
anfallende Aufgaben nützlich. Aktionen eignen sich aber auch für
seltener anfallende Aufgaben, die aber stets die gleichen Schritte
beinhalten. Sie stellen mithilfe von Aktionen sicher, dass kritische
Schritte im Prozess enthalten sind.

Fertige Aktionen verwenden

Um eine Aktion zu nutzen, wählen Sie sie in der Aktionsassistent-
Palette innerhalb des Werkzeuge-Fensters. Um Praxis im Umgang
mit Aktionen zu gewinnen, verwenden Sie die Aktion »Zum Verteilen vorbereiten«, um ein Dokument für die Veröffentlichung auf
einer externen Website vorzubereiten.

1 Wählen Sie in Acrobat Pro den Befehl **Datei: Öffnen** und öffnen Sie im Ordner *Lektion11* die Datei *Aquo_CEO.pdf*.

Bei dem Dokument *Aquo_CEO.pdf* handelt es sich um die Biografie des Chefs eines fiktiven Getränkeherstellers.

2 Öffnen Sie das Werkzeuge-Fenster und klicken Sie auf »Aktionsassistent«, um die entsprechende Palette zu öffnen.

3 Wählen Sie »Zum Verteilen vorbereiten«.

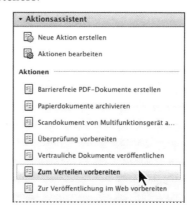

Acrobat öffnet das Dialogfenster für diese Aktion. Das Fenster enthält eine Beschreibung der Aktion, führt die entsprechenden Schritte auf, gibt an, ob die Aktion mit oder ohne geöffnetem Dokument gestartet wurde und weist darauf hin, wie das geänderte Dokument zu speichern ist.

4 Sehen Sie sich die Beschreibung und die Schritte für diese Aktion an. Klicken Sie anschließend auf »Weiter«, um mit dem ersten Schritt weiterzumachen.

Acrobat öffnet das Dialogfenster »Kopf- und Fußzeile hinzufügen«, da im ersten Schritt der Aktion das Dokument mit einer Kopf- und einer Fußzeile versehen wird.

5 Klicken Sie im Dialogfenster »Kopf- und Fußzeile hinzufügen« in das Feld »Kopfzeilenfeld mittig«, so dass eine Einfügemarke

erscheint, und geben Sie dann **Aquo Corporate Information** ein. Klicken Sie auf OK, um die Kopfzeile hinzuzufügen und das Dialogfenster zu schließen.

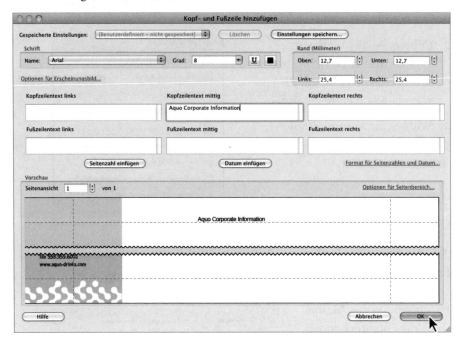

6 Klicken Sie im Dialogfenster »Wasserzeichen hinzufügen« in das Feld »Text«, so dass eine Einfügemarke erscheint, und geben Sie **Copyright Aquo 2011** ein. Geben Sie in das Feld »Grad« (Schriftgröße) **20** ein und stellen Sie die »Deckkraft« auf 25 % ein. Geben Sie im Bereich »Position« im Feld »Vertikaler Abstand« **1** (Punkt) ein. Wählen Sie aus dem Einblendmenü rechts daneben die Option »Unten«. Wählen Sie dann aus dem Menü rechts neben »Horizontaler Abstand« die Option »Rechts«. Das Wasserzeichen sollte jetzt im Vorschaufenster unten rechts im Dokument erscheinen. Klicken Sie auf OK, um das Wasserzeichen zu übernehmen.

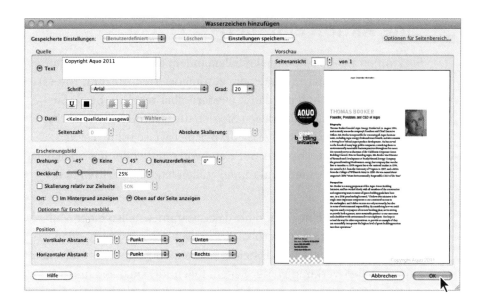

Der dritte Schritt der Aktion fügt Lesezeichen hinzu – es handelt sich allerdings um ein einseitiges Dokument, so dass Lesezeichen überflüssig sind.

7   Klicken Sie unten im Doku-
    mentfenster im gelb unterleg-
    ten Fenster mit den Anwei-
    sungen auf »Danach weiter
    mit nächstem Schritt«.

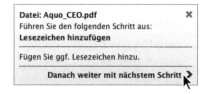

8   Klicken Sie anschließend im
    Dialogfeld »Ausgeblendete Informationen entfernen« auf OK, um
    die vorgegebene Auswahl zu übernehmen.

9   Geben Sie im Dialogfenster »Speichern unter« den Dateinamen
    Aquo_CEO_dist.pdf ein und klicken Sie auf »Speichern«.

10 Klicken Sie im Dialogfenster »Zum Verteilen vorbereiten« (mit der
    Information, dass die Aktion abgeschlossen und das Dokument
    unter dem eingegebenen Namen und mit dem angegebenen Pfad
    gespeichert ist) auf »Schließen«.

11 Schließen Sie das Dokument.

Eine Aktion erstellen

Sie können eigene Aktionen erstellen, indem Sie Acrobat-Schritte und Anweisungsschritte zu einem automatisierten Ablauf (Prozess) zusammenstellen und ihn damit wiederholbar machen. Bevor Sie eine Aktion erstellen, überlegen Sie sich die erforderlichen Schritte und die logische Reihenfolge dafür. Beispielsweise sollte das Verschlüsseln eines Dokuments mit Kennwortschutz oder das Speichern mit erweiterten Reader-Funktionen zu den letzten Schritten in der Aktion gehören.

Sie erstellen jetzt eine Aktion für das Zusammenstellen einer Multimedia-Präsentation in Acrobat X Pro. Mit den entsprechenden Schritten kombinieren Sie Dateien, verwenden Kopf- oder Fußzeilen zum visuellen Verknüpfen der Seiten, fügen Videodateien hinzu, erzeugen Seitenübergänge und bestimmen, dass sich die Datei im Vollbildmodus öffnet. Zusätzlich versehen Sie das Dokument mit einem Kennwort, damit Dritte das Dokument nicht ändern können.

1 Wählen Sie in Acrobat **Datei: Aktionsassistent: Neue Aktion erstellen**.

2 Wählen Sie im Dialogfenster »Neue Aktion erstellen« im Einblendmenü »Beginnen mit« die Option »Dateien zu einer PDF zusammenführen«.

Sie können eine Aktion einer geöffneten Datei zuweisen, den Benutzer auffordern, eine Datei oder einen Ordner zu wählen bzw. ein Dokument zu scannen. Die Aktion kann den Benutzer fragen, wie die Aktion zugewiesen werden soll, oder mit dem Kombinieren mehrerer Dateien beginnen. Präsentationen umfassen häufig unterschiedliche Dokumenttypen und deshalb beginnt diese Aktion mit dem Kombinieren von Dateien.

3 Wählen Sie im Einblendmenü »Speichern unter« die Option »Aufforderung beim Starten der Aktion«. Wird die Aktion ausgeführt, fordert Acrobat den Benutzer auf, einen Speicherort für die zu speichernde Datei anzugeben.

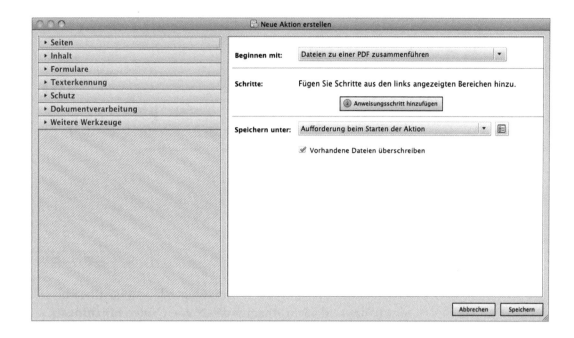

Eine Aktion mit Schritten versehen

Sie fügen nun der Aktion die gewünschten Schritte hinzu.

1 Erweitern Sie im linken Bereich des Dialogfensters die Seiten-Palette und wählen Sie »Kopf- und Fußzeile (Hinzufügen)«.

Der entsprechende Schritt ist im rechten Fenster aufgeführt.

2 Aktivieren Sie die Option »Benutzeraufforderung«, indem Sie in das Kontrollkästchen klicken. Beim Ausführen der Aktion kann der Benutzer jetzt die Kopf- oder Fußzeile für die Präsentation individuell anpassen.

Im nächsten Schritt sollen Videodateien hinzugefügt werden. Da im Dialogfenster »Neue Aktion erstellen« ein entsprechender Schritt nicht verfügbar ist, müssen Sie einen Anweisungsschritt hinzufügen.

3 Klicken Sie auf »Anweisungsschritt hinzufügen«.

▶ **Tipp:** Ein hinzugefügter Schritt lässt sich auch wieder entfernen. Setzen Sie den Mauszeiger auf den Schritt und klicken Sie dann auf das X rechts daneben. Um die Reihenfolge der Schritte zu ändern, ziehen Sie die Schritte im Dialogfenster »Neue Aktion erstellen« an die gewünschte Position.

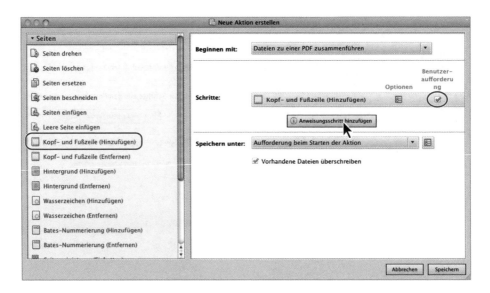

4 Geben Sie im Dialogfenster »Anweisungen hinzufügen/bearbei-
ten« in das Feld »Schrittname« den Namen **Video hinzufügen**
ein.

5 Geben Sie in das Feld »Anweisungen« die Anweisung **Fügen Sie
Videodateien hinzu. Wählen Sie dazu in der Inhalt-Palette
»Multimedia: Video«, ziehen Sie auf der Seite ein Feld auf und
wählen Sie die Videodatei und die gewünschten Einstellungen**
ein. Klicken Sie anschließend auf »Speichern«.

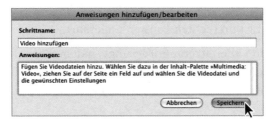

Sie können kurze oder lange Hinweise im Anweisungsschritt hinzufügen. Teilen Sie Ihre Aktion mit Personen, die mit Acrobat nicht so
vertraut sind, sollten Sie detaillierte Anweisungen bereitstellen. Ist
die Aktion nur für eigene Anwendungen gedacht, genügt ein kurzer
Hinweis wie »Video hinzufügen«.

6 Klicken Sie unten im linken Fenster auf »Dokumentverarbeitung« und dann auf »Seitenübergänge«.

7 Klicken Sie rechts im Schritt »Seitenübergänge« auf die Schaltfläche »Optionen«.

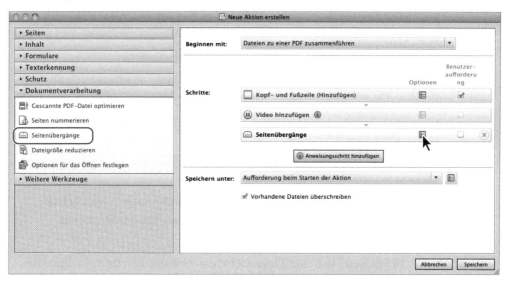

8 Wählen Sie im Dialogfeld »Seitenübergänge« im Einblendmenü »Übergang« die Option »Auflösen« und im Menü »Geschwindigkeit« die Option »Mittel«. Klicken Sie auf OK.

9 Achten Sie darauf, dass im Schritt »Seitenübergänge« die Option »Benutzeraufforderung« deaktiviert ist.

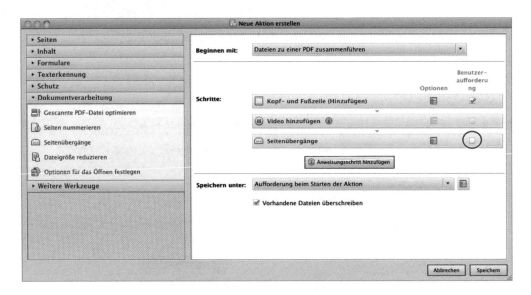

Acrobat weist die gewählten Optionen automatisch dem Schritt »Seitenübergänge« zu, und zwar ohne den Anwender vorher aufzufordern.

10 Klicken Sie in der Dokumentverarbeitung-Palette auf »Optionen für das Öffnen festlegen«. Klicken Sie auf die Schaltfläche »Optionen« für diesen Schritt. Wählen Sie im Dialogfenster »Öffnen-Optionen festlegen« unter »Fensteroptionen« aus dem Menü »Im Vollbildmodus öffnen« die Option »Ja«. Klicken Sie auf OK.

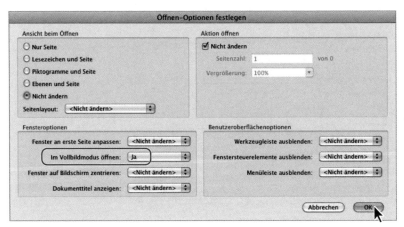

11 Klicken Sie links im Dialogfenster »Neue Aktion erstellen« auf »Schutz«, um die entsprechende Palette zu öffnen. Klicken Sie auf »Verschlüsseln«. Aktivieren Sie für diesen Schritt die Benutzeraufforderung, indem Sie in das entsprechende Kontrollkästchen klicken. Jeder Benutzer kann jetzt sein eigenes Kennwort festlegen.

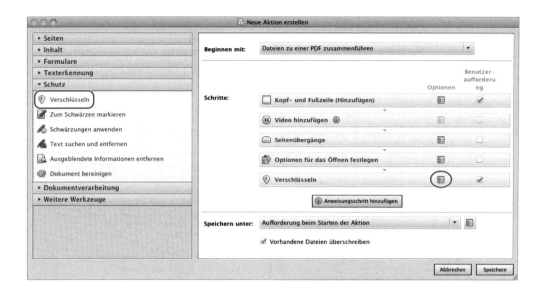

Aktion speichern

Nachdem Sie die Schritte hinzugefügt, die richtige Reihenfolge sichergestellt und die gewünschten Optionen gewählt haben, speichern und benennen Sie die Aktion.

1   Klicken Sie auf »Speichern«.

2   Benennen Sie die Aktion mit **Multimedia-Präsentation vorbereiten**.

3   Geben Sie als Beschreibung **Dateien für eine Präsentation im Vollbildmodus mit Seitenübergängen kombinieren** ein und klicken Sie dann auf »Speichern«.

Vergeben Sie Aktionsnamen, die das beinhalten, was die Aktionen ausführen. Meist empfiehlt sich, besonders bei mit anderen Benutzern geteilten Aktionen, das Ergebnis der Aktion oder den Grund der Aktion zu beschreiben, etwa das Vorbereiten von Dokumenten für einen bestimmen Kunden oder Zweck.

Aktion testen

▶ **Tipp:** Sie können Aktionen auch über das Datei-Menü ausführen. Wählen Sie **Datei: Aktionsassistent: [Aktionsname]**, um eine Aktion auszuführen.

Sie haben eine Aktion erstellt und prüfen nun, ob sie wie geplant abläuft. Sie erstellen jetzt eine Multimedia-Präsentation für einen fiktiven Getränkehersteller.

1   Wählen Sie **Datei: Aktionsassistent: Multimedia-Präsentation vorbereiten**. (Ist diese Aktion nicht zu sehen, klicken Sie auf »Weitere Aktionen«.) Acrobat zeigt die Aktionsbeschreibung und die in der Aktion vorhandenen Schritte.

2   Klicken Sie auf »Weiter«.

3   Klicken Sie oben links im Dialogfenster »Dateien auswählen« auf »Dateien hinzufügen« und wählen Sie dann aus dem Einblend-menü nochmals die Option »Dateien hinzufügen«. Navigieren Sie zum Ordner *Lektion11* und klicken Sie mit gedrückter Strg- (Windows) bzw. Befehlstaste (Mac OS) auf die Dateien *Aquo_Bottle_Ad.pdf*, *Aquo_CEO.pdf* und *Aquo_FAQ.pdf*, um sie zu wählen. Klicken Sie auf »Hinzufügen«.

4   Ordnen Sie die Dateien in dieser Reihenfolge an: *Aquo_Bottle_Ad.pdf*, *Aquo_FAQ.pdf* und *Aquo_CEO.pdf*. Um eine Datei in der Reihenfolge weiter nach oben zu verschieben, wählen Sie die Datei und klicken auf »Nach oben«. Um eine Datei nach unten zu verschieben, wählen Sie die Datei und klicken auf »Nach unten«.

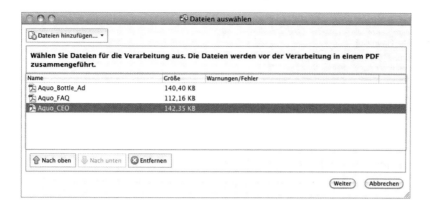

Die Dateien erscheinen in der fertigen Präsentation in dieser
Reihenfolge.

5 Klicken Sie auf »Weiter«, um die Dateien zu kombinieren und
   zum ersten Schritt in der Aktion zu gelangen.

6 Klicken Sie im Dialogfenster »Kopf- und Fußzeile hinzufügen« in
   das Textfeld »Kopfzeilentext links« und geben Sie **Aquo Share-
   holders Meeting 2012** ein. Klicken Sie auf OK.

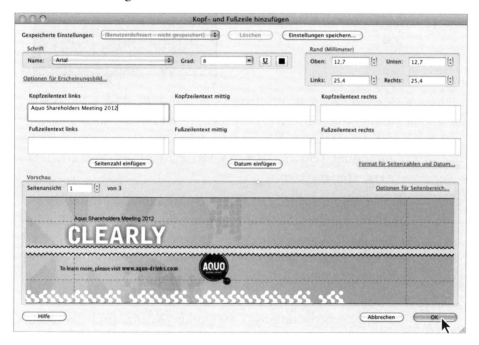

Acrobat zeigt den von Ihnen erstellten Anweisungsschritt auf dem
Bildschirm an. Sie fügen nun ein Video hinzu.

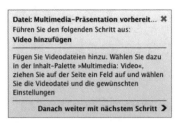

Datei: Multimedia-Präsentation vorbereit... ✖
Führen Sie den folgenden Schritt aus:
Video hinzufügen

Fügen Sie Videodateien hinzu. Wählen Sie dazu
in der Inhalt-Palette »Multimedia: Video«,
ziehen Sie auf der Seite ein Feld auf und wählen
Sie die Videodatei und die gewünschten
Einstellungen

Danach weiter mit nächstem Schritt ❯

■ **Video:** Das Video
»Schaltflächen-Funktio-
nen in PDF« zeigt mehr
zu diesem Themenbe-
reich. Weitere Informa-
tionen finden Sie unter
»Video-Training« auf
Seite 8.

7 Öffnen Sie die Inhalt-Palette innerhalb des Werkzeuge-Fensters
und wählen Sie »Multimedia: Video«. Ziehen Sie ein Feld über die
rechte, grüne Hälfte der Anzeige (die erste Seite im Dokument).
Klicken Sie im Dialogfeld »Video einfügen« auf »Wählen«, wählen
Sie im Ordner *Lektion11* die Datei *Aquo_T03_Loop.flv* und klicken
Sie auf Öffnen. Klicken Sie anschließend im Dialogfeld »Video einfügen« auf OK.

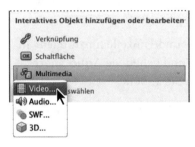
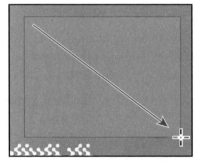

8 Klicken Sie auf die Wiedergabe-Taste der eingefügten Videodatei, um eine Vorschau zu erhalten. Wenn Sie das Video wieder
anhalten möchten, klicken Sie auf die Pause-Taste. Wählen Sie im
Anweisung-Fenster »Danach weiter mit nächstem Schritt«, um die
Aktion fortzusetzen.

Acrobat führt die beiden nächsten Schritte automatisch aus, also
das Hinzufügen von Seitenübergängen und die Einstellung für das
Öffnen der Präsentation im Vollbildmodus, denn für diese Schritte
wird keine Eingabe benötigt. Abschließend wird noch ein Kennwort
hinzugefügt – dieser Schritt erfordert eine Eingabe.

9 Wählen Sie im Dialogfenster »Dokumentsicherheit« aus dem
Menü »Sicherheitssystem« die Option »Kennwortschutz«. Aktivieren Sie im Dialogfenster »Kennwortschutz – Einstellungen«
im Bereich »Berechtigungen« die Option »Einschränkung für
Bearbeiten und Drucken des Dokuments. Kennwort zum Ändern
dieser Berechtigungseinstellungen erforderlich«. Geben Sie in das
Feld »Berechtigungskennwort ändern« das Kennwort **Aquo1234**
ein und klicken Sie auf OK.

Kennwortschutz – Einstellungen

Kompatibilität: Acrobat 7.0 und höher

Verschlüsselungsebene: 128-Bit AES

Zu verschlüsselnde Dokumentkomponenten auswählen

◉ Gesamten Dokumentinhalt verschlüsseln

○ Gesamten Dokumentinhalt mit Ausnahme von Metadaten verschlüsseln (kompatibel mit Adobe Acrobat 6 und höher)

○ Nur Dateianlagen verschlüsseln (kompatibel mit Adobe Acrobat 7 und höher)

ⓘ Der gesamte Inhalt des Dokuments wird verschlüsselt, und Suchmaschinen können nicht auf die Metadaten des Dokuments zugreifen.

☐ Kennwort zum Öffnen des Dokuments erforderlich

Kennwort zum Öffnen des Dokuments: ▢▢▢▢ Nicht bewertet

ⓘ Zum Öffnen des Dokuments ist kein Kennwort erforderlich.

Berechtigungen

☑ Einschränkung für Bearbeitung und Drucken des Dokuments. Kennwort zum Ändern dieser Berechtigungseinstellungen erforderlich.

Berechtigungskennwort ändern: ●●●●●●●● ▢▢▢▢ Sicher

Zulässiges Drucken: Nicht zulässig

Zulässige Änderungen: Nicht zulässig

☐ Kopieren von Text, Bildern und anderem Inhalt zulassen

☑ Textzugriff für Bildschirmlesehilfen für Sehbehinderte aktivieren

Hilfe   Abbrechen   OK

10 Klicken Sie im Meldungsfenster auf OK, geben Sie erneut das Kennwort ein und klicken Sie wieder auf OK. Wählen Sie »Schließen«, um das Dialogfenster »Dokumentsicherheit« zu schließen.

11 Benennen Sie im Dialogfeld »Speichern unter« die Präsentationsdatei mit **Aquo_meeting.pdf** und klicken Sie auf »Speichern«.

Es erscheint die Meldung, dass die Aktion »Multimedia-Präsentation vorbereiten« erfolgreich abgeschlossen wurde.

12 Klicken Sie auf »Schließen«, um das Dokument zu schließen. Wenn Sie die Präsentation im Vollbildmodus mit Kopfzeile und Seitenübergängen anzeigen möchten, öffnen Sie die Datei in Acrobat. Drücken Sie die Esc-Taste, um den Vollbildmodus zu beenden. Schließen Sie die Datei.

Vollbildmodus-Warnung umgehen

Acrobat warnt standardmäßig, wenn eine PDF-Datei im Vollbildmodus geöffnet werden soll, da PDF-Dateien von böswilligen Programmierern auch so erstellt werden können, dass sie schädliche Software auf Ihrem Rechner ausführen. Wenn Sie die Option »Auswahl für dieses Dokument speichern« im Warndialogfenster einschalten und dann auf »Ja« klicken, wird Acrobat das Warndialogfenster beim Öffnen der Präsentation auf diesem Rechner nicht wieder aufrufen. Wenn Sie Material auf Ihrem eigenen Rechner präsentieren, können Sie in den Voreinstellungen festlegen, dass Acrobat den Warndialog zu Beginn Ihrer Präsentation nicht einblendet. Wählen Sie dafür **Bearbeiten: Voreinstellungen** (Windows) bzw. **Acrobat: Voreinstellungen** (Mac OS) und klicken Sie links auf »Vollbild«. Schalten Sie die Option »Warnen, wenn Dokument automatisch im Vollbildmodus geöffnet werden soll« aus.

Aktionen teilen

Sie können eigene oder bearbeitete Aktionen mit anderen Anwendern teilen.

1   Wählen Sie **Datei: Aktionsassistent: Aktionen bearbeiten**.

2   Wählen Sie die Aktion »Multimedia-Präsentation vorbereiten« und klicken Sie auf »Exportieren«.

3   Benennen Sie die Aktion mit **Multimedia-Präsentation vorbereiten** (vorgegebener Name), wählen Sie den Ordner *Lektion11* und klicken Sie auf »Sichern«.

Die Aktion wird mit der Erweiterung *.sequ* gespeichert. Sie können *.sequ*-Dateien kopieren oder per E-Mail an andere Benutzer verschicken. Um eine von Dritten zugesandte *.sequ*-Datei zu öffnen, klicken Sie im Dialogfenster »Aktionen bearbeiten« auf »Importieren« und wählen die gewünschte Aktionsdatei.

4   Klicken Sie auf »Schließen«, um das Dialogfenster »Aktionen bearbeiten« zu schließen. Schließen Sie alle eventuell noch geöffneten Dokumente und beenden Sie Acrobat.

Fragen

1 Was ist eine Aktion in Acrobat X Pro?

2 Wie erstellen Sie einen Schritt in einer Aktion, wenn der Schritt im linken Bereich des Dialogfensters »Neue Aktion erstellen« nicht verfügbar ist?

3 Wie teilen Sie eine Aktion mit anderen Benutzern?

Antworten

1 Eine Aktion besteht aus Schritten. Einige Schritte, wie das Hinzufügen von Tags in ein Dokument, kann Acrobat automatisch ausführen. Andere Schritte, wie das Entfernen ausgeblendeter Informationen, benötigen Eingaben, also Informationen darüber, was entfernt oder hinzugefügt oder welche Einstellungen benutzt werden sollen. Manche Schritte, wie das Einfügen von Lesezeichen, lassen sich nicht automatisch ausführen – nur Sie wissen, welche Lesezeichen erstellt und wie sie benannt werden sollen.

2 Um einen nicht in Acrobat definierten Schritt zu erstellen, klicken Sie auf »Anweisungsschritt hinzufügen« und geben entsprechende Anweisungen für den Benutzer ein.

3 Um eine Aktion zu teilen, wählen Sie **Datei: Aktionsassistent: Aktionen bearbeiten**. Wählen Sie die gewünschte Aktion und klicken Sie auf »Exportieren«. Senden Sie anschließend die so erzeugte *.sequ*-Datei an die Person, mit der Sie die Aktion teilen möchten.

12 ACROBAT IN RECHTSWESEN UND VERWALTUNG

Überblick

In dieser Lektion lernen Sie Folgendes:

- Einem Dokument eine Bates-Nummerierung zuweisen

- Schwärzung anwenden, um das Offenlegen von vertraulichen Informationen zu verhindern

- Nach zu schwärzenden Textmustern suchen

- Den gleichen Bereich über mehrere Seiten hinweg schwärzen

- Mehrere Dokumente in einer PDF kombinieren

 Für diese Lektion benötigen Sie ungefähr 45 Minuten. Falls nötig, kopieren Sie jetzt den Ordner *Lektion12* auf Ihre Festplatte.

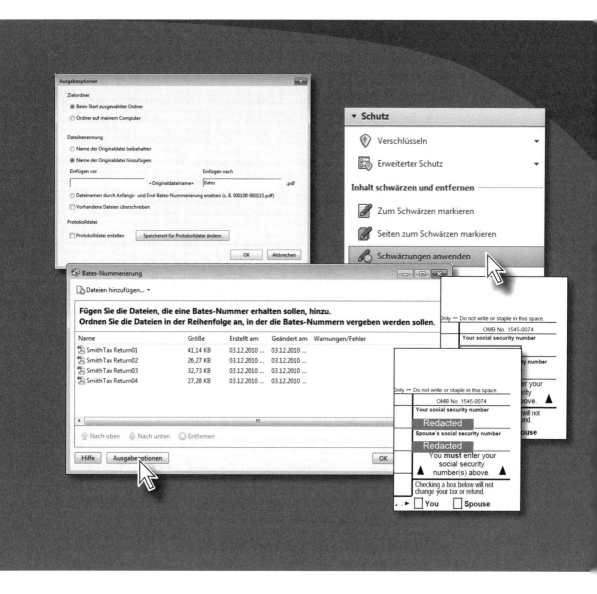

Adobe Acrobat X Pro bietet Möglichkeiten, die
besonders für juristische Dokumente von Nutzen
sind. Sie können einem Dokument eine Bates-
Nummerierung zuweisen und Schwärzung anwenden, um vertrauliche Informationen zu schützen.

Funktionen für das Rechtswesen in Adobe Acrobat X

In den Gerichten und Anwaltskanzleien der USA werden Dokumente zunehmend und überwiegend in Adobe PDF elektronisch verarbeitet. Acrobat X Pro bietet zahlreiche spezielle Funktionen für die Verbesserung des Arbeitsablaufs in diesen Bereichen. Neben der Bates-Nummerierung und der Schwärzung, die Thema dieser Lektion sind, bietet Acrobat weitere nützliche Funktionen für das Rechtswesen:

- PDF-Portfolios erleichtern das Sammeln von Dokumenten für das Fallmanagement. Informationen über PDF-Portfolios finden Sie in Lektion 7, »Dateien in PDF-Portfolios zusammenführen«.

- Formular-Werkzeuge helfen Ihnen bei der Verwaltung von Datensätzen innerhalb Ihrer Firma bzw. Abteilung sowie von Mandanten und freien Mitarbeitern. Siehe auch Lektion 10, »PDF-Formulare erstellen«.

- Verbessertes Scannen und optische Zeichenerkennungsfunktionen (OCR) unterstützen Sie bei der Konvertierung von Papierdokumenten in kleinere, besser durchsuchbare PDF-Dateien. Siehe auch Lektion 3, »Adobe PDF-Dateien erstellen«.

- Die verbesserte Vergleichen-Funktion erlaubt das mühelose Vergleichen von zwei Versionen eines Dokuments.

- Neue Funktionen der Zusammenarbeit ermöglichen das Verteilen von Dokumenten online, damit alle Teilnehmer immer mit dem neuesten Dokument arbeiten. Mit Online-Meetings und Bildschirmfreigaben können Sie sogar in Echtzeit zusammenarbeiten. Siehe auch Lektion 9, »Acrobat in der Dokumentüberprüfung«.

- Mit dem Befehl »Dokumente teilen« teilen Sie ein großes Dokument mühelos und schnell nach Dateigrößenvorgaben in kleinere Dokumente auf, um die Anforderungen für das Heraufladen von Dateien zu erfüllen.

- Sie können PDFs auf Metadaten (wie beispielsweise den Namen des Dokumentverfassers), Anmerkungen, Anhänge, versteckte Daten, Formularfelder, ausgeblendete Ebenen oder Lesezeichen durchsuchen. Um diese normalerweise ausgeblendeten Informationen in einem Dokument zu finden, klicken Sie in der Schutz-Palette auf »Ausgeblendete Informationen entfernen«. Das entsprechende Fenster enthält die gefundenen Informationen; klicken Sie auf »Entfernen«, um die gewählten Elemente zu löschen.

Bates-Nummerierung und Schwärzung

In Anwaltskanzleien wird die Bates-Nummerierung regelmäßig jeder Seite eines Dokuments zugewiesen, das zu den Akten einer Rechtssache oder eines Prozesses gehört. Sie können mit Acrobat X Pro die Bates-Nummerierung jedem Dokument oder Dokumenten in einem PDF-Portfolio als Kopf- oder Fußzeile hinzufügen. (Enthält ein PDF-Portfolio andere als PDF-Dateien, konvertiert Acrobat die Dateien in PDF und versieht sie mit der Bates-Nummerierung.) Sie können benutzerdefinierte Präfixe und Suffixe sowie Datumsstempel hinzufügen und festlegen, dass die Nummerierung immer außerhalb des Text- bzw. Abbildungsbereichs auf der Seite eingefügt wird.

Die Funktion »Schwärzung« erlaubt das Durchsuchen eines PDF-Dokuments sowie das automatische und dauerhafte Schwärzen von Bildern, bestimmten vertraulichen Wörtern, Satzbestandteilen oder Zeichenfolgen (Zahlen und Buchstaben). Suchen Sie bestimmte Textmuster (z.B. Telefonnummern oder Sozialversicherungsnummern) und schwärzen Sie diese.

Bates-Nummerierung hinzufügen

In diesem Lektionsabschnitt weisen Sie mehreren Dokumenten eine Bates-Nummerierung zu und passen das Nummerierungsformat an, um zu vermeiden, dass der Haupttext des Dokuments von anderen Textelementen überlagert wird.

● **Hinweis:** Die Bates-Nummerierung kann bei geschützten oder verschlüsselten Dateien und bei einigen Formularen nicht angewendet werden.

1 Öffnen Sie Acrobat. Klicken Sie im Startbildschirm auf »Öffnen«.

2 Navigieren Sie zum Ordner *Lektion12* und wählen Sie die Datei *SmithTax Return01.pdf* und klicken Sie auf »Öffnen«.

3 Klicken Sie auf »Werkzeuge«, um das Werkzeuge-Fenster zu öffnen, und wählen Sie anschießend »Seiten«.

4 Klicken Sie nun auf »Bates-Nummerierung« und wählen Sie »Bates-Nummerierung hinzufügen«.

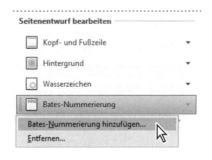

5 Im Dialogfenster »Bates-Nummerierung« klicken Sie auf »Dateien hinzufügen«, um das Schaltflächenmenü einzublenden. Wählen Sie dort nochmals »Dateien hinzufügen«.

Sie können die Bates-Nummerierung einzelnen Dateien oder den Inhalten von Ordnern sowie PDF-Portfolios zuweisen. Enthält ein Ordner Dateien, die von Acrobat nicht in PDF konvertiert werden können, werden diese Dateien nicht mit einbezogen.

6   Navigieren Sie zum Ordner *Lektion12* und wählen Sie die Datei *SmithTax Return01.pdf* file. Klicken Sie mit gedrückter Strg- (Windows) bzw. Befehlstaste (Mac OS) auf folgende Dateien, um sie Ihrer Auswahl hinzuzufügen:

- *SmithTax Return02.pdf*
- *SmithTax Return03.pdf*
- *SmithTax Return04.pdf*

▶ **Tipp:** Wenn Sie die Bates-Nummerierung auf Papierdokumente anwenden müssen, scannen Sie sie zunächst mit dem Befehl **Datei: PDF erstellen: Über den Scanner** ein und weisen Sie die Bates-Nummerierung den erzielten PDF-Dateien zu.

Sie können auch Dateien hinzufügen, die nicht im PDF-Format vorliegen, allerdings müssen sie sich in PDF konvertieren lassen.

7   Klicken Sie auf »Öffnen« (Windows) bzw. »Hinzufügen« (Mac OS).

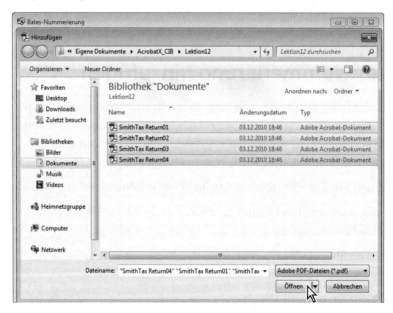

8   Falls nötig, verschieben Sie die Dateien mit den Schaltflächen »Nach oben« und »Nach unten« und ordnen Sie sie wie folgt an:

- *SmithTax Return01.pdf*
- *SmithTax Return02.pdf*
- *SmithTax Return03.pdf*
- *SmithTax Return04.pdf*

Den Zielordner und den Namen für Ihre Bates-nummerierte
Datei sowie den Speicherort bestimmen Sie im Dialogfenster
»Ausgabeoptionen«.

9 Klicken Sie auf »Ausgabeoptionen«.

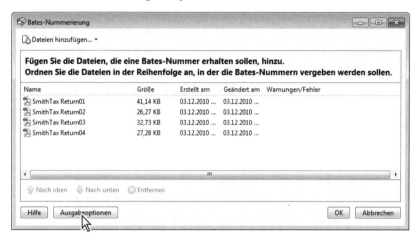

10 Legen Sie im Dialogfenster »Ausgabeoptionen« fest, wo die
   Dateien gespeichert werden sollen. Standardmäßig speichert
   Acrobat die Dateien im selben Ordner wie das nicht nummerierte
   Dokument.

Wenn Sie »Ordner auf meinem Computer« wählen, fordert Acrobat
Sie zur Wahl des Zielordners auf.

11 Wählen Sie unter »Dateibenennung« die Option »Name der Originaldatei hinzufügen«.

Wenn Sie den Originaldateinamen beibehalten wollen, sollten Sie die
Datei an einem anderen Ort speichern; anderenfalls überschreiben
Sie die Originaldaten.

12 Geben Sie **Bates** in das Textfeld »Einfügen nach« ein. Sie könnten
   auch andere Daten in die Textfelder »Einfügen vor« bzw. »Einfügen nach« eingeben, die dann vor bzw. nach der Seitennummer
   erscheinen.

13 Schalten Sie die Option »Vorhandene Dateien überschreiben« aus
   und übernehmen Sie die übrigen Optionen.

14 Klicken Sie auf OK, um die gewählten Optionen zuzuweisen und zum Dialogfenster »Bates-Nummerierung« zurückzukehren.

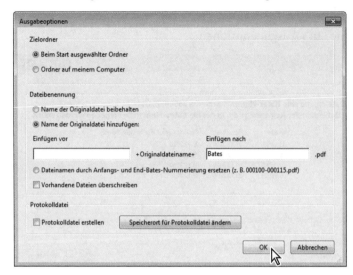

15 Klicken Sie auf OK, um das Dialogfenster »Bates-Nummerierung« zu schließen.

Acrobat öffnet das Dialogfenster »Kopf- und Fußzeile hinzufügen«. In diesem Dialogfenster legen Sie den Stil der zuzuweisenden Bates-Nummerierung fest.

Bates-Nummerierung festlegen

Die Schrift, die Schriftfarbe und -größe sowie die Position der Bates-Nummerierung stellen Sie im Dialogfenster »Kopf- und Fußzeile hinzufügen« ein. Hier können Sie auch entscheiden, ob Sie den Dokumentinhalt verkleinern müssen, damit er nicht von der Bates-Nummerierung überlagert wird. Die Bates-Nummer kann zwischen 6 und 15 Ziffern plus Präfix (Vorspann) und Suffix (Nachspann) enthalten.

Als Erstes legen Sie die Schrift, die Schriftgröße und die Schriftfarbe fest.

1 Stellen Sie im Dialogfenster »Kopf- und Fußzeile hinzufügen« im Bereich »Schrift« die Schrift, die Schriftgröße und die Schriftfarbe ein. Wir haben Arial in der Größe 10 gewählt, die Schaltfläche »Unterstrichen« eingeschaltet und die Farbe Rot für die Seitenzahlen gewählt.

2 Im Bereich »Rand (Millimeter)« im Dialogfenster »Kopf- und Fußzeile hinzufügen« bestimmen Sie den Leerraum um den Abbildungs- oder Textbereich auf der Seite. Hier fügt Acrobat die Bates-Nummerierung ein, damit weder Texte noch Abbildungen im Dokument verdeckt werden. Wir haben die Standardwerte von 12,7 mm für den oberen und den unteren Rand sowie 25,4 mm für den linken und den rechten Rand übernommen.

3 Klicken Sie auf »Optionen für Erscheinungsbild«.

4 Aktivieren Sie die Option »Dokument verkleinern, damit kein Text und keine Grafiken überschrieben werden«. Klicken Sie auf OK.

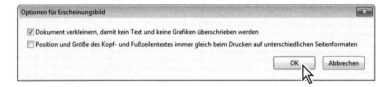

Nun wählen Sie die Position der Bates-Nummerierung – oben links, Mitte oder rechts (Kopfzeile) oder unten links, Mitte oder rechts (Fußzeile).

5 Klicken Sie im Textfeld »Kopfzeilentext rechts« – hier eingegebener Text erscheint in der oberen rechten Seitenecke.

Das Format Ihrer Bates-Nummernserie legen Sie im Dialogfenster »Bates-Nummerierung – Optionen« fest. Hier bestimmen Sie, ob die Nummerierung über Präfix und/oder Suffix verfügen soll, und stellen die Anzahl der Ziffern im Zahlenteil der Nummer ein.

6 Klicken Sie auf »Bates-Nummer einfügen«.

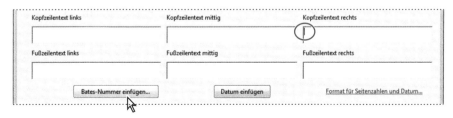

7 Legen Sie die Optionen Ihrer Bates-Nummerierung fest. Wir haben **6** Ziffern (maximal 15) mit dem Präfix **Smith** (Name des Mandanten) und dem Suffix **Jones** (Name des zuständigen Anwalts) gewählt. Da dies das erste Dokument der Reihe ist, haben wir die Startnummer 1 übernommen. Klicken Sie auf OK.

Das in Schritt 5 gewählte Textfeld zeigt Ihre Optionen. Sie können das Datum als Teil Ihrer Bates-Nummerierung oder separat hinzufügen.

8 Um das Datum als Teil der Bates-Nummerierung hinzuzufügen, klicken Sie auf »Format für Seitenzahlen und Datum«.

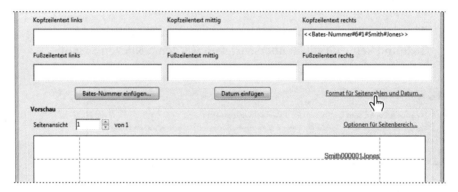

9 Wählen Sie das Datumsformat »mm/tt/jj« und dann »Bates-Nummer« als Format der Seitenzahlen. Übernehmen Sie 1 als erste Seitenzahl. Klicken Sie auf OK, um wieder zurück zum Dialogfenster »Kopf- und Fußzeilen hinzufügen« zu gelangen.

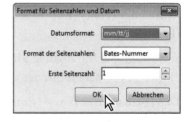

10 Klicken Sie auf »Datum einfügen«, um der Bates-Nummerierungs-formel das Datum hinzuzufügen. Acrobat zeigt Ihre Einstellungen im unteren Teil des Dialogfensters in der Vorschau an.

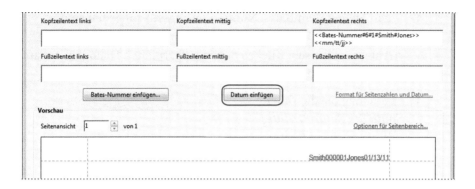

Sie können in diesem Dialogfenster die Optionen für die Bates-Nummerierung bearbeiten:

- Um einen Leerraum zwischen der Bates-Nummer und dem Datum einzufügen, klicken Sie zwischen die Tags (hier im Feld »Kopfzeilentext rechts«) und drücken die Leertaste.

- Um einen Eintrag zu löschen, markieren Sie ihn, drücken die rechte Maustaste und wählen im Kontextmenü die Option »Ausschneiden«.

- Um das Datum zu verschieben, markieren Sie es und ziehen es vor oder hinter die Bates-Nummer.

- Um die Position der Bates-Nummerierung auf der Seite zu ändern, ziehen Sie die Bates-Nummerierung in ein anderes Textfeld.

Jetzt speichern Sie Ihre Einstellungen.

11 Klicken Sie oben im Dialogfenster auf die Schaltfläche »Einstellungen speichern«, geben Sie Ihren Einstellungen den Namen **Smith_Jones** und klicken Sie auf OK.

Wenn Sie später weitere Dokumente nummerieren müssen, können Sie die namentlich gespeicherten Einstellungen mühelos wiederfinden.

12 Wenn Sie mit dem Bates-Nummerierungsstil zufrieden sind, klicken Sie auf OK, um Ihren Zieldokumenten die Bates-Nummerierung zuzuweisen. Klicken Sie im aufgerufenen Dialogfenster auf OK, um es zu schließen.

13 Betrachten Sie die Datei *SmithTax Return01Bates.pdf*, die noch geöffnet ist. Acrobat hat die Bates-Nummerierung sowohl dieser als auch den übrigen Dateien *SmithTax Return02Bates.pdf*, *SmithTax Return03Bates.pdf* und *SmithTax Return04Bates.pdf* zugewiesen.

14 Schließen Sie alle geöffneten Dokumente.

Wenn Sie dieser Sammlung später weitere Dokumente hinzufügen wollen, fügen Sie diesen Dokumenten (wie oben beschrieben) die Bates-Nummerierung hinzu, wählen die Einstellungen aber im Menü »Gespeicherte Einstellungen« im Dialogfenster »Kopf- und Fußzeile hinzufügen«. Ändern Sie die Seitenzahl der ersten Seite, die der letzten Seite des bereits vorhandenen Satzes folgt. Wenn Sie beispielsweise unserem Beispiel-Satz Seiten hinzugefügt haben, würden Sie die Bates-Nummerierung für die neuen Dokumente mit der Seitenzahl 5 beginnen lassen.

Dateien in einem PDF-Portfolio weisen Sie die Bates-Nummerierung auf die gleiche Weise zu.

Bates-Nummerierung bearbeiten

Seitenzahlen, die Sie mit der Bates-Nummerierungsfunktion eingefügt haben, können Sie nicht bearbeiten. Allerdings können Sie die Bates-Nummerierung löschen und eine andere Bates-Nummerierungsformel zuweisen.

Verschiedene Versionen eines Dokuments vergleichen

Sie können in Acrobat Pro die Unterschiede zwischen zwei Versionen eines PDF-Dokuments sehen. Sobald Sie den Befehl **Anzeige: Dokumente vergleichen** aufrufen, zeigt das Vergleichen-Fenster die von Acrobat gefundenen Unterschiede – ein neues Dokument enthält Anmerkungen für die entsprechenden Änderungen.

1. Wählen Sie **Anzeige: Dokumente vergleichen**.

2. Wählen Sie die zu vergleichenden Dokumente.

3. Wenn Sie nur einen bestimmten Teil in den Dokumenten vergleichen wollen, bestimmen Sie den entsprechenden Seitenbereich. Möchten Sie Grafikelemente beim Vergleich außen vor lassen und nur nach Textänderungen suchen, wählen Sie unten rechts im Dialogfenster »Dokumente vergleichen« die Option »Nur Text vergleichen«.

4. Wählen Sie eine passende Dokumentbeschreibung und klicken Sie auf OK.

Acrobat analysiert die beiden Dokumente und öffnet anschließend ein Ergebnis-Dokument mit Anmerkungen zu den gefundenen Änderungen. Die erste Seite des neuen Dokuments enthält eine Zusammenfassung des Dokumentvergleichs.

5. Prüfen Sie die im Vergleichen-Fenster aufgeführten Unterschiede. Sie können die Anmerkungen anpassen, indem Sie sie ausblenden oder die Anzeigeoptionen ändern. Klicken Sie auf eine Seitenminiatur, um die entsprechende Seite anzuzeigen.

6. Um die Vergleichsdokumente in eigenen Fenstern zu zeigen, wählen Sie in den Optionsmenüs des Vergleichen-Fensters »Dokumente untereinander anzeigen« oder »Dokumente nebeneinander anzeigen«. Wählen Sie »Synchroner Bildlauf«, wenn Sie die Seitenanzeige in den jeweiligen Fenstern synchronisieren möchten.

Schwärzung zuweisen

Wenn Gerichte oder Anwaltskanzleien Dokumente mit vertraulichen bzw. persönlichen Informationen veröffentlichen müssen, lassen sich diese Informationen durch Schwärzen verdecken. Bisher war das ein zeitraubender Vorgang, der von Hand ausgeführt werden musste. Mit Acrobat Pro und dem Schwärzen-Werkzeug können Sie nach bestimmten Informationen suchen und sie automatisch schwärzen. Dazu müssen Sie Ihre elektronischen Dokumente nur in Adobe PDF

▶ **Tipp:** Da die Schwärzung nicht rückgängig gemacht werden kann, sollten Sie immer mit einer Kopie arbeiten oder eine unbearbeitete Dateiversion für den zukünftigen Gebrauch archivieren. Am besten richten Sie in den Dokumentvoreinstellungen die automatische Änderung des Dateinamens beim Sichern von Schwärzungen ein.

konvertieren oder Papierdokumente direkt in PDF scannen. Dann suchen Sie mit dem Schwärzen-Werkzeug nach bestimmten Begriffen wie Namen, Telefon- oder Kontonummern und löschen diese Informationen dauerhaft aus einer Kopie Ihres Dokuments.

Sie können auch nach bestimmten Textmustern suchen und dafür eine Seite oder einen Seitenbereich durchsuchen. Sie verwenden für das Schwärzen von bestimmten oder vertraulichen persönlichen Inhalten praktisch das Äquivalent eines Textmarkers oder einen (undurchsichtigen) überlagernden Text, der den Grund für die Schwärzung erklärt.

Als Erstes sehen Sie sich ein Beispiel für eine Schwärzung an.

1 Wählen Sie in Acrobat **Datei: Öffnen**, navigieren Sie zum Ordner *Lektion12* und doppelklicken Sie auf *SmithTax Return03.pdf*.

Sowohl in Teil 1 (Part I) als auch in Teil 2 (Part II) wurde die Beschreibung des Eigentums geschwärzt.

2 Versuchen Sie, mit dem Hand-Werkzeug (✋) oder dem Auswahl-Werkzeug (⌶) eine Schwärzung auszuwählen. Es funktioniert nicht. Eine einmal zugewiesene Schwärzung kann weder entfernt werden noch lassen sich die vormals darunter befindlichen Inhalte in irgendeiner Weise wieder zugänglich machen. Daher sollten Sie eine Datei, die Sie mit einer Schwärzung versehen haben, immer unter einem neuen Namen speichern. Wenn Sie die Originaldatei versehentlich überschreiben, können Sie die geschwärzten Informationen nicht wiederherstellen.

3 Wählen Sie **Datei: Schließen**, um das Steuerformular zu schließen.

Schwärzungseigenschaften ändern

Sie können die Schwärzungseigenschaften ändern, etwa die Farbe des
Schwärzungswerkzeugs (standardmäßig Schwarz) festlegen, Überlagerungstext einschließen und diesen
formatieren. Die Eigenschaften
wirken sich auf die Schwärzung aus,
die Sie nach dem Modifizieren durchführen; vorhandene Schwärzungen
bleiben davon unbeeinflusst.

1 Öffnen Sie die Datei *SmithTax
   Return01.pdf*.

2 Öffnen Sie die Schutz-Palette im Werkzeuge-Fenster und klicken
   Sie auf »Schwärzungseigenschaften«.

3 Klicken Sie im Dialogfenster »Schwärzen-Werkzeug – Eigenschaften« auf das Farbfeld rechts neben »Füllfarbe für geschwärzten
   Bereich«. Wir haben Rot gewählt.

4 Schalten Sie die Option »Überlagerungstext verwenden« ein. (Die
   Option ist eingeschaltet, wenn das Kontrollkästchen mit einem
   Häkchen versehen ist.)

5 Wählen Sie im Bereich »Überlagerungstext« eine Schrift für den
   Schwärzungstext. Wir haben uns für die vorgegebene Schrift
   entschieden.

6 Aktivieren Sie die Option »Textgröße automatisch an Schwär-
   zungsbereich anpassen« – je nach Größe des Schwärzungsbe-
   reichs passt Acrobat automatisch den Text an. Sie können aber
   auch eine ganz bestimmte Schriftgröße wählen.

7 Als »Schriftfarbe« haben wir Weiß gewählt und die Option
   »Überlagerungstext wiederholen« ausgeschaltet, damit unser
   Schwärzungstext nur einmal pro Schwärzung erscheint. Wir
   haben den Schwärzungstext mittig ausgerichtet.

8 Die Option »Benutzerdefinierter Text« ist eingeschaltet; wir
   haben **Redacted** (Geschwärzt) als Schwärzungstextüberlagerung
   eingegeben.

Wenn Sie den Grund für die Schwärzung mit ausgeben wollen,
würden Sie die Option »Schwärzungscode« einschalten und die entsprechenden Codesätze und Codeeinträge in den zugehörigen Listen

wählen. (Zum Zeitpunkt der Drucklegung dieses Buches standen noch keine offiziellen Codes zur Verfügung.)

9 Klicken Sie auf OK, um Ihre Einstellungen zuzuweisen.

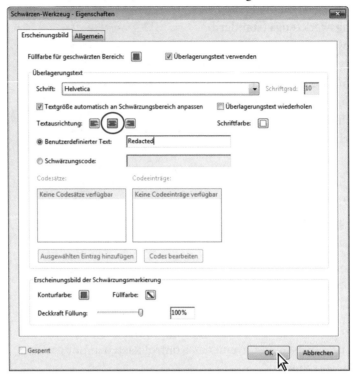

Text zum Schwärzen suchen

Mit »Text suchen und entfernen« können Sie nach einem Wort, einem Satzteil, einer Zahl, einer Zeichenfolge oder einem Muster suchen und für die Schwärzung markieren lassen. In diesem Lektionsabschnitt suchen Sie nach den Sozialversicherungsnummern Ihrer Mandanten und schwärzen sie, bevor Sie die Dokumente zur Nachbearbeitung freigeben.

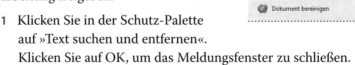

1 Klicken Sie in der Schutz-Palette auf »Text suchen und entfernen«. Klicken Sie auf OK, um das Meldungsfenster zu schließen.

2 Geben Sie im Dialogfenster »Erweiterte Suche« das Dokument oder den Ordner an, den Sie durchsuchen möchten. Wir haben die Option »Im aktuellen Dokument« aktiviert.

Falls Sie nur auf der aktuellen Seite oder in einem bestimmten Seitenbereich eines Dokuments suchen und schwärzen möchten, wählen
Sie in der Schutz-Palette »Seiten zum Schwärzen markieren« und
bestimmen dann den gewünschten Seitenbereich.

Wenn Sie mehrere Wörter oder Ausdrücke gleichzeitig suchen und
schwärzen möchten, können Sie dafür die Option »Mehrere Wörter
bzw. Ausdruck« einschalten, so dass Sie dann nicht mehrere Such-
läufe durchzuführen brauchen.

3   Aktivieren Sie im Bereich »Suchen nach« die Option »Muster«.
    Da wir es mit einer US-Datei zu tun haben, klicken Sie unten im
    Dialogfenster »Erweiterte Suche« auf »Anderes Gebietsschema
    für Muster«. Es erscheint das Dialogfenster »Voreinstellungen«.
    Wählen Sie unten rechts im Bereich »Schwärzung« aus dem
    Einblendmenü »Lokalisierung für...« die Option »English (US)«
    und klicken Sie auf OK. Es erscheint wieder das Dialogfenster
    »Erweiterte Suche«. Wählen Sie jetzt im Einblendmenü »Muster
    auswählen« die Option »Social Security Numbers«. Klicken Sie
    auf »Suchen und schwärzen«.

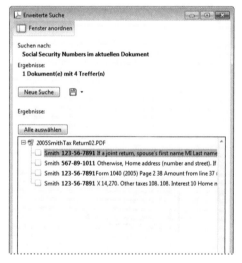

Acrobat zeigt die Ergebnisse im Dialogfenster »Erweiterte Suche« an.

4   Acrobat führt jedes einzelne Ergebnis zur gesuchten Zeichenfolge
    im Fenster auf. Klicken Sie auf ein Suchergebnis, um zur ent-
    sprechenden Stelle im Dokument zu gelangen.

5   Klicken Sie im Dialogfenster »Erweiterte Suche« auf die Schalt-
    fläche »Alle auswählen«, um alle Suchergebnisse zur Sozialver-
    sicherungsnummer zu markieren.

6 Um sich die zur Schwärzung vorgesehenen Elemente anzusehen, klicken Sie unten im Erweiterte-Suche-Fenster auf die Schaltfläche »Ausgewählte Ergebnisse zum Schwärzen markieren«; damit markiert Acrobat alle Suchergebnisse im Dokumentfenster. Wenn Sie die markierten Schwärzungen auf Richtigkeit überprüft haben, können Sie die Schwärzung zuweisen.

Durch Klicken auf die Einträge im Dialogfeld »Erweiterte Suche« springt Acrobat im Dokumentfenster auf die jeweiligen zur Schwärzung markierten Fundstellen. Sie können diese Kopie speichern und drucken, um sie beispielsweise Kollegen zur Prüfung zu übergeben, bevor Sie die Schwärzung zuweisen. Achten Sie dabei darauf, im Drucken-Dialogfenster die Option »Dokument und Markierungen« (im Einblendmenü »Kommentare und Markierungen«) zu wählen, um die Schwärzen-Markierungen zu drucken.

▶ **Tipp:** Wenn sich mit dem Zum-Schwärzen-markieren-Werkzeug weder Text- noch Grafikelemente wählen lassen, können Sie die zu schwärzenden Text- oder Grafikbereiche mit gedrückter rechter Maustaste markieren und diese Markierung durch Klicken auf die Schaltfläche »Schwärzungen anwenden« zuweisen.

7 Wenn die Markierungen korrekt und vollständig sind, klicken Sie in der Schutz-Palette auf »Schwärzungen anwenden«. Klicken Sie auf OK, um das eingeblendete Nachrichtenfenster zu schließen, und klicken Sie im nächsten Nachrichtenfenster auf »Nein«. (Diese PDF-Steuererklärung wurde durch Scannen eines einfachen Papierformulars erstellt; daher werden kaum zusätzliche Dokumentinformationen auf ausgeblendeten Ebenen oder in Metadaten vorhanden sein, weshalb eine entsprechende Überprüfung nicht notwendig ist.)

8 Wählen Sie **Datei: Speichern** und sichern Sie Ihre Datei. Acrobat fügt aufgrund der von Ihnen zuvor in dieser Lektion geänderten Dokumentvoreinstellungen automatisch das Suffix »_geschwärzt« an den Dateinamen an. Sie können durch die Datei blättern und sich die Schwärzungen ansehen.

9 Schließen Sie das Dialogfenster »Erweiterte Suche« und die PDF-Datei.

In Dokumenten, die eingescannt und in PDF konvertiert wurden, sind Text und Abbildungen zumeist als Bilder konvertiert, die sich erst nach der Bearbeitung mit entsprechender OCR-Software (*optical character recognition*, optische Zeichenerkennung) durchsuchen lassen. Mehr über OCR finden Sie in Lektion 3, »Adobe PDF-Dateien erstellen«.

PDF-Dokumente zusammenführen

Sie können Dokumente für e-Briefe und Fallmanagement zusammenführen, indem Sie mehrere PDF-Dateien in einem einzigen Dokument zusammenfassen. Wenn Sie Acrobat Pro benutzen, erstellen Sie einfach ein PDF-Portfolio. Ein PDF-Portfolio hat den Vorteil, dass Dokumente weiterhin separat sind, so dass man sie einfach wiederverwenden oder auch einzeln weitergeben kann. Dokumente in einem PDF-Portfolio behalten ihre individuellen Sicherheitseinstellungen und standardmäßigen Ansichten. Jede Datei lässt sich lesen, bearbeiten, formatieren und drucken – unabhängig von anderen Dateien im PDF-Portfolio. Änderungen an Dokumenten in einem PDF-Portfolio wirken sich nicht auf das Originaldokument aus. Mehr über PDF-Portfolios finden Sie in Lektion 7, »Dateien in PDF-Portfolios zusammenführen«.

Wenn abzusehen ist, dass einzelne Dokumente nicht mehr verändert werden müssen, sollten die Dokumente bzw. Dateien für eine Weitergabe oder Archivierung zu einer einzigen PDF-Datei zusammengeführt werden. Sie führen jetzt die vier Steuererklärungen zu einem einzelnen PDF-Dokument zusammen.

1   Wählen Sie **Datei: Erstellen: Dateien in einem einzigen PDF-Dokument zusammenführen**.

2   Klicken Sie im Dialogfenster »Dateien zusammenführen« auf die Schaltfläche »Dateien hinzufügen« und wählen Sie im Einblendmenü den Eintrag »Dateien hinzufügen«.

3   Navigieren Sie im Dialogfenster »Hinzufügen« zum Ordner *Lektion12* und wählen Sie die Datei *SmithTax Return01_geschwärzt.pdf*. Drücken Sie dann Strg bzw. Befehl und wählen Sie *SmithTax Return02.pdf*, *SmithTax Return03.pdf* und *SmithTax Return04.pdf*.

4   Klicken Sie auf »Öffnen« bzw. »Hinzufügen«. Die gewählten Dateien erscheinen im Dialogfenster »Dateien zusammenführen«. Sie können die Dateireihenfolge ändern, indem Sie eine

Datei wählen und auf die Schaltfläche »Nach oben« bzw. »Nach unten« klicken. Befinden sich die Dateien in der gewünschten Reihenfolge, klicken Sie unten rechts im Dialogfeld auf »Dateien zusammenführen«.

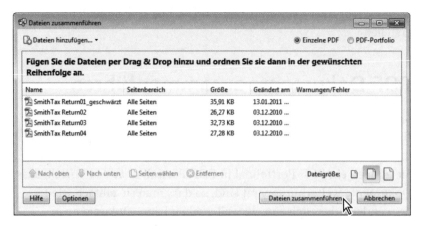

Acrobat führt die Dateien im neuen Dokument *Sammelmappe1.pdf* zusammen.

5 Wählen Sie **Datei: Speichern unter: PDF**.

6 Speichern Sie die Datei unter dem Namen **SmithTaxReturn_set**.

Dokumente teilen

Wenn Ihre Dateien in einer einzelnen PDF-Datei zusammengeführt wurden und nicht in ein PDF-Portfolio, können Sie die Originaldokumente mit dem Befehl »Dokument teilen« auch wieder herauslösen. Außerdem können Sie mit diesem Befehl ein Dokument aufteilen, damit es nicht zu groß zum Hochladen ist.

1 Öffnen Sie Ihre zusammengeführte PDF-Datei und klicken Sie in der Seiten-Palette innerhalb des Werkzeuge-Fensters auf »Dokument teilen«.

2 Im Dialogfenster »Dokument teilen« bestimmen Sie, ob das Dokument nach Anzahl der Seiten, einer maximalen Dateigröße für jedes Dokument oder nach übergeordneten Lesezeichen geteilt werden soll.

3 Klicken Sie auf die Schaltfläche »Ausgabeoptionen«, um einen Zielordner für die geteilten Dateien und Ihre bevorzugte Dateikennzeichnung festzulegen.

Dokumente, denen Sie Sicherheitseinstellungen zugewiesen haben, können Sie nicht teilen.

Um mehrere Dokumente nach den gleichen Kriterien zu teilen, klicken Sie im Dialogfenster »Dokument teilen« auf die Schaltfläche »Auf mehrere anwenden«.

Schwärzungen über mehrere Seiten

Sie können mit dem Zum-Schwärzen-markieren-Werkzeug Text, ein Objekt oder zu schwärzende Seitenbereiche wählen. Außerdem können Sie einen gleichen Bereich auf mehreren Seiten schwärzen. Sie haben die Steuererklärungen zu einem Dokument zusammengeführt, doch die Sozialversicherungsnummer wurde nur in der ersten Original-PDF-Datei geschwärzt. Sie schwärzen jetzt mit dem Zum-Schwärzen-markieren-Werkzeug das Feld für die Sozialversicherungsnummer auf den letzten drei Seiten des zusammengeführten Dokuments.

1 Geben Sie links oben in der allgemeinen Werkzeugleiste die Seitennummer **4** ein und drücken Sie die Eingabetaste. Seite 4 in der kombinierten Datei ist das Dokument *Schedule C*. Das Feld für die Sozialversicherungsnummer befindet sich oben rechts auf der Seite.

2 Klicken Sie in der Schutz-Palette auf »Zum Schwärzen markieren«. Klicken Sie auf OK, um das Meldungsfenster zu schließen.

3 Drücken Sie Strg bzw. Befehl, so dass sich der Mauszeiger in ein Fadenkreuz ändert. Ziehen Sie über das komplette Feld mit der Sozialversicherungsnummer. Der gewählte Bereich wird beim Ziehen schattiert und ist dann nach dem Loslassen der Maustaste mit einer Kontur versehen.

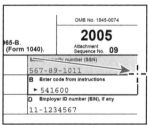

Noch ist der Bereich nicht geschwärzt – erst wenn Sie in der Schutz-Palette auf »Schwärzungen anwenden« klicken, weist Acrobat die Schwärzung zu.

4 Klicken Sie mit der rechten Maustaste im gewählten Bereich und wählen Sie »Markierung über mehrere Seiten wiederholen«.

5 Wählen Sie im Dialogfenster »Schwärzungsmarkierung durchgängig wiederholen« die Option »Bereich angeben«. Geben Sie **4-6** in das Textfeld ein und klicken Sie auf OK.

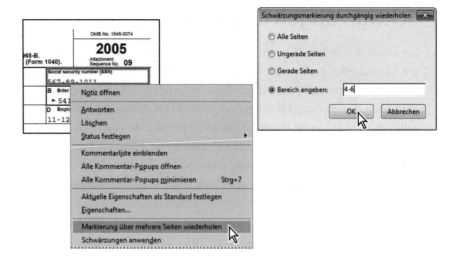

6 Sehen Sie sich die Seiten 5 und 6 an. Der gewählte Bereich ist zum Schwärzen hervorgehoben.

7 Wählen Sie in der Schutz-Palette »Schwärzungen anwenden«. Klicken Sie auf OK, um das Fenster mit dem Warnhinweis zu schließen, und im nächsten Fenster auf »Nein«.

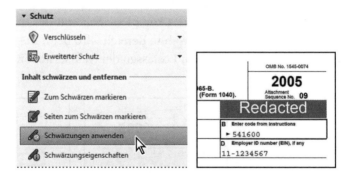

Acrobat speichert die Datei unter dem Namen *Sammelmappe1_ geschwärzt* und geht dabei von den Einstellungen in den Dokument-eigenschaften aus.

8 Prüfen Sie das Feld für die Sozialversicherungsnummer auf den entsprechenden Seiten – die Nummer ist auch hier geschwärzt.

9 Schließen Sie das Dokument.

Fragen

1 Können Sie versehentlich geschwärzte Informationen wieder rückgängig machen?

2 Wie können Sie dafür sorgen, dass die Bates-Nummerierung keine Text- oder Abbildungsbereiche im Dokument überlappt?

3 Können Sie eine Bates-Nummerierung bearbeiten, nachdem Sie sie einer Dokumentsammlung zugewiesen haben?

Antworten

1 Nein. Nach dem Speichern der Datei ist das Schwärzen dauerhaft und unumkehrbar. Prüfen Sie die zum Schwärzen markierten Elemente daher immer gewissenhaft, bevor Sie das Schwärzen anwenden. Und speichern Sie die geschwärzte Datei immer unter einem anderen Namen, um zu verhindern, dass die Originaldatei überschrieben wird und damit verloren ist. Solange Sie das Dokument nach dem Anwenden der Schwärzung noch nicht gesichert haben, können Sie die angewandte Schwärzung allerdings noch markieren und wieder entfernen.

2 Klicken Sie im Dialogfenster »Kopf- und Fußzeile hinzufügen« auf »Optionen für Erscheinungsbild« und schalten Sie die Option »Dokument verkleinern, damit kein Text und keine Grafiken überschrieben werden« ein.

3 Nein. Sie können die aktuelle Bates-Nummerierung nur löschen und eine andere neue Bates-Nummerierungsformel zuweisen.

13 ACROBAT IN DER DRUCKPRODUKTION

Überblick

In dieser Lektion lernen Sie Folgendes:

- Adobe PDF-Dateien für hochauflösendes Drucken erzeugen

- Preflight von Adobe PDF-Dateien für Qualität und Konsistenz nutzen (Acrobat Pro)

- Überprüfen, wie transparente Objekte eine Seite beeinflussen (Acrobat Pro)

- Farbmanagement einrichten

- Farbseparationen mit Acrobat erstellen

 Für diese Lektion benötigen Sie ungefähr 60 Minuten. Falls nötig, kopieren Sic jetzt den Ordner *Lektion13* auf Ihre Festplatte.

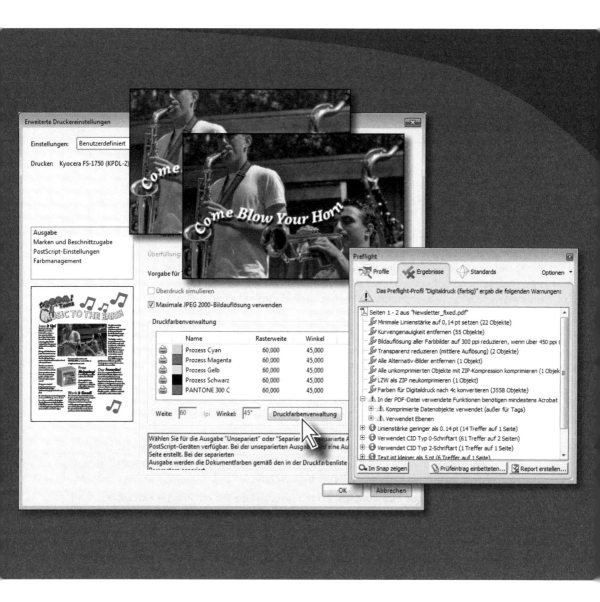

Acrobat Pro verfügt über professionelle Druck-
Werkzeuge, einschließlich Preflight und Transparenz-
Vorschauen. Das Ergebnis ist die Ausgabe in höchster
Qualität.

Richtlinien für druckfertige PDF-Dateien

Wenn Sie eine PDF-Datei an einen Druckdienstleister übergeben, steht die damit zu erzielende Qualität bereits fest. Möglicherweise kann die Druckerei mit einer nicht ganz optimalen PDF-Datei noch eine gute Qualität erzielen, aber größtenteils wird die Druckerei durch Entscheidungen während des kreativen Prozesses eingeschränkt. Mit den nachfolgenden Richtlinien können Sie dem Druckdienstleister die qualitativ besten PDF-Dateien liefern:

- **Das fertige Produkt ist nur so gut wie seine Bestandteile.** Eine PDF-Datei für hochwertige Drucke benötigt entsprechend hochauflösende Abbildungen, hochwertige Schriften und passende Elemente.

- **Konvertieren Sie nur, wenn absolut nötig.** Mit jeder Konvertierung von Text, Objekten oder Farbe beeinträchtigen Sie die Integrität der Datei. Daher entspricht das gedruckte Produkt am ehesten Ihrer ursprünglichen Absicht, wenn Sie Konvertierungen vermeiden. Behalten Sie Text in seiner ursprünglichen Form als Schrift bei, statt ihn in Pfade umzuwandeln oder zu rastern. Übernehmen Sie Verläufe und Transparenzen so lange wie möglich. Und konvertieren Sie keine Farben aus geräteunabhängigen Farbräumen oder Farbräumen mit hohem Farbumfang – etwa RGB – in geräteabhängige oder solche mit geringerem Farbumfang – etwa CMYK –, solange Sie nicht von Ihrem Druckdienstleister dazu aufgefordert werden.

- **Setzen Sie Transparenz wirkungsvoll ein.** Transparenz kommt immer dann ins Spiel, wenn Sie eine Füllmethode zuweisen oder die Deckkraft eines Objekts ändern. Für beste Ergebnisse sollten Sie die Transparenz so lange wie möglich beibehalten; platzieren Sie Objekte, die nicht reduziert werden sollen (wie Text und Linienobjekte), auf allen angrenzenden transparenten Elementen, am besten auf einer eigenen Ebene; und verwenden Sie die höchstmögliche Einstellung zur Transparenzreduzierung.

- **Prüfen und Preflight vor dem Erstellen der PDF-Datei.** Zu Beginn des Arbeitsablaufs haben Sie noch die besten Möglichkeiten, Probleme zu lösen. Prüfen Sie Inhalt und Formatierung genau, bevor Sie eine PDF-Datei erstellen. Wenn das Programm über eine Preflight-Funktion verfügt, sollten Sie damit fehlende Schriften, nicht verknüpfte Abbildungen und ähnliche Probleme aufspüren. Je früher Sie ein Problem erkennen und lösen, desto einfacher und günstiger lässt es sich beseitigen. Zweifellos lassen sich technische Probleme, die Sie noch im Entwicklungsprogramm erkennen, einfacher lösen als solche, die erst in Acrobat oder beim Drucken erkannt werden.

- **Betten Sie Schriften ein.** Um Komplikationen zu vermeiden, sollten Sie alle verwendeten Schriften in die PDF-Datei einbetten. Lesen Sie vor dem Erwerb von Schriften die Lizenzbestimmungen (EULA), und vergewissern Sie sich, dass sie eingebettet werden dürfen.

- **Verwenden Sie die passende PDF-Vorgabe.** Achten Sie beim Erstellen von PDF-Dateien auf die korrekte Vorgabe. Mit der PDF-Vorgabe bestimmen Sie, wie Bilddaten gespeichert, ob Schriften eingebettet und Farben konvertiert werden. Der Acrobat PDFMaker in Microsoft Office erstellt standardmäßig PDF-Dateien mit der Vorgabe »Standard«, die den Anforderungen der meisten professionellen Druckereien nicht genügt. Unabhängig davon, in welchem Programm Sie Ihre PDF-Datei für eine Druckerei erstellen, verwenden Sie die PDF-Voreinstellung »Druckausgabequalität« oder die von der Druckerei empfohlene Einstellungsdatei.

- **Erstellen Sie eine PDF/X-Datei (wenn möglich).** PDF/X ist eine Untergruppe der Adobe PDF-Spezifikationen und erfüllt bestimmte Kriterien, mit denen sich verlässlichere PDF-Dateien erstellen lassen. Mit einer PDF/X-konformen Datei vermeiden Sie die gebräuchlichsten Fehler bei der Dateivorbereitung: nicht eingebettete Schriften, falsche Farbräume, fehlende Abbildungen sowie Überdrucken- und Überfüllungsbelange. PDF/X-1a, PDF/X-3 und PDF/X-4 sind die am weitesten verbreiteten Formate, die jeweils für bestimmte Zwecke entwickelt wurden.

PDF-Dateien für die Druckproduktion erstellen

Aus Ihrem Originaldokument lässt sich auf vielfältige Weise eine PDF-Datei erstellen. Unabhängig von der gewählten Methode müssen Sie die passende PDF-Vorgabe für die gewünschte Ausgabe wählen. Für den hochauflösenden professionellen Druck verwenden Sie die PDF-Vorgabe *Druckausgabequalität* oder eine entsprechende von Ihrem Druckdienstleister gelieferte PDF-Voreinstellung.

Adobe PDF-Vorgaben

Eine PDF-Vorgabe besteht aus einer Gruppe von Einstellungen, die den Erstellungsprozess einer PDF-Datei beeinflusst. Diese Einstellungen dienen der Abstimmung von Dateigröße und Qualität, wobei der Verwendungszweck der PDF-Datei maßgeblich ist. Die meisten vordefinierten Vorgaben stehen in gleicher Form in allen Anwendungen der Adobe Creative Suite zur Verfügung: InDesign, Illustrator, Photoshop und Acrobat. Sie können für Ihre eigenen Ausgabeanforderungen auch benutzerdefinierte Vorgaben erstellen und freigeben.

Einige der folgenden Vorgaben stehen erst zur Verfügung, wenn Sie sie aus dem Ordner *Extras* (in dem sie standardmäßig installiert sind) in den Ordner *Settings* für benutzerdefinierte Einstellungen verschieben. Ausführliche Informationen zu jeder Vorgabe finden Sie in der Adobe Acrobat X-Hilfe.

- **Qualitativ hochwertiger Druck** erstellt PDF-Dateien für hochwertige Drucke auf Desktop-Druckern und Proof-Geräten.
- **Übergroße Seiten** erstellt PDF-Dateien, mit denen technische Entwürfe betrachtet und gedruckt werden können, die größer als 200 x 200 Zoll (508 x 508 cm) sind.
- **PDF/A-1b: 2005 (CMYK und RGB)** wird für die langfristige Archivierung elektronischer Dokumente verwendet.
- **PDF/X-1a (2001 und 2003)** minimiert die Anzahl der Variablen in einem PDF-Dokument und verbessert die Verlässlichkeit. Hierzulande ist PDF/X-1a eine sichere Wahl für Dateien, die Sie im Offsetdruck reproduzieren lassen möchten.
- **PDF/X-3 (2003)** ähnelt PDF/X-1a-Dateien, unterstützt allerdings Arbeitsabläufe mit Farbmanagement und RGB-Bilder.
- **PDF/X-4 (2007)** verfügt über die gleichen Farbmanagement-ICC-Farbspezifikationen wie PDF/X-3, unterstützt aber zusätzlich auch echte Transparenzen.
- **Druckausgabequalität** erstellt PDF-Dateien für die Druckausgabe in hoher Qualität (zum Beispiel für den Digitaldruck oder Separationen, die für einen Bildbelichter oder Platesetter bestimmt sind).
- **Barrierefreies PDF** erstellt barrierefreie PDF-Dateien mit Tags, Hyperlinks, Lesezeichen, interaktiven Elementen und Ebenen.
- **Kleinste Dateigröße** erstellt PDF-Dateien für die Anzeige im Web oder in einem Intranet bzw. für die Verteilung über ein E-Mail-System.
- **Standard** erstellt PDF-Dateien, die auf Desktop-Druckern oder digitalen Kopierern gedruckt, auf CD veröffentlicht oder als Probedruck an den Kunden geschickt werden sollen.

Sie können aus jedem Programm heraus mit dem Drucken-Befehl eine PDF-Datei erzeugen. Aufgrund der Vielzahl der verfügbaren Anwendungen steht für diesen Teil der Übung keine Datei auf der CD zur Verfügung; verwenden Sie daher ein beliebiges Dokument oder erstellen Sie ein neues für die nachfolgende Übung.

1 Öffnen Sie ein Dokument in seiner Originalanwendung.

2 Wählen Sie **Datei: Drucken**.

3 Unter Windows: Wählen Sie in der Liste der verfügbaren Drucker den Eintrag »Adobe PDF«. Klicken Sie dann je nach Anwendung auf »Eigenschaften«, »Voreinstellungen« oder »Einstellungen«. Wählen Sie »Druckausgabequalität« oder eine eigene PDF-Einstellungsdatei.

   In Mac OS: Klicken Sie auf »PDF« und wählen Sie im Einblendmenü die Option »Als PDF sichern«. Wählen Sie anschließend die Einstellungsdatei »Druckqualität« oder eine benutzerdefinierte PDF-Dateieinstellung.

4 Unter Windows wählen Sie im Einblendmenü »Adobe PDF-Ausgabeordner« den Eintrag »Eingabeaufforderung für PDF-Dateiname« und klicken auf OK. Anderenfalls speichert der Adobe PDF-Drucker die Datei im Ordner *Eigene Dateien*. (Unter Mac OS werden Sie automatisch aufgefordert, einen Dateinamen und einen Speicherort anzugeben.)

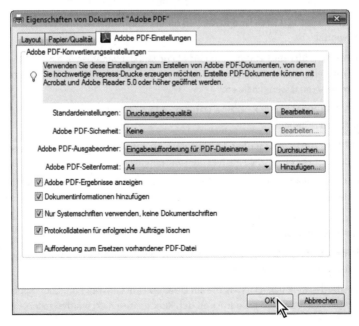

5 Klicken Sie unter Windows auf »Drucken«.

6   Wenn Sie dazu aufgefordert werden, legen Sie einen Dateinamen
    und einen Ordner für die PDF-Datei fest und klicken Sie auf
    »Speichern«.

7   Schließen Sie die PDF-Datei und das Originaldokument.

Weitere Informationen über die einzelnen PDF-Vorgaben finden Sie
in der Adobe Acrobat X-Hilfe.

PDF-Dateien mit Distiller erstellen

Sie können eine PostScript-Datei auch mit Distiller in PDF konvertieren;
die Anwendung Distiller wird bei der Installation von Acrobat automatisch
mit installiert. Wie Sie ein Dokument als PostScript ausgeben, hängt von
der Erstellungsanwendung ab. Manche Programme beinhalten bestimmte
Optionen für die PostScript-Ausgabe, in anderen müssen Sie einen Drucker
einrichten, um in eine Datei zu drucken. Um die PDF-Datei zu erstellen,
starten Sie Distiller, wählen die gewünschten Einstellungen und öffnen die
PostScript-Datei in Distiller, der das Dokument dann mit den von Ihnen
gewählten Einstellungen in PDF konvertiert.

Um Distiller aus Acrobat heraus zu starten, wählen Sie »Acrobat Distiller« in
der Druckproduktion-Palette innerhalb des Werkzeuge-Fensters.

Preflight von Dateien (Acrobat Pro)

Bevor Sie einem Druckdienstleister eine PDF-Datei übergeben, sollten Sie prüfen, ob das Dokument für den Druck geeignet ist. Preflight
überprüft die Datei anhand eines Satzes benutzerdefinierter Werte,
den so genannten Preflight-Profilen. Je nach Profil können mit der
Preflight-Funktion auch bestimmte Fehler berichtigt werden.

Erkundigen Sie sich bei Ihrem Druckdienstleister nach dem richtigen Preflight-Profil für den Preflight Ihres Dokuments. Viele Druckdienstleister halten benutzerdefinierte Preflight-Profile für ihre
Kunden zum Herunterladen bereit.

Sie führen jetzt einen Preflight an einer Rundschreibendatei durch,
um zu prüfen, ob sie für den Digitaldruck geeignet ist.

1   Wählen Sie in Acrobat Pro **Datei: Öffnen** und navigieren Sie
    zum Ordner *Lektion13*. Wählen Sie die Datei *Newsletter.pdf* und
    klicken Sie auf »Öffnen«.

2   Öffnen Sie im Werkzeuge-Fenster die Druckproduktion-Palette.
    Ist das Fenster nicht verfügbar, wählen Sie **Anzeige: Werkzeuge:
    Druckproduktion**.

3   Wählen Sie in der Druckproduktion-Palette die Option
    »Preflight«.

Das Dialogfenster »Preflight« führt die verfügbaren Preflight-Profile
nach entsprechend ihren Aufgaben bezeichneten Kategorien gruppiert auf.

4   Klicken Sie auf das Dreieck links neben »Digitaldruck und Online-
    Publishing«, um die Kategorie einzublenden.

5   Wählen Sie das Profil »Digitaldruck (farbig)«.

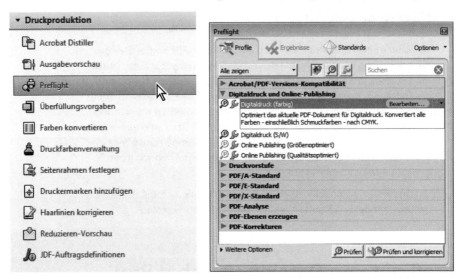

Das Lupen-Symbol neben dem Profil zeigt, dass Prüfungen ausgeführt werden können, und das Schraubenschlüssel-Symbol zeigt,
dass unter Umständen Korrekturen ausgeführt werden können. Ist
ein Profil gewählt, blendet Acrobat die zugehörige Beschreibung ein.
Erlaubt ein Profil keine Prüfungen, erscheint das Lupen-Symbol ausgegraut und damit nicht anwählbar, und sind mit einem Profil keine
Korrekturen möglich, erscheint das Schraubenschlüssel-Symbol
ausgegraut und nicht anwählbar.

6   Klicken Sie auf »Prüfen und korrigieren«.

Benutzerdefinierte Preflight-Profile

Sie können die mit Acrobat gelieferten Preflight-Profile ändern, Profile Ihres Druckdienstleisters importieren und benutzerdefinierte Profile einrichten. Um ein neues Profil zu erstellen, öffnen Sie das Dialogfenster »Preflight« und wählen Sie **Optionen: Neues Preflight-Profil erstellen**. Um ein vorhandenes Profil zu ändern, klicken Sie neben seinem Namen auf »Bearbeiten«. Ist das Profil gesperrt, wählen Sie im Einblendmenü die Option »Frei« und geben Sie für die benutzerdefinierte Version einen neuen Namen ein. Weisen Sie das Profil einer Gruppe zu, klicken Sie auf ein Kriterium und legen Sie Prüfungen und/oder Korrekturen fest. Speichern Sie das Profil, wenn Sie fertig sind.

Um ein Preflight-Profil zu importieren, öffnen Sie das Dialogfenster »Preflight« und wählen Sie **Optionen: Preflight-Profil importieren**. Navigieren Sie zum gewünschten benutzerdefinierten Profil (mit der Dateinamenerweiterung ».klp«) und klicken Sie auf »Öffnen«.

Um ein Profil zu exportieren, markieren Sie das Profil und wählen Sie **Optionen: Preflight-Profil exportieren**. Definieren Sie den Anzeigenamen des Profils und bestimmen Sie einen Speicherort für das Profil.

7 Geben Sie der korrigierten Datei im Dialogfenster »Speichern unter« den Namen **Newsletter_fixed.pdf** und klicken Sie auf »Speichern«.

Beim Ausführen von Korrekturen ändert das Profil die Datei; wenn Sie die korrigierte Datei unter einem anderen Namen speichern, können Sie nötigenfalls wieder auf die Originaldatei zugreifen.

8 Sehen Sie sich das Ergebnis des Preflight an.

Acrobat zeigt die Preflight-Ergebnisse in der Registerkarte »Ergebnisse«. In dieser Datei hat Acrobat mehrere Korrekturen ausgeführt: Komprimierungen, Farbkonvertierungen und Transparenzreduzierung sowie weitere Änderungen.

Die Registerkarte »Ergebnisse« zeigt außerdem, dass das PDF-Dokument Funktionen verwendet, die PDF 1.4 oder neuer erfordern, etwa CID Typ 0- und CID Typ 2-Schriften, und Text enthält, der kleiner als 5 pt ist. Wenn dieses Dokument von einer Druckerei gedruckt werden sollte, würden Sie Kontakt mit Ihrem

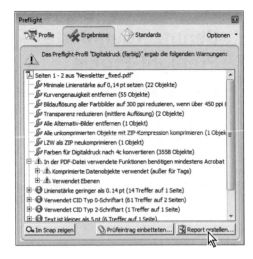

Druckdienstleister aufnehmen, damit diese Faktoren beim Druck des Dokuments nicht zu Problemen führen.

9 Klicken Sie auf »Report erstellen«.

10 Klicken Sie auf »Speichern«, um den Report im Ordner *Lektion13* unter dem Namen **Newsletter_fixed_report.pdf** zu sichern.

▶ **Tipp:** Sie können einzelne Ebenen, die in Anwendungen erstellt wurden, ein- und ausblenden sowie festlegen, welche von ihnen gedruckt werden sollen. Mehr über das Ein- und Ausblenden sowie das Drucken von Ebenen finden Sie in der Adobe Acrobat X-Hilfe.

Acrobat erstellt den Preflight Summary-Report als PDF und öffnet ihn in Acrobat.

11 Schließen Sie das Dialogfenster »Preflight« und sehen Sie sich den Preflight Summary-Report an.

Sie können den Preflight Summary-Report an Ihren Druckdienstleister senden, wenn Sie Fragen zur Aufbereitung Ihrer Datei haben.

12 Schließen Sie den Preflight Summary-Report und die Datei *Newsletter_fixed.pdf*.

Transparenz (Acrobat Pro)

Mit Adobe-Anwendungen können Sie Objekte so modifizieren, dass darunter liegende Objekte beeinflusst werden und auf diese Weise der Eindruck von Transparenz entsteht. Dies erreichen Sie mithilfe des Deckkraft-Reglers im Transparenz-Bedienfeld in entsprechenden Anwendungen (wie zum Beispiel InDesign, Illustrator oder Photoshop) oder durch Anpassen der Füllmethode einer Ebene oder eines gewählten Objekts. Transparenz kommt auch ins Spiel, wenn Sie einen Schlagschatten erzeugen oder eine weiche Kante zuweisen. Transparenz funktioniert in Adobe-Programmen

PDF-Normen (Standards)

PDF-Normen sind international festgelegte Standards zur Vereinfachung von Grafikinhalten (PDF/X), archivierten Dokumenten (PDF/A) oder technischen Abläufen (PDF/E). Die am häufigsten verwendeten Normen für den Arbeitsablauf bei der Zusammenarbeit mit Druckereien sind PDF/X-1a, PDF/X-3 und PDF/X-4.

Sie können PDF-Inhalt in Acrobat X Pro auf PDF/X-, PDF/A- und PDF/E-Kriterien prüfen und eine Kopie des Dokuments als PDF/X-, PDF/A- oder PDF/E-Datei sichern, wenn sie den entsprechenden Anforderungen genügen. Außerdem können Sie eine PDF-Datei als PDF/X- oder PDF/A-Datei speichern, wenn Sie die Datei mit dem Adobe PDF-Drucker oder mit den Befehlen »Exportieren« oder »Speichern« in einer Adobe-Anwendung erstellen.

Wenn Sie eine PDF/X- oder PDF/A-Datei in Acrobat X oder Reader X öffnen, erscheint automatisch die Registerkarte »Standards«, um Informationen zur Konformität der Datei zu zeigen. Wenn Sie mit Acrobat X Pro arbeiten, können Sie in der Registerkarte »Standards« auch auf »Verifizieren« klicken, um mit der Preflight-Funktion zu verifizieren, dass die PDF-Datei eine gültige PDF/X- oder PDF/A-Datei ist.

Um eine Kopie einer vorhandenen PDF-Datei als PDF/X-, PDF/A- oder PDF/E-Datei in Acrobat X Pro zu sichern, gehen Sie folgendermaßen vor:

1   Wählen Sie »Preflight« in der Druckproduktion-Palette.

2   Klicken Sie im Dialogfenster »Preflight« auf »Standards«.

3   Wählen Sie »Als PDF/X speichern«, »Als PDF/A speichern« oder »Als PDF/E speichern« und klicken Sie auf »Weiter«.

4   Wählen Sie den gewünschten Standard und klicken Sie auf »Weiter«.

5   Wählen Sie ein Konvertierungsprofil und eine der verfügbaren Darstellungs- und Ausgabebedingungen.

6   Um Korrekturen während der Konvertierung zuzulassen, schalten Sie die Option »Korrekturen anwenden« ein.

7   Um die PDF-Datei basierend auf dem gewählten Profil und den Einstellungen zu konvertieren, klicken Sie auf »Speichern als«.

8   Benennen Sie die konvertierte Datei und klicken Sie auf »Speichern«.

9   Prüfen Sie das Ergebnis. Wenn die Konvertierung korrekt ausgeführt wurde, zeigt Acrobat im Dialogfenster »Preflight« ein grünes Häkchen an. Wenn die Konvertierung misslingt, erscheint ein rotes X. Die Registerkarte »Ergebnisse« zeigt die Gründe für ein eventuelles Scheitern der Konvertierung.

anwendungsübergreifend, weshalb Sie Dokumente mit Transparenz von einer Anwendung in eine andere übernehmen können; allerdings muss die Transparenz meist vor dem Drucken reduziert werden. Sie sollten wissen, welche Bereiche Ihres Dokuments mit Transparenz versehen sind und wie sie gedruckt werden.

Transparenzvorschau

● **Hinweis:** Wenn Ihr Druckdienstleister einen RIP mit der Adobe PDF Print Engine einsetzt, brauchen Sie die Transparenz möglicherweise nicht zu reduzieren.

Beim Drucken werden Objekte mit Transparenz umgerechnet, wobei überlappende Objekte entweder in einzelne Vektorformen oder in gerasterte Pixel konvertiert werden. So behalten die Objekte den Anschein von Transparenz.

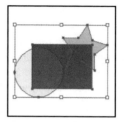 

Objekte vor Reduzierung · Objekte nach Reduzierung
(Überlappende Elemente werden beim Reduzieren aufgeteilt.)

Vor der Reduzierung können Sie festlegen, welche der Transparenzbereiche Vektoren bleiben und welche gerastert werden sollen. Manche Effekte, zum Beispiel Schlagschatten, müssen gerastert werden, damit sie korrekt gedruckt werden können.

Wenn Sie eine PDF-Datei erhalten, die Sie nicht selbst erstellt haben, wissen Sie nicht, ob und wo im Dokument Transparenz zugewiesen wurde. Mit der Reduzieren-Vorschau von Acrobat finden Sie Transparenzen in einem Dokument. Außerdem kann Ihnen diese Funktion bei der Ermittlung der besten Reduzierungseinstellungen für die Druckvorbereitung des Dokuments helfen.

Was bedeutet Rastern?

Mit Rastern oder Rasterisierung ist der Vorgang gemeint, bei dem Vektorobjekte, einschließlich Schriften, zur Darstellung und für den Druck in Bitmap-Bilder konvertiert werden. Mit der Einheit ppi (Pixel pro Zoll) wird die Auflösung gekennzeichnet. Je höher die Auflösung in einem Rasterbild ist, desto besser ist die Abbildungsqualität. Bei der Reduzierung müssen abhängig von den Reduzierungseinstellungen manche Objekte gerastert werden.

Vektorobjekt   Gerastert mit 72 ppi   Gerastert mit 300 ppi

Sie sehen sich jetzt die Transparenzen in der Datei *Newsletter.pdf* an.

1   Öffnen Sie die Datei *Newsletter.pdf* im Ordner *Lektion13*.

2   Navigieren Sie zur Seite 2 des Rundschreibens. Falls Acrobat nicht die gesamte Seite zeigt, wählen Sie **Anzeige: Zoom: Auf Seitenebene zoomen**.

3   Wählen Sie »Reduzieren-Vorschau« in der Druckproduktion-Palette.

Im Dialogfenster »Reduzieren-Vorschau« sehen Sie im rechten Teil des Fensters eine Vorschau der Seite 2 des Rundschreibens.

Einstellungen für die Reduzieren-Vorschau

Sie können unterschiedliche Einstellungen wählen, um verschiedene Aspekte der Interaktion von Transparenz mit Objekten im Dokument zu prüfen.

1   Wählen Sie oben im Dialogfenster »Reduzieren-Vorschau« im Menü »Hervorheben« die Option »Alle betroffenen Objekte«. Acrobat hebt das Foto und drei der Notensymbole rot hervor und zeigt damit an, dass sie mit Transparenzeigenschaften versehen sind oder mit Objekten interagieren, die mit Transparenzeigenschaften versehen sind.

2 Wählen Sie im Bereich »Vorgabeoptionen für Transparenz-Redu-zierung« im Einblendmenü »Vorgabe« die Option »Hohe Auf-lösung«. Mit dieser Option legen Sie fest, wie viele bzw. welche Elemente als Vektoren beibehalten und wie viele bzw. welche gerastert werden sollen. So lange Ihr Druckdienstleister keine anderen Vorgaben fordert, wählen Sie für die Druckereiausgabe hier »Hohe Auflösung«.

3 Klicken Sie ganz links auf den Regler »Pixelbild-Vektor-Abgleich« oder geben Sie in das zugehörige Texteingabefeld **0** ein. (Damit reduzieren Sie den Anteil der zu erhaltenden Vektoren auf null.) Klicken Sie auf »Aktualisieren« und wählen Sie »Alle betroffenen Objekte« im Menü »Hervorheben«. Acrobat hebt alle Elemente auf der Seite rot hervor und zeigt damit an, dass mit dieser Ein-stellung alle Elemente auf dieser Seite gerastert würden.

▶ **Tipp:** Weitere Informa-tionen zur Transparenz-ausgabe finden Sie auf der Adobe-Website unter *www.adobe.de.*

4 Wählen Sie weitere Einstellungen, um zu sehen, wie diese das Dokument beeinflussen. Wenn Sie damit fertig sind, klicken Sie im Dialogfenster »Reduzieren-Vorschau« auf die Schließen-Schaltfläche oben rechts (Windows) bzw. oben links (Mac OS), um das Fenster zu schließen, ohne die Änderungen zuzuweisen.

Wenn Sie die Transparenzreduzierungseinstellungen für den Druck zuweisen wollten, müssten Sie im Dialogfenster »Reduzieren-Vorschau« auf »Anwenden« klicken.

Optionen für die Transparenzreduzierung

- **Auflösung für Strichzeichnungen und Text:** Da Strichzeichnungen und Text über scharfe Konturen verfügen, müssen beide mit einer höheren Auflösung gerastert werden, um qualitativ hochwertig auszusehen. Eine Auflösung von 300 ppi ist zum Proofen ausreichend, sollte aber für die Endausgabe erhöht werden. Für die qualitativ hochwertige Ausgabe ist im Allgemeinen eine Auflösung von 1200 ppi ausreichend.

- **Auflösung für Verlauf und Gitter:** Mit dem Menü »Verlauf und Gitter« bestimmen Sie die Auflösung von Verläufen und Gittern – die auch *Überblendungen* genannt werden. Sie werden gerastert und sollten dabei eine für Ihren vorgesehenen Drucker passende Auflösung erhalten. Zum Proofen auf einem normalen Laser- oder Tintenstrahldrucker ist die Standardauflösung von 150 ppi ausreichend. Beim Drucken auf qualitativ hochwertigen Ausgabegeräten, wie einem Film- oder Plattenbelichter, ist in der Regel eine Auflösung von 300 ppi für die meisten Arbeiten ausreichend.

- **Gesamten Text in Pfade konvertieren:** Diese Option garantiert, dass die Breite des gesamten Textes in Grafiken einheitlich bleibt. Durch die Auswahl dieser Option werden kleine Schriften jedoch deutlich fetter dargestellt (insbesondere, wenn diese auf weniger leistungsfähigen Druckern ausgegeben werden).

- **Alle Konturen in Pfade konvertieren:** Durch diese Option bleibt die Breite der gesamten Konturen in Grafiken einheitlich. Dünne Konturen werden jedoch etwas dicker dargestellt (insbesondere, wenn diese auf weniger leistungsfähigen Druckern ausgegeben werden).

- **Komplexe Bereiche zuschneiden:** Diese Einstellung stellt sicher, dass die Grenzen zwischen Vektorgrafiken und Pixelbildern entlang von Objektkonturen verlaufen. Durch diese Option werden sichtbare Übergänge vermieden, die entstehen, wenn ein Teil des Objekts gerastert und ein anderer Teil im Vektorformat beibehalten wird (gemäß der Einstellung des Reglers für die Reduzieren-Einstellungen). Die Wahl dieser Option führt jedoch unter Umständen zu extrem komplexen Beschneidungspfaden, die erhebliche Berechnungszeiten erfordern und beim Drucken Fehler verursachen können.

- **Überdrucken beibehalten:** Diese Einstellung lässt in Dateien, die in PDF konvertiert werden, die Farbe transparenter Grafiken mit der Hintergrundfarbe verschmelzen, um einen Überdruckeffekt zu erzielen. Dabei werden zwei oder mehr Farben übereinander gedruckt. Wenn Sie zum Beispiel Cyan und Gelb übereinander drucken, ist das Ergebnis eine grüne Farbe. Ohne Überdruck würde das darunterliegende Gelb nicht mitgedruckt und das Ergebnis Cyan sein.

Farbmanagement einrichten

Ein Farbmanagement kann Ihnen dabei helfen, während des gesamten Arbeitsablaufs gleichbleibende Farbdarstellungen zu behalten. Im Wesentlichen besteht ein Farbmanagement darin, Ihrem Dokument Profile bzw. Charakteristika für unterschiedliche Ausgabegeräte zuzuweisen, damit Sie während des gesamten Produktionsprozesses möglichst gleichbleibende Farbdarstellungen erhalten – auf dem Bildschirm, beim Drucken des Proofs und in der Druckerei.

1 Wählen Sie **Bearbeiten: Voreinstellungen** (Windows) bzw. **Acrobat: Voreinstellungen** (Mac OS) und klicken Sie links im Dialogfenster »Voreinstellungen« auf den Eintrag »Farbmanagement«.

> **Hinweis:** Sie können die Farbmanagement-einstellungen für alle Adobe Creative Suite-Anwendungen in der Bridge synchronisieren. Weitere Informationen finden Sie in der Bridge-Hilfe.

2 Wählen Sie oben im Menü »Einstellungen« die Option »Nordamerika, Druckvorstufe 2«. Diese Auswahl ermöglicht Acrobat, Farben so darzustellen, wie sie aussehen, wenn sie nach nordamerikanischen Druckstandards gedruckt werden. (Für eigene Dokumente würden Sie »Europa, universelle Anwendungen«, »Europa, Druckvorstufe 2« oder über *www.fogra.org* zu den DIN-Normen passende Arbeitsfarbräume oder selbst definierte CMYK-Einstellungen wählen.)

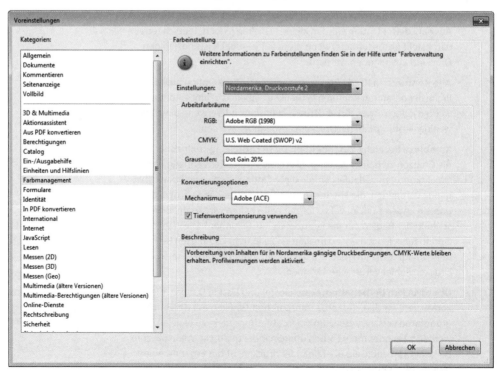

Mit dieser Einstellung bestimmen Sie, welche Arbeitsfarbräume von der Anwendung verwendet werden, was passiert, wenn Sie Dateien mit eingebetteten Profilen öffnen oder importieren, und wie das Farbmanagementsystem Farben konvertiert. Um eine Beschreibung zu einer Einstellung zu erhalten, wählen Sie die Einstellung und platzieren den Mauszeiger auf dem Namen der Einstellung. Acrobat blendet die Beschreibung unten im Dialogfenster ein.

Der Farbmanagement-Mechanismus ACE (*Adobe Color Engine*) wird auch von allen anderen Adobe-Grafikprogrammen verwendet, wodurch Farbmanagementeinstellungen in Acrobat denen in Ihren übrigen Adobe-Programmen entsprechen.

3   Klicken Sie auf OK, um das Dialogfenster »Voreinstellungen« zu schließen.

Ausgabevorschau (Acrobat Pro)

Sie haben sich bereits eine Transparenzvorschau angesehen. Jetzt sehen Sie sich eine Farbseparationsvorschau an und prüfen die Auflösung einzelner Objekte. Außerdem führen Sie einen Soft-Proof aus; das bedeutet, dass Sie das Dokument auf dem Bildschirm prüfen, ohne es drucken zu müssen.

Vorschau für Farbseparationen

Für die Reproduktion von Farb- und Halbtonbildern werden in der Druckerei meist vier Druckplatten (Prozessfarben) angelegt – je eine Platte für die Cyan-, Magenta-, Gelb- und Schwarzanteile eines Bildes. Sie können auch benutzerdefinierte fertig gemischte Farben, so genannte Schmuckfarben, einfügen, die je eine eigene Platte erfordern. Wenn sie mit der richtigen Druckfarbe eingefärbt sind und passgenau übereinandergedruckt werden, ergibt sich daraus eine Reproduktion des Originalbildes. Die Platten werden als Farbseparation bezeichnet.

Sie sehen sich nun die Farbseparation für das Rundschreiben-Dokument im Dialogfenster »Ausgabevorschau« an.

1   Wählen Sie **Anzeige: Zoom: Auf Seitenebene zoomen**.

2   Falls nötig, navigieren Sie auf Seite 2 des Rundschreibens.

3   Wählen Sie »Ausgabevorschau« in der Druckproduktion-Palette.

4   Wählen Sie im Bereich »Vorschau« die Option »Farbauszüge«.

Acrobat führt im Dialogfenster »Ausgabevorschau« im Bereich
»Farbauszüge« alle Druckfarben für dieses Dokument auf. Es sind
vier Prozessfarben (Cyan, Magenta, Gelb und Schwarz) und eine
Schmuckfarbe (PANTONE 300 C).

5 Ziehen Sie das Dialogfenster »Ausgabevorschau« zur Seite, um
das Dokument vollständig sehen zu können, und deaktivieren Sie
im Dialogfenster »Ausgabevorschau« alle Farben bis auf »PAN-
TONE 300 C«. Alle noch auf der Seite sichtbaren Elemente haben
die gewählte Farbe.

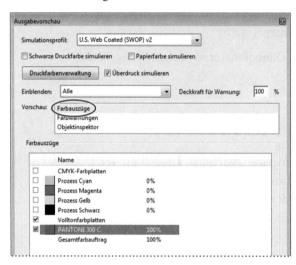

6 Deaktivieren Sie »PANTONE 300 C« und aktivieren Sie »Prozess Magenta«. Jetzt zeigt Acrobat nur die Elemente, die auf der
Magentaplatte gedruckt werden.

7 Aktivieren Sie wieder alle Druckfarben.

Soft-Proof eines Dokuments

Sie können mit dem Dialogfenster »Ausgabevorschau« auch einen
Soft-Proof eines Dokuments ausführen, um sich auf dem Bildschirm
anzusehen, wie Ihr Dokument gedruckt aussieht. Über die Simulati-
onseinstellungen wählen Sie die bestmögliche Farbdarstellung.

1 Wählen Sie im Einblendmenü »Simulationsprofil« das Profil
»U.S. Web Coated (SWOP) v2«.

2 Gehen Sie auf Seite 1 des Rundschreibens.

▶ **Tipp:** Wenn Sie eine
Schmuckfarbe in eine
Prozessfarbe konvertieren
möchten, um die Anzahl
der Druckplatten und
damit die Kosten für einen
Auftrag zu verringern,
können Sie dafür die
Druckfarbenverwaltung
im Dialogfenster
»Ausgabevorschau«
verwenden.

3 Wählen Sie im Einblendmenü »Simulationsprofil« das Profil »Apple RGB«.

4 Wählen Sie das Profil »Adobe RGB«.

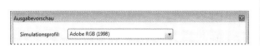

Beim Ändern der Simulationsprofile verändert sich auch die Farbdarstellung auf dem Bildschirm. Wählen Sie für den Soft-Proof eines Dokuments das zu Ihrem Ausgabegerät passende Simulationsprofil. Wenn Sie korrekt kalibrierte ICC-Profile verwenden und Ihr Monitor kalibriert ist, sollte die Bildschirmvorschau der Druckausgabe entsprechen. Mit nicht kalibriertem Monitor oder unpassenden Profilen bietet die Vorschau möglicherweise keine korrekte Darstellung. Informationen über die Kalibrierung Ihres Monitors und Profile finden Sie in der Acrobat X-Hilfe.

5 Wählen Sie wieder das Profil »U.S. Web Coated (SWOP) v2« im Einblendmenü »Simulationsprofil«.

Objekte in einer PDF-Datei überprüfen

Mit dem Objektinspektor können Sie einzelne Abbildungen und Text in einer PDF-Datei schnell überprüfen. Der Objektinspektor zeigt Bildauflösung, Farbmodus, Transparenz und weitere Informationen zum gewählten Objekt an.

Sie prüfen jetzt die Auflösung der Abbildung auf Seite 2.

1 Wählen Sie im Dialogfeld »Ausgabevorschau« im Menü »Vorschau« die Option »Objektinspektor«.

2 Falls nötig, rollen Sie auf Seite 2 und klicken Sie auf das Bild des Küstendorfs.

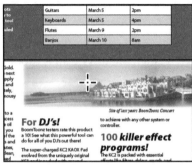

▶ **Tipp:** Überdrucken
wird in PDF/X-Dateien
in allen Versionen von
Acrobat X und Adobe
Reader X automatisch
korrekt angezeigt. Sie
können die Einstellungen
für die Anzeige für alle
Dateien in Acrobat im
Dialogfenster »Vorein-
stellungen« ändern.

Der Objektinspektor führt Merkmale des angeklickten Bildes auf, so auch die Bildauflösung: 7,158 Pixel/mm horizontal und 7,158 Pixel vertikal.

3   Schließen Sie das Dialogfenster »Ausgabevorschau«.

Erweiterte Druckfunktionen

In diesem Abschnitt benutzen Sie die erweiterten Druckfunktionen in Acrobat X Pro, um Farbseparationen zu erstellen, Druck- und Registermarken einzufügen und die Darstellung transparenter und komplexer Elemente zu überwachen.

1   Wählen Sie **Datei: Drucken**.

2   Wählen Sie im Dialogfenster »Drucken« einen PostScript-Drucker, auf dem Sie dieses Dokument ausgeben möchten. Falls Ihnen kein PostScript-Drucker zur Verfügung steht, wählen Sie »Adobe PDF« (Windows) bzw. »Adobe PDF« (Mac OS) als Drucker, da diese Einstellung einen PostScript-Druckertreiber verwendet, den Sie stattdessen in dieser Lektion benutzen können.

Einige erweiterte Druckoptionen, zum Beispiel Farbseparationen, sind nur für PostScript-Drucker verfügbar. Der Adobe PDF-Drucker nutzt einen PostScript-Druckertreiber und gibt Ihnen damit Zugriff auf die in dieser Lektion behandelten Optionen.

3 Wählen Sie unter »Druckbereich« die Option »Alle«.

4 Wählen Sie im Bereich »Seiteneinstellungen« im Einblendmenü »Anpassen der Seitengröße« den Eintrag »Auf Druckbereich verkleinern«.

Mit der Option »Auf Druckbereich verkleinern« passt Acrobat die einzelnen Seiten an die Größe des Papiers an.

5 Klicken Sie auf »Erweitert«.

Links im Dialogfenster sind vier Optionen verfügbar: »Ausgabe«, »Marken und Beschnittzugabe«, »PostScript-Einstellungen« und »Farbmanagement«.

6 Wählen Sie »Ausgabe« und dann rechts im Menü »Farbe« den Eintrag »Farbauszüge«.

7 Klicken Sie im Bereich »Druckfarbenverwaltung« auf die Schaltfläche »Druckfarbenverwaltung«.

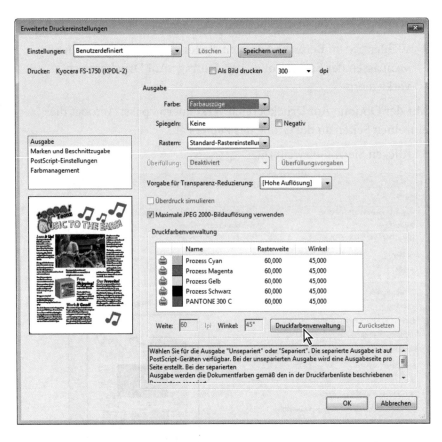

8 Wählen Sie im Dialogfenster »Druckfarbenverwaltung« das Symbol links neben dem Namen »PANTONE 300 C«. Das Symbol ändert sich in ein CMYK-Farbfeld, um anzuzeigen, dass diese Farbe nun als Prozessfarbe mit den Cyan-, Magenta-, Gelb- und Schwarzplatten gedruckt wird.

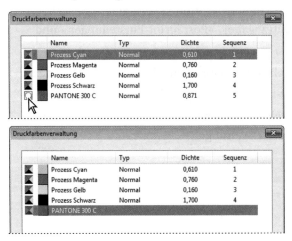

Acrobat wird Cyan und Schwarz mischen, um die gewünschte Farbe für die Schmuckfarbe PANTONE 300 C zu simulieren. In vielen Fällen lässt sich mit gemischten CMYK-Farben kostengünstiger drucken als mit einer zusätzlichen Schmuckfarbe.

Um global alle Schmuck- bzw. Volltonfarben in ihre CMYK-Äquivalente zu konvertieren, schalten Sie unten im Dialogfenster die Option »Alle Volltonfarben in CMYK-Farben konvertieren« ein.

9   Klicken Sie auf OK, um das Dialogfenster »Druckfarbenverwaltung« zu schließen.

10 Wählen Sie im Dialogfenster »Erweiterte Druckereinstellungen« links in der Liste die Option »Marken und Beschnittzugabe«. Schalten Sie die Option »Alle Marken« ein, um Zuschneidemarken, Beschnittzugabemarken, Passkreuze, Farbkontrollstreifen und Seiteninformationen außerhalb der Dokumentränder mit auf jede Platte zu drucken.

11 Wählen Sie links in der Liste die Option »Farbmanagement«.

12 Falls nötig, wählen Sie rechts im Einblendmenü »Farbbehandlung« den Eintrag »Acrobat-Farbmanagement«.

13 Falls nötig, wählen Sie »Coated FOGRA27 (ISO 12647-2:2004)« im Einblendmenü »Farbprofil«.

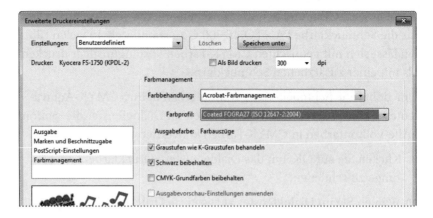

Das gewählte Farbprofil sollte dem gewünschten Ausgabegerät entsprechen.

14 Klicken Sie oben im Dialogfenster »Erweiterte Druckereinstellungen« auf »Speichern unter«, sichern Sie Ihre Einstellungen unter dem Namen **Newsletter** und klicken Sie auf OK.

Acrobat fügt gespeicherte Einstellungen in das Einstellungen-Menü ein, damit Sie sie für zukünftige Druckaufträge wieder verwenden können, ohne die Einstellungen für bestimmte Aufträge oder Ausgabegeräte erneut eingeben zu müssen.

15 Klicken Sie auf OK, um das Dialogfenster »Erweiterte Druckereinstellungen« zu verlassen. Dann klicken Sie entweder auf OK, um dieses Dokument zu drucken, oder auf »Abbrechen«, wenn Sie jetzt nicht drucken möchten.

16 Schließen Sie das Dokument und beenden Sie Acrobat.

Fragen

1 Was ist der Adobe PDF-Drucker und wie verwenden Sie ihn?

2 Welche Probleme kann Preflight in einer PDF-Datei ermitteln?

3 Was ist eine Schmuckfarbe und wie können Sie sie in eine Prozessfarbe konvertieren?

Antworten

1 Der Adobe PDF-Drucker wird von Acrobat für Windows installiert. Mit ihm können Sie Dokumente aus jeder Anwendung als PDF-Datei ausgeben; dazu wählen Sie ihn einfach im Dialogfenster »Drucken« der jeweiligen Anwendung.

2 Mit Preflight können Sie alle problematischen Bereiche in einer PDF-Datei überprüfen. Wenn Sie zum Beispiel PDF-Dateien an eine Druckerei senden, können Sie nach Schriften suchen, die nicht eingebettet wurden, oder nach zu niedrig aufgelösten Bildern oder falschen Farben.

3 Eine Schmuckfarbe ist eine speziell angemischte Druckfarbe, die statt oder zusätzlich zu CMYK-Prozessfarben verwendet wird und eine eigene Druckplatte in der Druckerei benötigt. Wenn absolute Farbgenauigkeit nicht erforderlich ist und keine zusätzliche Schmuckfarbenplatte neben den CMYK-Platten verwendet werden soll, können Sie die Schmuckfarbe über die Druckfarbenverwaltung in eine Prozessfarbe konvertieren. Wählen Sie dazu im Dialogfenster »Erweiterte Druckereinstellungen« im Bereich »Ausgabe« den Eintrag »Farbauszüge« und klicken Sie auf »Druckfarbenverwaltung«. Im Dialogfenster »Druckfarbenverwaltung« klicken Sie auf das Symbol links neben der Schmuckfarbe, um sie für den Druckauftrag in eine Prozessfarbe zu konvertieren.

INDEX

ADOBE PHOTOSHOP CS5 - CLASSROOM IN A BOOK

Adobe Creative Team
ISBN 978-3-8273-2959-2
39.80 EUR [D], 40.90 EUR [A], 61.90 sFr*
384 Seiten
http://www.awl.de/2959

Hier lernen Sie schnell und einfach Adobe Photoshop CS5 und
holen das Beste aus dem Programm heraus. In 14 Lektionen
behandelt dieses Buch grundlegende und fortgeschrittene
Techniken – Retusche, Ebenen und Masken, Komposition,
3D-Features u.v.m. Darüber hinaus geht es natürlich um die
neuen Funktionen wie präzise Auswahlwerkzeuge, der Korrektur
häufiger Objektivfehler oder dem Verändern von Bildbereichen
mit dem interaktiven Formwerkzeug. Die DVD liefert das
Original-Adobe-Trainingsmaterial passend zu den Buch-
Lektionen, eine 30-Tage-Vollversion von Photoshop CS5 und eine
Menge Video-Trainings.

ADOBE INDESIGN CS5 - CLASSROOM IN A BOOK

Adobe Creative Team
ISBN 978-3-8273-2958-5
39.80 EUR [D], 40.90 EUR [A], 61.90 sFr*
416 Seiten
http://www.awl.de/2958

Adobe InDesign CS5 Classroom in a Book macht Sie in 14
Kapiteln mit den Grundlagen von InDesign vertraut. Kurze, in
sich abgeschlossene Lektionen zeigen, wie Sie mit Rahmen und
Absatzformaten arbeiten, Text importieren und bearbeiten, wie
Sie sich im Arbeitsbereich zurechtfinden und mit Tabellen und
Transparenzen umgehen. Sie lernen die aktuellen Funktionen
von InDesign CS5 wie die neuen Werkzeuge für interaktive
Dokumente, vereinfachte Objektauswahl, verschiedene
Seitengrößen oder die Print-to-Digital-Möglichkeiten kennen.
Zahlreiche Expertentipps und -techniken befördern Sie in
die Profi-Liga! Mit Übungsdateien, Video-Trainings, 30-Tage-
Vollversion von Adobe InDesign CS5 auf DVD.

in Kooperation mit

video2brain

ACROBAT X FÜR BUSINESS UND BÜRO - VIDEO-TRAINING

Kirsten Knippschild; video2brain
ISBN 978-3-8273-6353-4
49.80 EUR [D], 50.20 EUR [A], 79.00 sFr*
24 Seiten
http://www.awl.de/6353

Kirsten Knippschild zeigt Ihnen, wie Sie effizient mit anderen zusammenarbeiten, sicher präsentieren und so Ihre Produktivität enorm steigern. Für den leichten Einstieg bekommen Sie in kurzen Übersichten alle Infos über den praktischen Einsatz von Acrobat genauso wie über neue und bewährte Funktionen. Darauf folgen dann die "ersten Schritte", die beschreiben, wie die Oberfläche funktioniert, welche Navigationsmöglichkeiten es gibt und wie man den Vollbildmodus voreinstellt. Ein ganzes Kapitel ist dem Adobe Reader gewidmet, der mehr zu bieten hat, als man denkt.

Mehr Informationen zu
Büchern & Video-
Trainings auf
www.addison-wesley.de

TIPP

[The Sign of Excellence]
ADDISON-WESLEY

*unverbindliche Preisempfehlung